로마네스크 건축

Architect **Jong-Soung Kimm's** 건축가 김종성

Early Medieval and Romanesque Architecture

Photo Essay France

Wasmuth & Zohlen
Verlag

Contents

차 례

Preface

With this fourth volume in his photographic homage to European Romanesque architecture, Jong-Soung Kimm turns to France, long considered the birthplace of Romanesque architecture, or at the very least of its modern awareness as a distinct stylistic phase in the development of European monumental masonry architecture. In the early 19th century, “Romanesque” was coined in Normandy by intermingling circles of English and French antiquaries who crisscrossed the region when cross-channel travel was again possible with the fall of Napoleon (1815). Their aim was both to record and to seek out the underlying order of the medieval heritage of a region seen as a point of origin not only for French Gothic, but also that of the lands across the channel conquered by the Normans in 1066. The search for origins was to lead as far as the eastern Mediterranean and to Lombardy, but for decades, Normandy remained a prime locus of research, along with Burgundy where Viollet-le-Duc was to begin his career as an architect specialized in restoration with the urgent restoration of the church of Ste-Marie-Madeleine at Vézelay.

Writing the history of styles was tied to the complex politics of national and regional histories, of battles of origin and influence; and the Romanesque emerged not only as a distinct phase but soon as a distinct aesthetic viewed either as a naïve and primitive forerunner of the Gothic or treasured for its specific massive expressiveness, monumentality, eschewing of ornament, and purity of lines. Newly founded local historical and archaeological societies were often the center of these debates and pioneers in the art of surveying architectural monuments at first hand. In this they learned from their contemporaries in the natural sciences to create a scholarly taxonomy that could bring scientific rigor and method to the study of art and architecture. The systems that Linneaus had developed to revolutionize botany and biology were now extended to the study of monuments of human history.

Historians even agree on the very birthday of the taxonomic tag “Romanesque” to describe what had previously been labeled by a whole array of terms, including “gothique

소개의 글

유럽 로마네스크 건축의 네번째 사진 에세이 순례를 위하여 김종성은 프랑스로 향한다. 프랑스는 오랫동안 로마네스크 건축의 발상지, 또는 적어도 기념비적 유럽 석조건축의 발전사상 로마네스크 건축을 뚜렷한 양식(style)의 단계로 인식하는 현대적 해석의 발상지로 간주되는 곳이다. 19세기초 1815년 나폴레옹의 몰락과 함께 다시 영불해협의 항해가 가능해지면서, 노르망디(Normandy)를 기반으로 두 나라를 누비고 다니던 영국과 프랑스의 고미술애호가(antiquaries)들 사이에서 ‘로마네스크’ 라는 용어가 처음으로 탄생하였다. 그들의 목적은 프랑스 고딕 양식뿐 아니라, 1066년 노르만 족에 의해서 정복된 해협 너머 땅의 건축양식의 발상지라 간주되는 노르망디 지방의 중세시대의 유산을 기록하고 그 저변의 본질을 이해하는데 있었다. 로마네스크의 기원을 찾기 위한 탐색은 지중해 동부와 롬바르디아 (Lombardy)까지도 이어졌지만 수십년 동안 부르고뉴(Burgundy)와 함께 노르망디가 연구의 중심이었다. 부르고뉴는 복원 전문 건축가로 첫발을 내딛었던 비올레 르 뒤끄(Viollet-le-Duc)가 베즐레이(Vézelay)의 마들렌(Madeleine) 성당의 긴급 복구 프로젝트를 진행했던 지방이다.

건축양식의 역사를 서술하는 것은 국가와 지역의 복합적인 역사와, 한편으로는 양식의 기원과 그 영향과도 연결되어있다. 로마네스크는 뚜렷한 건축양식의 한 단계로 출현했을뿐 아니라 독특한 미학(aesthetic)으로, 고딕 양식의 나이브하고 원시적인 선조로서, 혹은 그 독특하게 중후한 표현력, 기념비성(monumentality), 장식의 배제, 선들의 순수함을 포함하는 것으로 인식되었다.

새롭게 생겨난 지방 역사연구 모임이나, 지방 고고학 협회들이 자주 이러한 토론의 중심이 되었고, 건축유산들을 직접 측량하는 기술의 개척자가 되었다. 그들은 이러한 작업을 위해 당시 자연과학 분야에서 유래한 학술적 분류학을 설정하여 예술과 건축의 연구에 과학적 방법과 규율을 도입하였다. 생물학과 식물학 연구의 혁명을 위해 린네(Linneaus) 가 개발한 방법이 이제 인류역사의 기념물들을 연구하는 분야로 뻗어나간것이다.

역사가들은 ‘로마네스크’ 라는 분류학적 명칭이 생긴 날짜에까지 합의했다. 로마네스크는 이전까지만 해도 아주 여러 가지 명칭, 즉 ‘옛날 고딕(gothique ancien),’ ‘색슨(Saxon),’ 혹은 지금도 영국에서 불리듯 ‘노르만(Norman)’ 이라고 불리웠었다. 1818년 12월 18일에 노르망디 시골에서 고고학 현장을 탐구하던 정열적이고 노련한 고미술애호가(antiquarian) 두 사람이, 라틴어에서 유래하는 ‘로망(roman)’ 이라 일컫는 언어들의

ancien," "Saxon," or – as it is still often referred to in Britain – "Norman." On December 18, 1818, two passionate antiquarians, veterans of field work in the Norman countryside, settled on a neologism, "roman" or "Romanesque," on the pattern of the languages called "roman" which derived from Latin. On that day Charles Alexis Adrien Duhérissier de Gerville (1769–1853) wrote excitedly to Auguste le Prevost (1787–1859) : "I have spoken to you several times of Romanesque architecture. It's a word of my own fashioning which seems to me happily invented to replace such insignificant words as Saxon or Norman. Everyone will agree that this heavy and clumsy architecture is in fact *opus romanum* (Roman work) denatured or progressively degraded by our uncouth forefathers." Romanesque, then, was to medieval French architecture what medieval French vocabulary was to the Latin of the late Empire, the adaptation to a new culture and to Christianity of the pagan heritage, of its construction techniques of round arches and barrel vaults. One year later the Englishman William Gunn published his earlier observation that what was called "gothique ancien" should, in the basis of its sub-Roman nature, be called "Romanesque." "Romanesque" thus entered the vocabulary not only of antiquarians but of the young field of art history, eager to establish genealogical tables of the various styles that marked historical time and regional variations. Yet debates over the origins and interrelations of regional expressions – captured in the volumes of Kimm's stunning photographs – remained contested for the rest of the century. In 1846, a lengthy discussion in the leading British architectural magazine *The Builder* questioned whether the term Romanesque could be applied across the continent, even as the point of origin and sequence of influence remained a subject for scholarly debate.

By then the style had become a position in the debates over the relevance of this nearly thousand-year-old architecture to the creation of buildings for modern society. The Gothic Revival gained more and more adherents insisting that the mature phase of Gothic architecture was ideal as a model for modern European – especially ecclesiastical – architecture, a standard to rival or even surpass the forms of Classical Antiquity as templates for excellence even in new design. But to the growing political power of the neo-gothicists, a counterargument was advanced by antiquarian inspired architects who found in the earlier Romanesque an approach to form that was in some ways more suitable to modernity, not the least in that it was – as the German architect Heinrich Hübsch put it in his 1828 manifesto *In what Style should we build?* – capable of further development. The Romanesque, Hübsch claimed, had potential that was cut short by the Gothic Revolution which had put a premature end to the evolution of a flexible, simple, and expressive round-arched style. A battle between reference to a historic

양식을 따라서 '로망(roman),' 또는 '로마네스크(Romanesque)' 라는 신조어(neologism)를 만들어냈다. 그날 샤를르 알렉시스 아드리엉 뒤에리시에 드 제르빌(Charles Alexis Adrien Duhérissier de Gerville 1769–1853) 은 오귀스뜨 르 쁘레보스뜨 (Auguste le Prévost, 1787–1859) 에게 흥분해서 편지를 썼다

> "나는 당신께 로마네스크 건축에 대해서 여러 차례 말씀드렸습니다. 그것은 내가 만들어낸 말인데, 다행히도 색슨(Saxon) 또는 노르만(Norman)같은 무의미한 단어 대신 쓰기에 좋은 말입니다. 어느 누구든지 이 무겁고 투박한 건축이 실제로는 세련되지 않았었던 우리 조상들에 의하여 변질되고, 점차 격하되었던 오푸스 로마눔 *(opus romanum* 로마 건축)이라는 사실에 동의할 것입니다."

그리하여 로마네스크 건축은 둥근 아치와 배럴 볼트(barrel vault)의 구축기법을 구사하는 중세의 프랑스 건축이, 마치 중세의 프랑스 언어를 로마 제국에서 쓰이던 라틴어에 견줄수 있듯이, 또 이교도적 유산에서 새로운 문화를 수용하여 기독교를 포용한 것에 견줄 수 있듯이 로마건축에 견줄만한 것이었다. 1년후 영국인 윌리엄 건(William Gunn) 은 그가 앞서서 표현했던 의견, 즉 '옛날 고딕(gothique ancien)' 이라 부르는 건축은 로마시대 후의 것이란 본질에 근거하여 새로운 양식을 '로마네스크 (Romanesque)'라고 부르는 것이 옳다는 논지를 출판하였다. '로마네스크'는 이렇듯 고미술애호가들뿐 아니라, 여러 양식의 역사상의 시기를 기록하고, 지역적 차이를 표현하는 계보도를 설정하는 목표에 몰입하던 유년기의 미술사 분야의 어휘에도 포함되었다. 그럼에도 불구하고, 저자 김종성의 여러 권의 멋진 사진들에 포착된 지역적 표현의 기원과 연관관계에 대한 논쟁은 19세기 내내 계속되었다. 1846년 로마네스크 발원지와 상호 영향의 순서가 학술적 논쟁의 대상이었을 당시에도, 영국의 대표적 건축잡지 더 빌더 *the Builder* 에 게재되었던 긴 토론은 과연 로마네스크라는 용어를 유럽 대륙 전역에 적용할수 있는 것인지 의문을 제기하였다.

이제 이 스타일은 거의 천년이나 된 건축이 현대사회를 위한 건물을 짓는데 적정한가에 관한 논쟁에서, 고딕 부흥스타일 (Gothic Revival) 신봉자들이 더 많아지면서 원숙기의 고딕 양식이 고대 클래시컬 건축에 견줄 수 있던지, 또는 이를 능가하는 현대 유럽 건축 – 특히 기독교 건축 – 의 모델로서 이상적이며, 새 건축 디자인 에서도 우수함의 모범이라고 주장하였음에도 불구하고, 하나의 견해로 자리잡았다. 하지만 신고딕주의자 (neo-gothicist)들의 증대하는 정치적 설득력에 맞서 고미술 애호가들에게서 영감을 얻은 건축가들이 반론을 제기했는데, 더 오래된 로마네스크 스타일에서 어느 면에서는 현대성에 더 적합한 건축형태, – 독일 건축가 하인리히 휩슈(Heinrich Hübsch) 가 1828년 선언문(manifesto) '우리는 어떤 스타일로 지을 것인가? *(In what Style should we build?)* – 에서 표현했듯이 적어도 그것이 발전의 가능성이 있다는 논지였다. 휩슈의 주장은 로마네스크는 융통성있고, 순수하고, 표현력이 풍부한 둥근 아치를 가진 더 발전할 잠재력을 가진 스타일이었으나, 고딕 혁명(Gothic Revolution)에 의해 단명하고 말았다는 것이었다. 역사적 건축양식을 인용하여 완성도를 성취했다고 믿어지는 그리스 고전양식 또는 고딕양식 옹호자들에 대응하여, 더

style believed to have achieved perfection historically (Classical Greek or Gothic) vs. stylistic matrices that allowed large margins for interpretation began. Romanesque then entered the fierce style debates of 19th-century architecture as a proto-modern style, a reputation it was to maintain for decades. As late as the 1880s arguments were being made in France – where Paul Abbadie's church of the Sacré-Coeur in Paris took its inspiration from the distinctive Romanesque of the cathedrals of Périgueux and Angoulême – that Romanesque offered a freedom that the domineering style of the Gothic Revival could not offer. Romanesque came to be associated with a type of open-ended modernity, linked to the concept of development central to the discourses of evolution, of industrialization, and of political progress.

Photography was, along with the methods of stylistic taxonomy, the other technology the 19th century provided to the new discipline of architectural history. By the end of the century the traveling architect was as likely to pack a camera as a sketchbook. Kimm's project is a descendant, then, of a tradition of recording ecclesiastical monuments in stylistic groupings that goes back to the early years of photography. In 1851, just a decade after the invention of photography, the young *Commission des Monuments Historiques*, charged with the preservation and restoration of France's architectural heritage, sent three photographers out to document the current condition of the medieval legacy across the country. With this "Mission héliographique" photographers amassed a scientific record thought to be even more objective than the established techniques of measured scale drawings. These remained in the administrative files, however, and it would be another half century before printing techniques evolved to allow for large-scale folio volumes of printed photographs of French Romanesque architecture, such as in the lavish volume of Julius Baum's *Romanische Baukunst in Frankreich* of 1910.

If nationalistic art history's search for origins dominated attitudes towards the Romanesque in the 19th century, the 20th century witnessed an increasing association of the Romanesque with appreciation of qualities of the "primitive" and the "naïve," particularly in avant-garde circles. Encounters with Romanesque art – as in Picasso's famous encounter with Romanesque wooden sculpture in Catalonia around 1905/06 – were often associated with a shaking off of academic culture in pursuit of primitive energy, in a sense a new variant of the idea of development possibilities already advanced in the 1820s and 1830s. This attitude maps onto some of the most potent moments of self-examination in the evolution of the modern movement, from the 1930s embracing of the vernacular and the primordial in the questioning of the industrially progressive imagery of 1920s avant-garde architectural modernism, to the early stirrings of Brutalism in the post-World War II period when once

광범위한 해석을 허용하는 건축 스타일의 모체, 즉 로마네스크 옹호자들 사이의 논쟁이 벌어졌다. 이리하여 로마네스크는 치열한 19세기 건축 스타일의 논쟁에 초기 현대 스타일(proto-modern style)로 등장하여, 그 평판을 수십년 유지하였다. 1880년대 까지도 프랑스에서 – 뽈 아바디(Paul Abadie)의 파리 사끄레 꿰르(Sacré-Coeur) 성당이 뻬리궤(Périgueux)와 앙굴렘(Angoulême)의 독특한 로마네스크 스타일에서 영감을 얻은 그 나라에서 – 지나치게 경직된 고딕부흥주의(Gothic Revival)가 제공하지 못하는 융통성을 로마네스크 양식이 제공한다는 논쟁이 전개되었다. 로마네스크는 한계가 없는(open-ended) 현대성, 진화, 공업화, 정치적 진보의 담론에 중심적인 발전개념과 연결되게 되었다.

사진은 양식의 분류학적 방법과 더불어 건축역사의 학문에 19세기가 제공한 기술의 하나였다. 19세기 말엽에 여행하는 건축가는 스케치북 못지 않게 카메라도 짐가방에 넣었다. 그렇다면 김종성의 프로젝트는, 사진의 유년기로 거슬러 올라가서 성당건축을 양식적으로 분류하여 기록하던 전통의 후예이다. 1851년, 사진이 발명된지 불과 10년 후, 프랑스 건축유산의 보존과 복원의 임무를 맡은, 갓 설립된 역사적 기념물 행정처 *(Commission des Monuments Historiques)* 는 프랑스 전국에 산재한 중세 건축유산의 현황을 기록하기 위하여 3명의 사진가들을 문화재 소재지에 파견하였다. 이 '사진촬영 임무(Mission héliographique)'를 맡은 사진가들은 당시 인정되던 실측 측량도 기법보다 더 객관적이라 간주되는 많은 과학적 기록을 축적하였다. 이 자료들은 그러나 행정부서 서고의 서랍 속에 남아있어야만 했다. 반세기가 지난 후에서야 인쇄기술이 발달되어, 율리우스 바움(Julius Baum)의 1910년 프랑스 로마네스크 건축 *(Romanische Baukunst in Frankreich)* 같은 로마네스크 건축의 큰 스케일 전지(folio) 책이 출판되었다.

국가주의적 미술사의 기원에 관한 탐구가 19세기 로마네스크에 대한 사고방식을 지배했다면, 20세기에는 로마네스크와 그 '원시적인,' 그리고 '소박한' 성격 사이의 연관관계에 대한 이해가 증가하였다. 특히 전위예술가들(avant-garde) 그룹에서 이러한 특징이 두드러졌다. 로마네스크 미술과의 만남 – 예를 들어 잘 알려진 피카소의1905-06년경 카탈루냐 로마네스크 나무 조각과의 해후 – 은 흔히 원시적 에너지를 추구하기 위해 대학문화를 털어버리는 것과 연관되었다. 말하자면 이는 1820-30년대에 이미 제기되었던 발전가능성 관념의 새로운 변형이라 할수 있다. 이러한 관점은 현대주의 운동의 진화에 가장 강력한 자기반성의 순간에 연결되는데, 1930년대의 시대와 지역 특유의(vernacular) 감성과 원시시대부터 존재하는(primordial) 것을 포용하며, 1920년대 아방가르드 모더니즘 건축의 산업적 발전의 표현에 의문을 던지는 태도, 또는 2차 세계대전 이후의 브루털리즘(Brutalism) 초기 발상기까지, 다시 한번 로마네스크 건축표현 실험의 거울의 앞과 뒤와의 관계같은 새로운 단계가 되었던 시기이다. 이것이 특히 2차 세계대전후 20-30년 간 성당건축의 대대적 부활에 일조하였다. 예를 들어, 마르셀 브로이어(Marcel Breuer)는 1954년 미네소타 주의 세인트 존(St. John) 대학교에 베네딕토회 수도원 성당을 건설하는 과업을 받았을 때, 고딕 전통에 대한 질문에 대하여 수사들에게 자신은 더 힘차고, 덜 복잡한 강렬한 로마네스크 성당의 형태를 선호한다고

again the formal qualities of Romanesque architecture became both the foil and the mirror for a new phase of experimentation in architectural expression. This played out particularly in the great renewal of church architecture in the post-World War II decades. Marcel Breuer, for instance, tasked with developing a new abbey church for the Benedictines at St. John's Abbey and University in Minnesota in 1954, told the monks in response to questions about the Gothic tradition that he preferred the stronger, less fussy forms of powerful Romanesque churches, even as he developed his plans for an expressive architecture of folded plates of in-situed reinforced concrete. No less powerful were the forms of the churches of the Swiss modernist Hermann Baur, who in 1966 penned an essay on the relevance of Romanesque architecture for the volume devoted to the Romanesque in the popular series of *Living Architecture* compiled by Jean-Louis de Cenival and published in 1969, noting: "... there is no doubt a particular affinity between modern architecture and the Romanesque [...]. It is distinguished by a predilection for the clear, simple forms which are so apparent in small Romanesque churches." Baur asserted that "just as in the early eleventh century, we are ridding ourselves of outmoded conventions in favor of a revived conception of the church."

Perhaps the most influential of all the post-war efforts linking an appreciation of the aesthetic force of the Romanesque with the project of instilling a new spirituality in the project of modern art and architecture were two long-term engagements advocating the relationship between the Romanesque and the modern present and even future. Both were driven by French ecclesiastics. And both relied heavily on the suggestive power of black and white photography to capture the spiritual values of architecture. From its foundation in 1935, the magazine *L'Art Sacré* argued that there was no fundamental contradiction between spirituality and modernity. Dominated by two Dominican friars, Marie-Alain Couturier and Pie Raymond Régamey, *L'Art Sacré* argued for a modern religious art, championing in particular the *béton brut* phase of Le Corbusier's work at Ronchamp and at the Monastery of La Tourette. Even more comprehensive was the half century long project of Benedictine monks of the 19th-century Neo-Romanesque Abbey of Ste.-Marie de la Pierre-qui-Vire, the founders of the publishing house *Les Editions du Zodiaque*, named for the presence of the zodiac on numerous Romanesque church portals: In 1951, Dom Angelico Surchamp penned a text embracing the spirituality of abstract art – "Deux mots sur l'art abstrait" – at the same time as he began to advance an appreciation of the underlying abstraction of Romanesque architecture through a project to photograph and publish historical texts on Romanesque ecclesiastical buildings throughout Europe. The first volume, on Burgundy, was published in 1945 and the

말하였다. 그리고 그는 현장 타설 콘크리트의 절곡된 판(folded plate) 개념의, 표현력이 풍부한 건축 디자인을 만들어냈다. 스위스 모더니스트 건축가 헤르만 바우르(Hermann Baur)의 성당건축의 형태 역시 이에 못지 않게 강력하였다. 그는 1966년에 로마네스크 건축의 타당성에 대한 논고를 썼고, 그 에세이가 쟝 루이 드 세니발(Jean-Louis de Cenival)이 편집하여 1969년에 출판된 살아있는 건축 *(Living Architecture)* 대중적 사진 시리즈의 로마네스크 편에 게재되었다. 그 논지는 다음과 같다

> "현대건축과 로마네스크 건축 사이에 특별한 동질성이 있는 것은 의심할 여지가 없다 (중략) 현대건축은 작은 로마네스크 성당에서 현저하게 나타나는 명확하고 순수한 형태를 선호하는 것이 특징이다." 바우르는 " 11세기 초에 그러하였듯, 우리는 시대에 뒤진 인습에서 벗어나서 성당의 다시 살아난 개념을 택한다."고 주장하였다.

아마도 2차 세계대전 이후, 로마네스크의 심미적 설득력과 현대미술 및 건축에 새로운 영성을 주입하려는 목적을 연결시키려는 가장 영향력 있는 노력은 로마네스크와 현대의 지금, 더 나아가서 내일의 관계를 강조하는 두개의 장기적 사업이었었으며, 둘 다 프랑스의 성직자들이 주도한 것이었다. 이들은 모두 건축의 정신적 가치를 흑백 사진의 암시적 힘에 많이 의존하였다. 1935년 창간 이래, 라르 사끄레*(L'Art Sacré* 종교예술*)* 잡지는 영성과 현대성 사이에 기본적 모순이 없다는 것을 역설하였다. 두 사람의 도미니코회 신부, 마리 알랭 꾸뛰리에(Marie-Alain Couturier) 와 삐 레이몽 레가메이(Pie-Raymond Régamey)가 주도한 라르 사끄레는 새로운 현대 종교예술을 주창하고, 특히 르 꼬르뷔지에(Le Corbusier)의 롱샹 (Ronchamp)과 라 뚜레뜨(La Tourette) 수도원의 베똥 브뤼(beton brut 노출 콘크리트) 시기 작품을 두둔하였다. 한층 더 포괄적인 것은 생뜨 마리 들 라 삐에르 끼 비르(Sainte-Marie-de-la-Pierre-qui-Vire) 19 세기 네오 로마네스크 수도원 베네딕토회 수사들의 반세기에 걸친 작업이었다. 그들은 많은 로마네스크 성당문에 표시된 12궁도(Zodiac)를 따라 이름붙인 레 제디시용 뒤 조디아끄(Les Editions du Zodiaque) 출판사를 설립하여 프로젝트를 수행하였다. 1951년에 안젤리꼬 쉬르샹 수사(Dom Angelico Surchamp)는 '추상미술에 대한 한 마디 (Deux mots sur l'art abstrait)'라는 제목으로 추상미술의 영성을 포용하는 글을 썼다. 로마네스크 건축의 근간을 이루는 추상에 대한 이해를 돕는 한편, 동시에 그는 유럽 전역에 세워진 로마네스크 성당건축을 사진으로 기록하고 그 사진과 역사적인 원문(text)들을 출판하는 프로젝트를 시작하였다. 부르고뉴에 관한 첫번째 책이 1945년에 출판되었고, 2002년에 사업이 중단될 때까지 출판된 책은 88권에 달하였다. 쉬르샹 수사는 로마네스크 형태의 순진함과 정신적 신선함을 강조하였고, 로마네스크 건축의 신비로운 본질을 포착할수 있는 사진촬영을 의뢰하였다. "여러분, 추상미술은 감각을 승화시켜 신성한 것으로의 접근을 돕는다고 믿지 않으십니까?" 그는 물었다. 그 덕분에 두 세대의 로마네스크 미술과 건축에 대한 비전이 1818년 '로마네스크'란 용어 자체가 처음 활자로 인쇄되었던 바로 그 도시 깡(Caen)에 소중하게 보관되었던 사진에 의하여 형성된 것이다.

project reached eighty-eight volumes by the time publication stopped in 2002. Surchamp underscored the naiveté and spiritual freshness of Romanesque forms, commissioning photography that could capture the numinous qualities of the architecture. *"Ne croyez-vous pas, messieurs, que l'art abstrait en transférant le sens de la réalité, favorise l'accès au sacré?"*, he asked. Two generations in turn had their vision of Romanesque art and architecture shaped by the photographers whose work was carefully archived in Caen, the very city where the term "Romanesque" was first published in 1818.

It is to this long legacy that Kimm brings his refined photographic sensibility; indeed, he credits the photography of the Zodiaque series as an early inspiration with a photograph of Dom Angelico on a ladder with a Hasselblad in hand as favorite image. Kimm's lens captures the spatial qualities and material textures of some of the key monuments of the French Romanesque with something of the modernist tectonic clarity that he imbibed in his years in the office of Mies van der Rohe in Chicago and in his practice in South Korea. It is the clarity of structural expression in the Romanesque that clearly ties his forays into the Middle Ages to his own highly rational approach to architecture, but at the same time Kimm is enthralled with the regional diversity and the probing structural explorations of Romanesque builders. As the heir of a two-century tradition of a modern embrace of the Romanesque, he brings an entirely personal dimension as well to his voyages of discovery. His images match his own fascination with the continual experimentation of the Romanesque, for instance in the unique but unforgettable vaulting systems of St. Philibert at Tournus with both its homage to ancient Roman techniques and its search for unprecedented verticality. This is captured in Kimm's concise text, but he seizes our imagination in his skillful camera angles and staging of our discovery of these buildings from their larger context to the interrelationship of their diverse spaces.

July, 2022, Columbia University in New York City
Barry Bergdoll

김종성은 이러한 오래된 전통에 사진가로서의 세련된 감각을 입혔다. 실제로 그는 돔 안젤리꼬(Dom Angelico 쉬르샹 수사의 애칭)가 하셀블라드(Hasselblad)를 들고 사다리 위에 서 있는 모습이 그가 좋아하는 사진임을 언급하며 조디아끄(Zodiaque) 연작 사진을 그가 로마네스크 프로젝트를 시작할 당시 영감의 원천이라고 말한다. 그의 렌즈는 프랑스 주요 지역에 세워진 로마네스크 건축의 다양한 기념물의 공간적 성격과 재료의 텍스쳐를 모더니스트 텍토닉스(tectonics)의 명료함으로 포착한다. 그의 건축관은 십여년 간 시카고에서 미스 반 데어 로에(Mies van der Rohe) 사무실에서 경륜을 쌓고, 한국에서 작품활동을 하면서 형성되었다. 로마네스크 건축의 명쾌한 구조적 표현이 분명히 중세기 건축을 서술하는 그의 저작활동과, 고도로 합리적인 그 자신의 건축디자인 접근방법을 잇는 연결고리임에 틀림이 없지만, 동시에 그는 로마네스크 건축의 지역적 다양성과 그 시대 건설장인들의 철저한 구조적 탐구에 매료되어 있다. 두 세기에 걸쳐 이뤄진 로마네스크의 현대적 포용을 이어받은 저자이지만 그는 탐구의 과정에 완전히 주관적인 안목 또한 보여준다. 저자의 사진들은 그 자신이 로마네스크의 끊임없는 실험에 깊이 매혹되어 있음을 잘 표현하고 있다. 예를 들어 그는 뚜르뉘(Tournus)의 생 필리베르(Saint Philibert) 수도원 성당의 특이하고 잊을수 없는 볼팅 기법이 한편으로는 고대 로마시대 기술에서 유래하였고, 또 한편으로는 전례없는 수직성을 추구하는 중세 건설장인들의 실험정신에 힘입었다는 사실을 포착하고 있다. 저자 김종성의 간결한 글이 이러한 모든 것들을 설명하고 있으나, 우리의 상상력을 사로잡는 것은 그의 능숙한 카메라 앵글과, 더욱 큰 맥락의 건축 외관으로부터 다양한 내부 공간요소들의 상관관계까지 우리의 이해를 도모하게 하는 그의 연출(staging)능력이다.

2022년 7월, 뉴욕, 컬럼비아 대학교
배리 버그돌

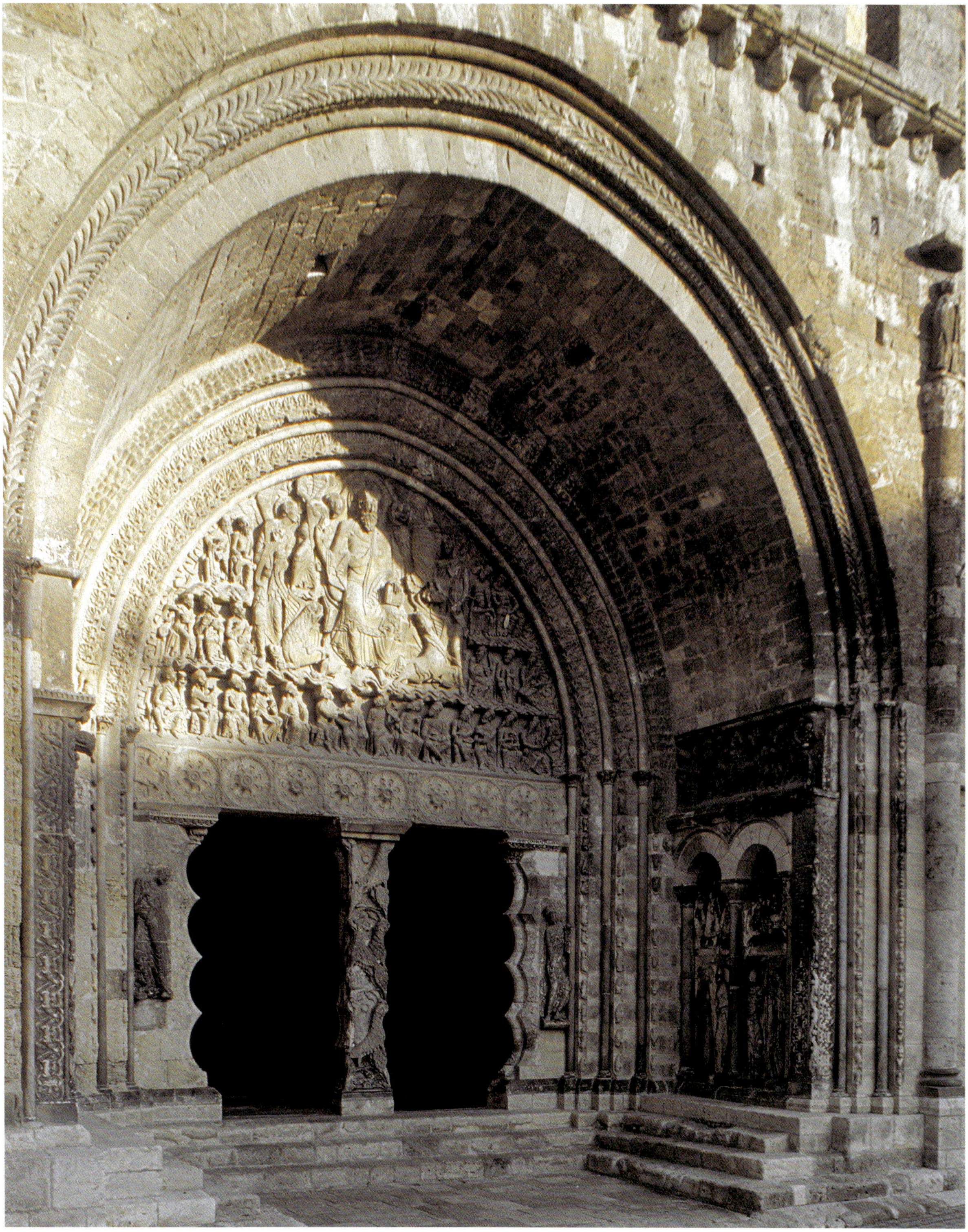

Moissac, view of tympanum at south portal of l'Abbaye Saint-Pierre

무아싹, 생 삐에르 수도원 남쪽 정문에 있는 팀파눔 모습

Introduction

The present volume is the fourth photo essay in a survey of Romanesque architecture in Europe captured through an architect's eyes. After having reviewed the post-Carolingian building art of the Ottonian, Salic and Hohenstaufen dynasties, my journey crossed the Pyrenees where I examined Mozarabic, Asturian and Catalan styles as well as mainstream Romanesque monuments including the Basilica of San Isidoro in León and Santiago de Compostela. The Romanesque story then continued by covering the birthplace of the style itself: Italy, including the island of Sicily, and the Istrian Peninsula of Croatia. The journey now focuses on the western portion of the post-Carolingian world: France. From among the more than four or five thousand Romanesque churches which dot the French landscape, a mere handful of monuments of architectural merit, large and small, have been selected for discussion in this volume.

Unquestionable masterpieces of Romanesque architecture such as La Basilique Sainte-Marie-Madeleine in Vézelay, L'église abbatiale Saint-Étienne in Caen, or La Basilique Saint-Sernin in Toulouse are given due respect. Lesser-known monuments such as L'Abbaye de Saint-Savin-sur-Gartempe, L'Abbaye de Saint-Philibert in Tournus, or La collégiale Saint-Étienne in Neuvy-Saint-Sépulchre are discussed for their innovations, the first two for their vaulting techniques and Saint-Étienne for its unusual spatial organization. L'Abbaye du Thoronet is presented as one of the most important examples of Cistercian architecture and for the appeal it enjoyed in the 20th century among contemporary architects including Le Corbusier. Two Catalan Romanesque churches, Saint-Michel-de-Cuxa and Saint-Martin-du-Canigou, serve as the endnote because of their importance in the development of Romanesque architecture in the Pyrenees.

책 머리에

이 책은 유럽을 횡단하는 로마네스크 건축 기행의 한 건축가의 시각으로 포착한 네번째 사진 에세이이다. 샤를마뉴 사후의 옷토 (Ottonian), 살리에르 (Salian), 호엔슈타우펜 (Hohenstaufen) 왕조의 건축예술을 조감한 후에 저자의 기행은 피레네 산맥을 넘어서 모자라브 (Mozarabic), 아스투리아 (Asturian), 카탈란 (Catalan) 양식을 답사했을 뿐 아니라, 레온 (León)의 산 이시도로 (San Isidoro) 바실리카, 산티아고 데 콤포스텔라 (Santiago de Compostela) 대성당과 같은 로마네스크 건축의 원류를 탐방하였다. 로마네스크 얘기는 그 양식의 발생지인 이탈리아와 시칠리아, 크로아티아의 이스트리아 (Istria) 반도를 포함하여 계속되었다. 이제 로마네스크 건축의 답사가 샤를마뉴 사후 유럽의 서쪽 부분인 프랑스에 초점을 맞추고자 한다. 프랑스 전국에 널리 퍼져있는 사오천개의 로마네스크 성당 가운데에서 두손으로 꼽을수 있는 크고 작은 건축을 이번 개관에서 다루고자 선발하였다.

베즐레이 (Vézelay)의 생뜨 마리 마들렌 (Sainte-Marie-Madeleine) 바실리카, 캉 (Caen)에 있는 생 떼띠엔 (Saint-Étienne) 수도원 성당, 또는 뚤루즈 (Toulouse)의 생 세르냉 (Saint-Sernin) 바실리카 같이 두말할 나위가 없는 로마네스크 건축의 걸작들은 그 중요도에 걸맞게 다루어졌다. 생 사뱅 쉬르 가르떵쁘 수도원 성당 (L'Abbaye de Saint-Savin-sur-Gartempe), 뚜르뉘 (Tournus)의 생 필리베르 수도원 성당 (L'Abbaye de Saint-Philibert), 그리고 뇌비 생 세뿔끄르 (Neuvy-Saint-Sépulchre)의 생 떼띠엔 교우회 성당 (La collégiale Saint-Étienne) 처럼 덜 알려진 건축은 먼저 두 성당의 경우는 볼팅기법의 독창성 때문에, 마지막 생 떼띠엔 성당은 특이한 공간구성 때문에 본문에서 설명되었다. 르 또로네 수도원 성당 (L'Abbaye du Thoronet)은 시토회 건축의 가장 중요한 예의 하나이기 때문에, 그리고 르꼬르뷔지에 (Le Corbusier)를 비롯한 20 세기의 모더니즘 건축가들에게서 높이 평가 되었기 때문에 다루어졌다. 생 미셸 드 꾸샤 (Saint-Michel-de-Cuxa)와 생 마르땡 뒤 까니구 (Saint-Martin-du-Canigou) 두 성당은 피레네 산맥 카탈란 로마네스크

My first encounter with Romanesque architecture was my visit to Sainte-Marie-Madeleine in Vézelay some fifty years ago. On my recent trip to Vézelay for additional photographing, I was shocked for a moment to see that the western façade had been renovated and shed of centuries-old patina, but relieved the next moment to find that the space within had remained unchanged in the intervening years.

I wish to express my appreciation to Dr. Ki-Young Sung for refining my Korean texts, and Mr. Jay Kim for producing precisely scaled plans for the churches discussed. Lastly, I wish to express my gratitude to Mr. Ernst Wasmuth, senior publisher, Dr. Sigrid Hauser, editor, and Mr. Thomas Schmid, book designer, for their painstaking efforts in bringing this book to life.

Spring, 2022, New York City
The author

건축 발전 과정상에서 중요한 건축임으로 후미를 장식하도록 하였다.

저자의 로마네스크 건축과의 처음 체험은 오십여년전 베즐레이 생뜨 마리 마들렌 성당을 방문했을 때 였었다. 사진 보충촬영을 위하여 최근에 베즐레이를 방문했을 때에, 개보수된 서쪽 정면이 몇세기의 고색창연함을 잃은 것을 보고 한 순간 경악을 금치 못했으나, 지나간 세월에도 변하지 않은 내부의 공간을 확인하며 안도의 숨을 내 쉬었다.

저자는 한글 문장을 세련되게 윤문한 성기영 박사와 정교한 축척 평면을 제작한 김봉주 씨의 노고에 고마움을 전한다. 끝으로 이 책을 만들어 내는데 있어서 끊임없는 노력을 경주한 선임 발행인 Ernst Wasmuth 씨, 편집인 Sigrid Hauser 박사, 북 디자이너 Thomas Schmid씨에게 심심한 사의를 표한다.

2022년 봄, 뉴욕시에서
저자

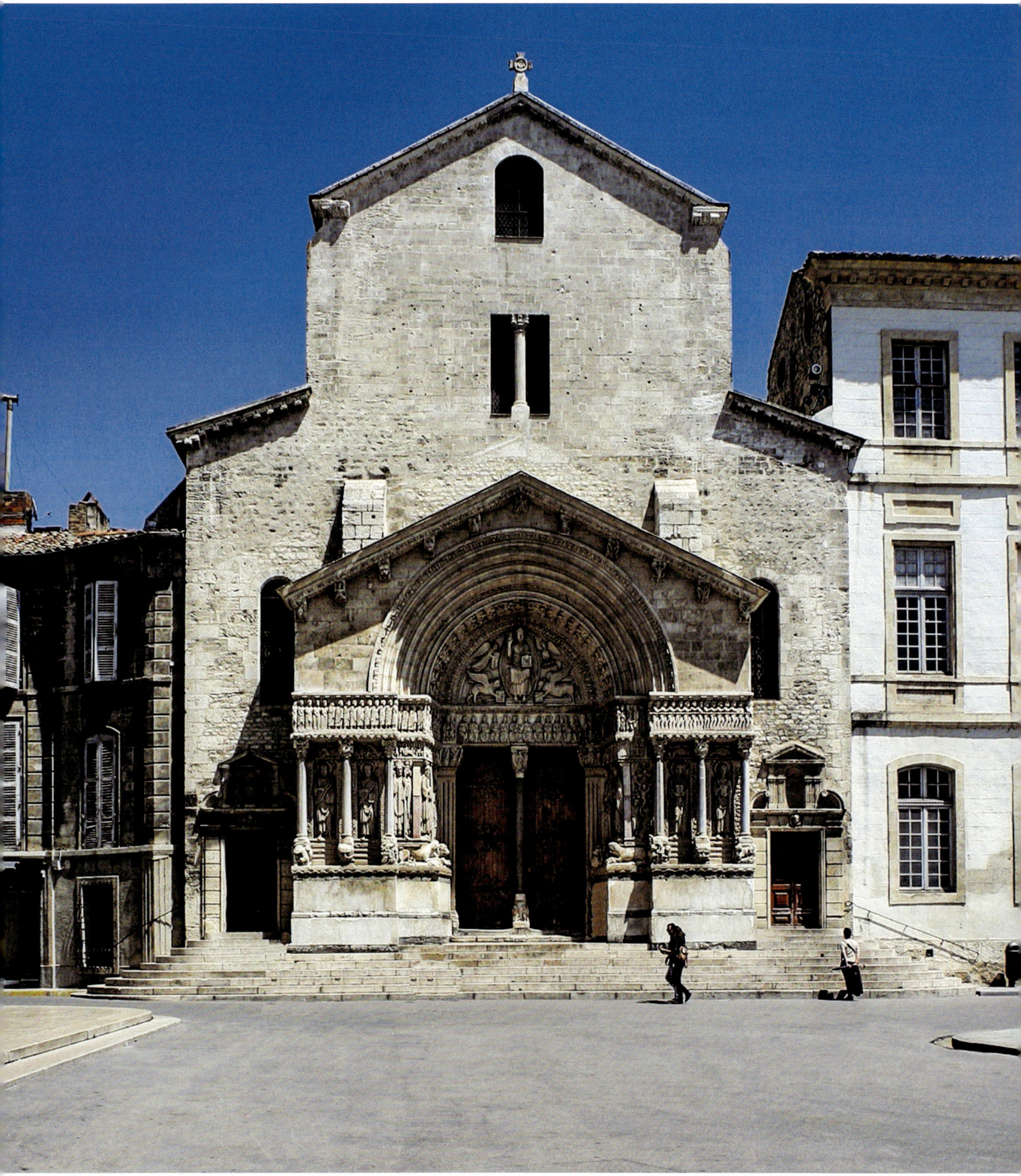

The Diverse Landscape of Romanesque Architecture in France

프랑스 로마네스크 건축의 다양한 풍경

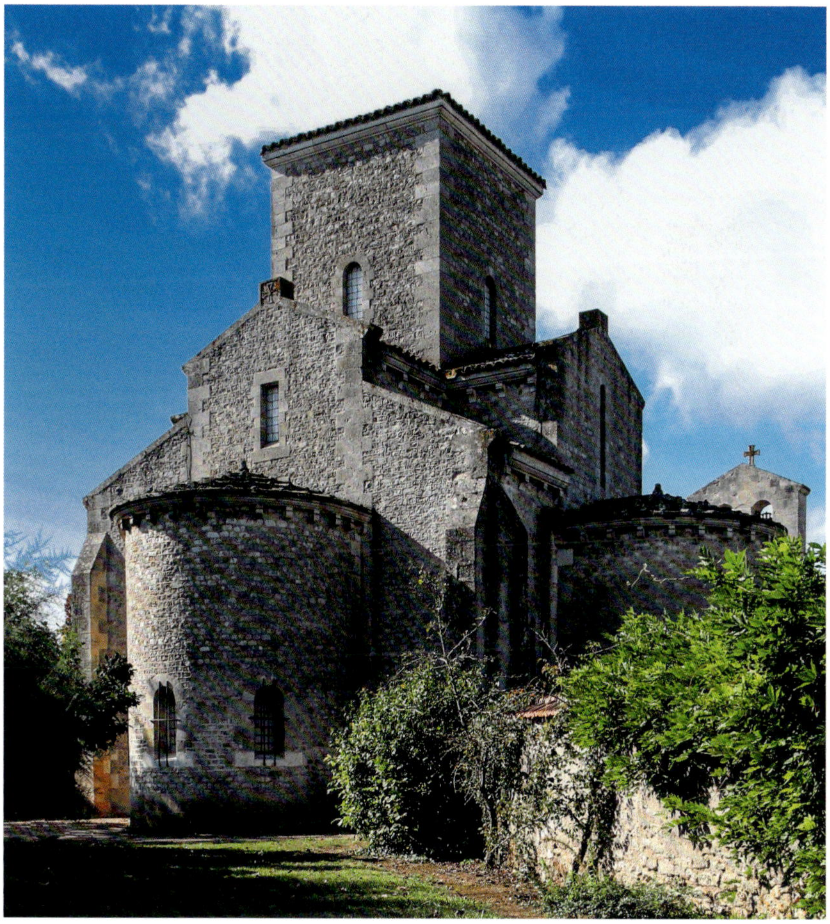

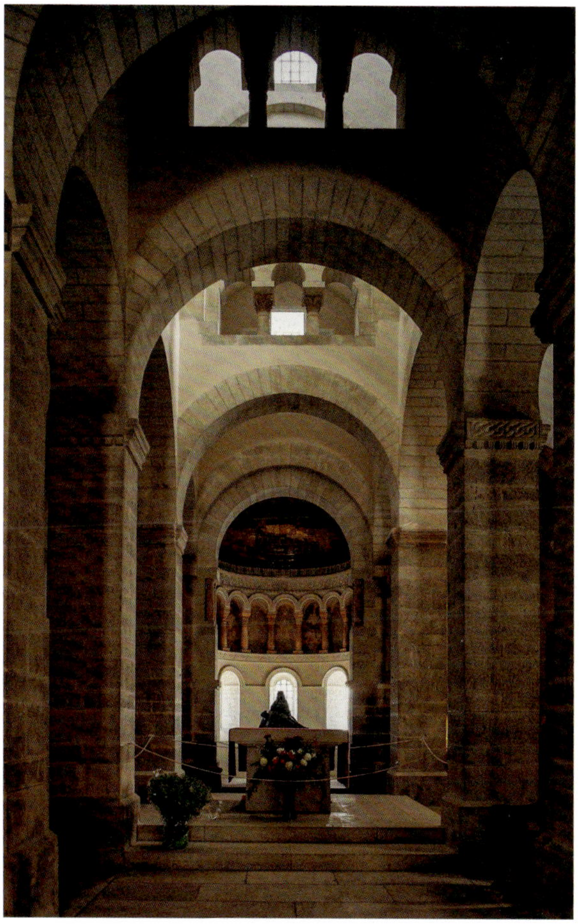

Germigny-des-Près, exterior view from northeast of Carolingian Oratory (left)

제르미니 데 쁘레, 카롤링거 기도실의 동북쪽에서 본 외관

Interior view of nave toward the apse at east (right)

동쪽에 있는 앱스 방향으로 본 네이브 전경

← Arles, L'Abbaye Saint-Trophime: Western portal with exquisite tympanum

아를르, 생 뜨로핌 수도원 성당 서쪽 정문의 정교한 팀파눔 모습

In planning for the current volume, it became clear at the outset that Romanesque architecture in France is as diverse in style as it is geographically widespread, and that a handful, or mere dozen monuments as described in the main chapters alone would be rather inadequate to convey the scope of the subject at hand. Therefore, this introductory essay was included to remedy this shortcoming and provide a balanced view of the diversity of the Romanesque architectural landscape in France.

The Oratory in Germigny-des-Prés, located near the Loire riverbank about 30 kilometers upstream from Orléans, and which was consecrated in 806 by Theodulf, the Abbot of nearby Abbey Saint-Benoît-sur-Loire, is one of the best-pre-

이 책을 계획하면서 일찍이 저자가 분명히 인식한 점은 프랑스의 로마네스크 건축은 그 양식이 다양할 뿐 아니라, 지역적으로 광범위하게 분포되어 있어서, 본문에서 다루는 두손으로 셀수 있는 불과 열몇개의 건축 만으로는 저술의 주제 영역의 방대함을 전달하는데 조금 부족하다는 사실이었다. 그 때문에 이 도입부의 글을 서두에 넣음으로서 불충분한 점을 보완하여, 프랑스 로마네스크 건축의 다양한 풍경을 균형있게 전달하고자 하였다.

오를레앙 (Orléans) 에서 약 30 킬로미터 상류 루아르 (Loire) 강변에 있는 제르미니 데 쁘레 (Germiny-des-Prés) 기도실 (oratory) 은 인근에 있던 생 브누아 쉬르 루아르 (Saint-Benoît-sur-Loire) 수도원 원장이었던 떼오둘프 (Theodulf) 에 의하여 창건되고 806년에 봉헌된, 현재 프랑스에 남아있는 가장 잘 보존된 카롤링거 건축 작품의

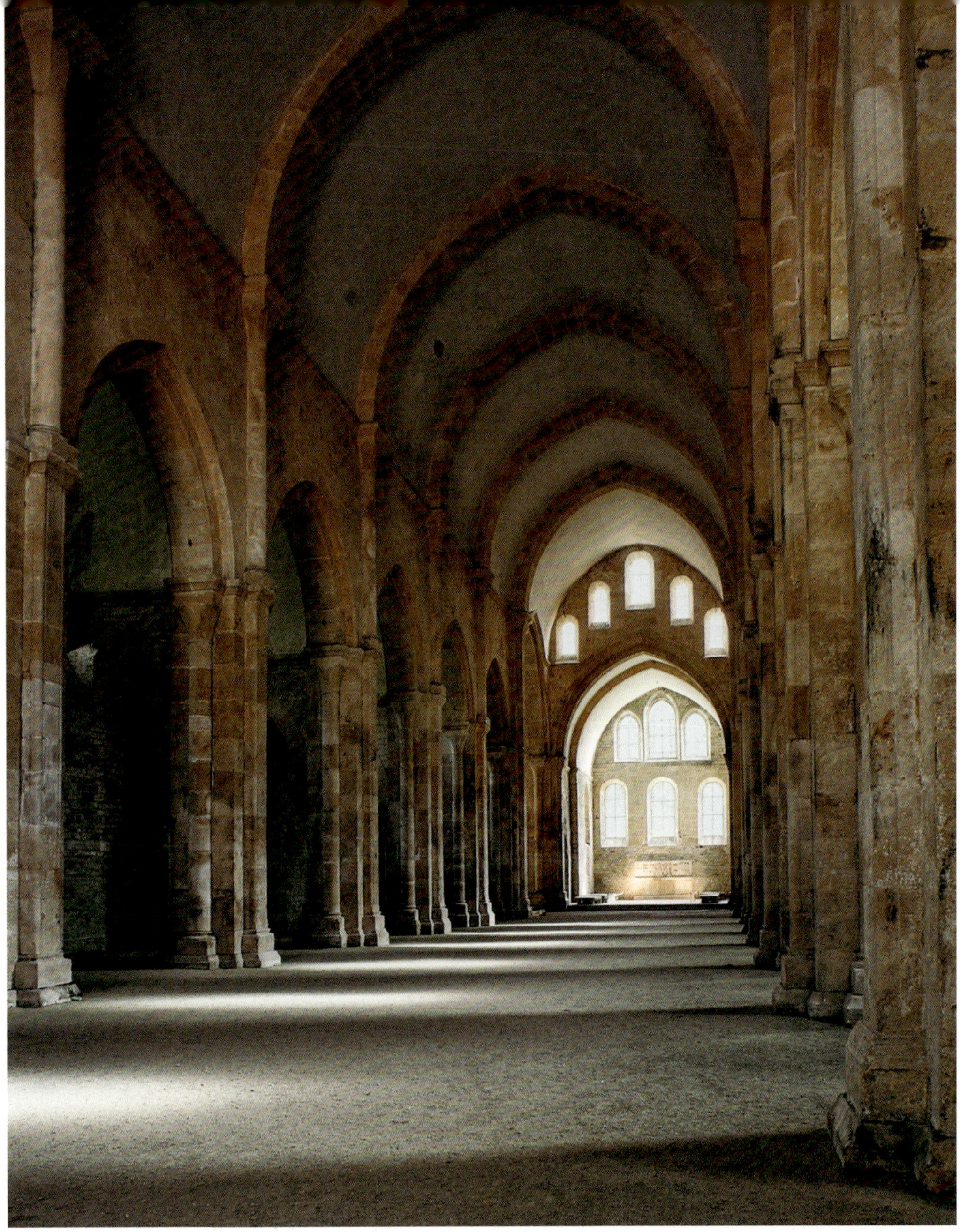

Fontenay, view of nave from west of Cistercian abbey

퐁뜨네이, 서쪽에서 본 시토회 수도원 네이브 전경

served works of Carolingian architecture extant in present-day France. This oratory is described first in this short essay as befits its history and importance. Despite a rather heavy-handed restoration completed in the 19th century, the oratory, built according to a Greek cross plan, exudes the characteristic Carolingian clarity in its spatial organization, with a touch of Visigoth sensibility since its patron, Theodulf, one of the most highly respected men of letters in Charlemagne's court, was born in Spain of Visigothic descent.

L'Abbaye de Fontenay is a former Cistercian abbey located in the Côte d'Or *département*. It was founded in 1118 by no less a personage than St. Bernard of Clairvaux and is one of the oldest and most complete Cistercian abbeys in Europe.

하나이다. 그 역사와 중요성에 걸맞게 이 기도실을 짧은 에세이로 서두에 설명하는데, 19세기에 이루어진 좀 조잡한 복원작업에도 불구하고, 그리스 십자가형 평면 (Greek-cross plan) 으로 지어진 기도실은 그 공간구성에 있어서 카롤링거 양식 특유의 명료함을 발산하며, 샤를마뉴 조정에서 높이 존경받던 문인의 한 사람이었던 패트런 떼오둘프가 스페인 사람이었기 때문에 비지고트 (Visigoth) 감수성을 보여준다.

꼬뜨도르 (Côte d'Or) 데빠르뜨멍 *(département* 프랑스 행정 단위) 에 있는 퐁뜨네이 (Fontenay) 수도원은 1118년에 다름 아닌 끌래르보의 성 베르나르 (St. Bernard of Clairvaux) 에 의하여 창설된 예전 시토회 시설이며, 유럽에서 제일 오래 되고 가장 온전한 시토회 수도원 건축의 하나이다. 오늘날 퐁뜨네이는 사유재산이나, 1981년에 UNESCO 세계문화유산 목록에 등재되었다.

Today it is in private ownership, and the abbey was registered on the UNESCO list of World Cultural Heritage Sites in 1981. The Abbey of Fontenay is introduced in this survey, however briefly, to highlight the essence of monastic building art, one of the most significant elements of Romanesque architecture.

L'Abbaye Saint-Pierre de Moissac, located in the Tarn-et-Garonne *département* in southwestern France, was a Cluniac Benedictine monastery and is highly celebrated for its exquisite sculpture, so much so that a dedicated volume focused on its merits as the home of Medieval sculptural art would be well-warranted. For the purposes of this volume, however, Saint-Pierre is given only a brief survey, with a few photographs of its tympanum and cloister. The southwest portico of the abbey

비록 간략하게 나마, 이 수도원은 로마네스크 건축의 중요한 구성요소의 하나인 수도원 건축예술의 요채를 조명하기 위하여 이 개관 에 소개하였다.

프랑스 서남부 따른-에-가론 (Tarne-et-Garonne) 데빠르뜨멍, 무아싹 (Moissac) 에 있는 생 삐에르 (Saint-Pierre) 수도원은 원래 클뤼니파 베네딕토회 수도원이었다. 이 성당은 대단히 아름다운 조각작품으로 높이 평가받기 때문에, 중세 조각예술의 보금자리로서 초점을 맞춘 별도의 책이 요구 되지만, 이 저서의 목적을 위해서 팀파눔과 중정의 조각 사진 몇 점으로 구성되는 짧은 설명으로 대신한다. 수도원 성당의 서남쪽 포르티코 (portico) 에 있는 팀파눔의 요한 계시록의 아포칼립스 (Apocalypse) 를 묘사하는 조각으로 무아싹은 특히 높게 평가받는다. 또한 팀파눔을 받치고 있는 뜨뤼모 (trumeau, 지지대) 에 극치로 아름다운 예언자 이사야 (Isaiah) 의 조각이 새겨져 있는데, 이사야 조각상이

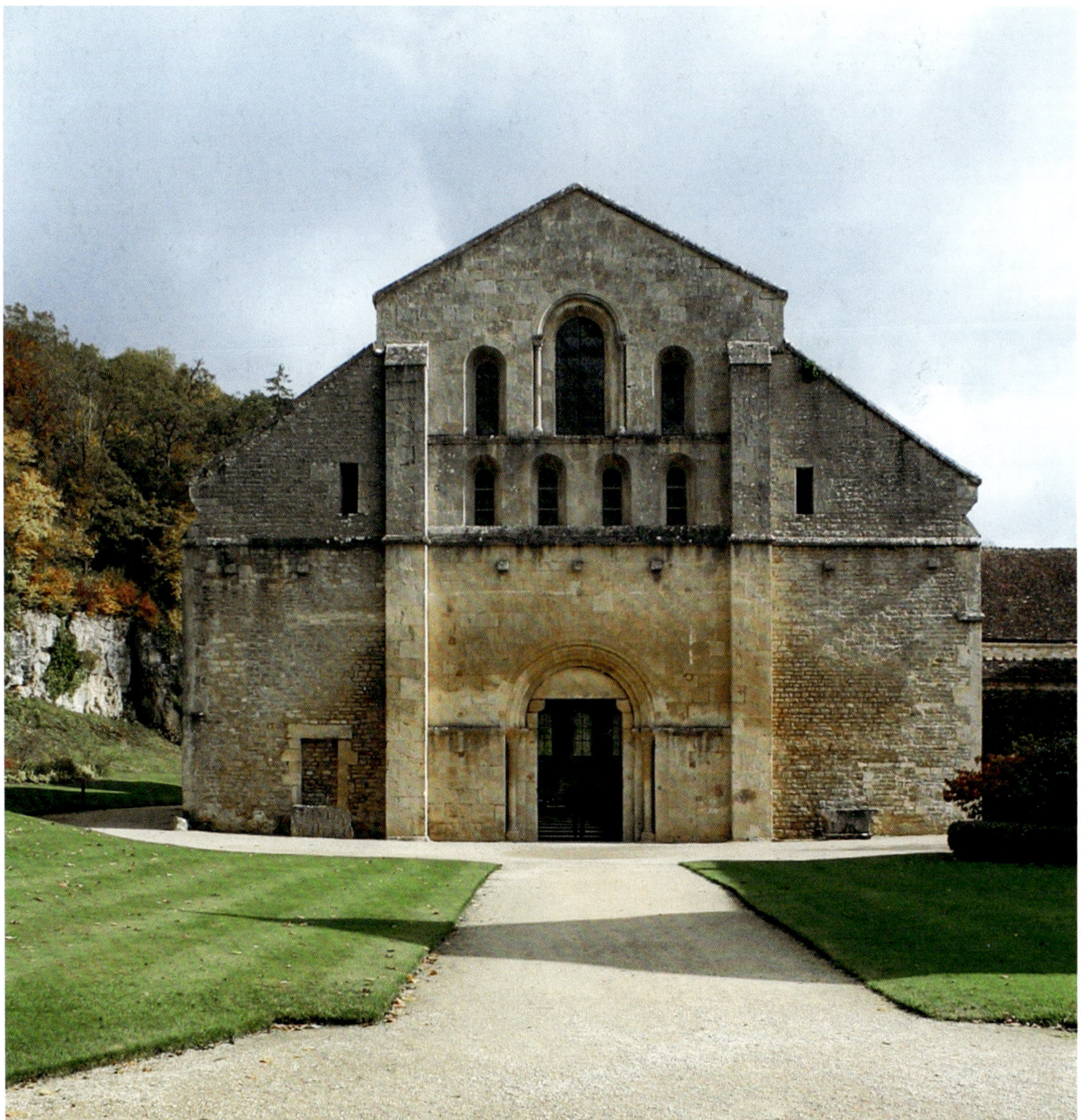

Fontenay, axial view of western façade of Cistercian abbey

퐁뜨네이, 시토회 수도원 서쪽 정면의 절제된 건축

church is especially notable for its tympanum sculpture depicting the *Apocalypse* from the Book of Revelations. On the *trumeau* supporting the tympanum is an exquisite sculpture of the prophet Isaiah, considered to have expanded the sphere of sculptural art in the way the figure freely inhabits the structure, both physically and figuratively.

La Cathédrale de Notre-Dame du Puy-en-Velay, located in the Auvergne-Rhône-Alpes region in south-central France, was mostly built in the first half of the 12th century, and it is the starting point of the *chemin du Puy*, one of the five routes from France to Santiago de Compostela.

실제로, 또 수사적으로 기둥을 자유롭게 감싸는 모습이 조각예술의 영역을 확장한것으로 평가된다.

프랑스 중남부 오베르뉴-론-알쁘 (Auvergne-Rhône-Alpes) 지역 *(région)*, 르 쀠 엉 블레이 (Le-Puy-en-Veley) 에 있는 노뜨르담 대성당 (La Cathédrale de Notre-Dame) 은12세기 전반에 대부분이 건설되었고, 프랑스에서 산티아고 데 콤포스텔라 로 향하는 다섯개의 노선중 하나인 쀠로 부터의 길 *(chemin du Puy)* 의 시발점이다. 건축가는 그 시대 첨단의 기술과, 짙은 빛 브렛치아 (Breccia) 화산석과 밝은 빛 사암 두가지 재료의 창의적인 융합으로 훌륭한 비례를 갖인 기독교 예배공간을 창조하였다.

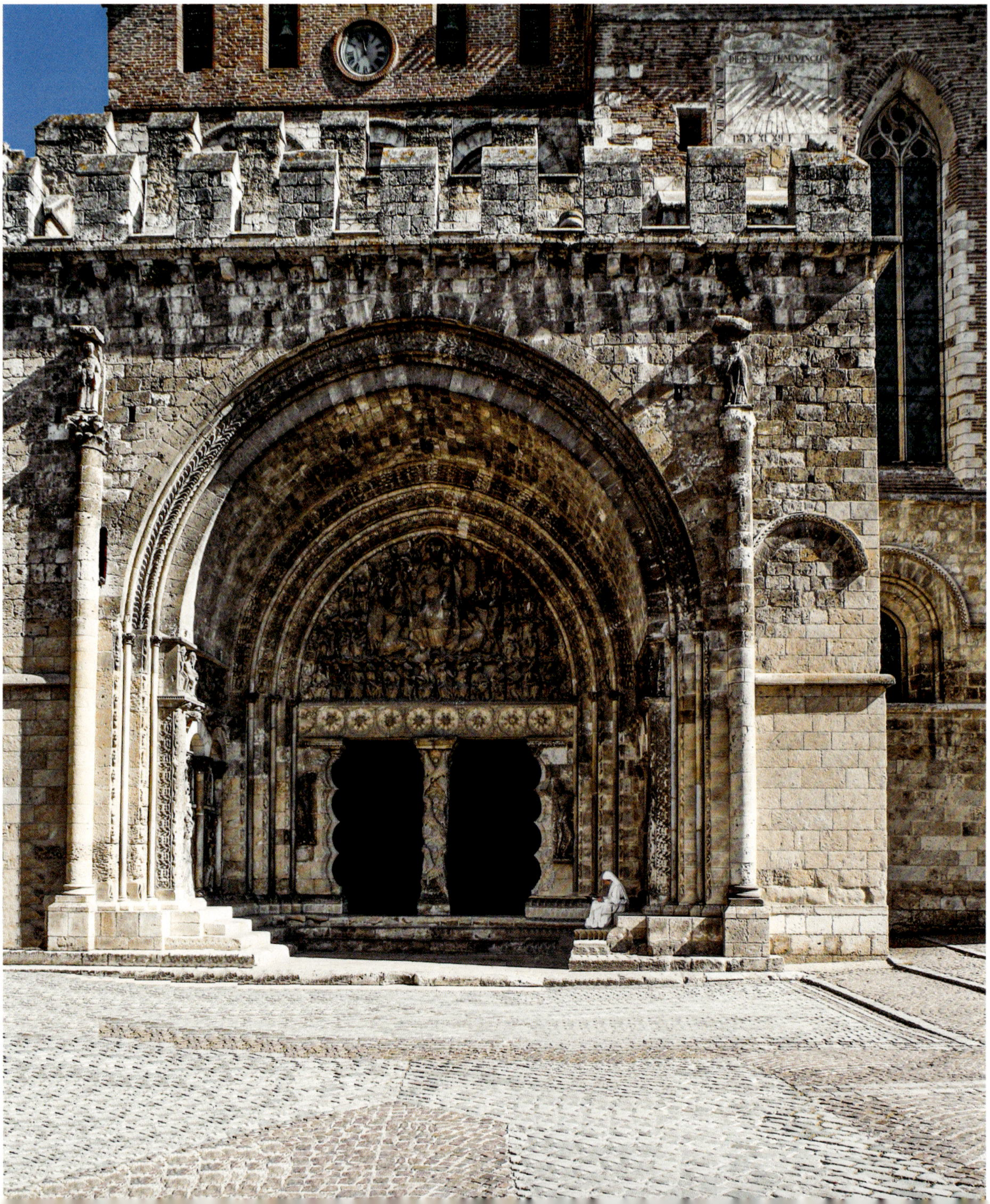

Moissac, view of tympanum at south portal of L'Abbaye Saint-Pierre

무아싹, 생 삐에르 수도원 남쪽 정문에 있는 팀파눔 모습

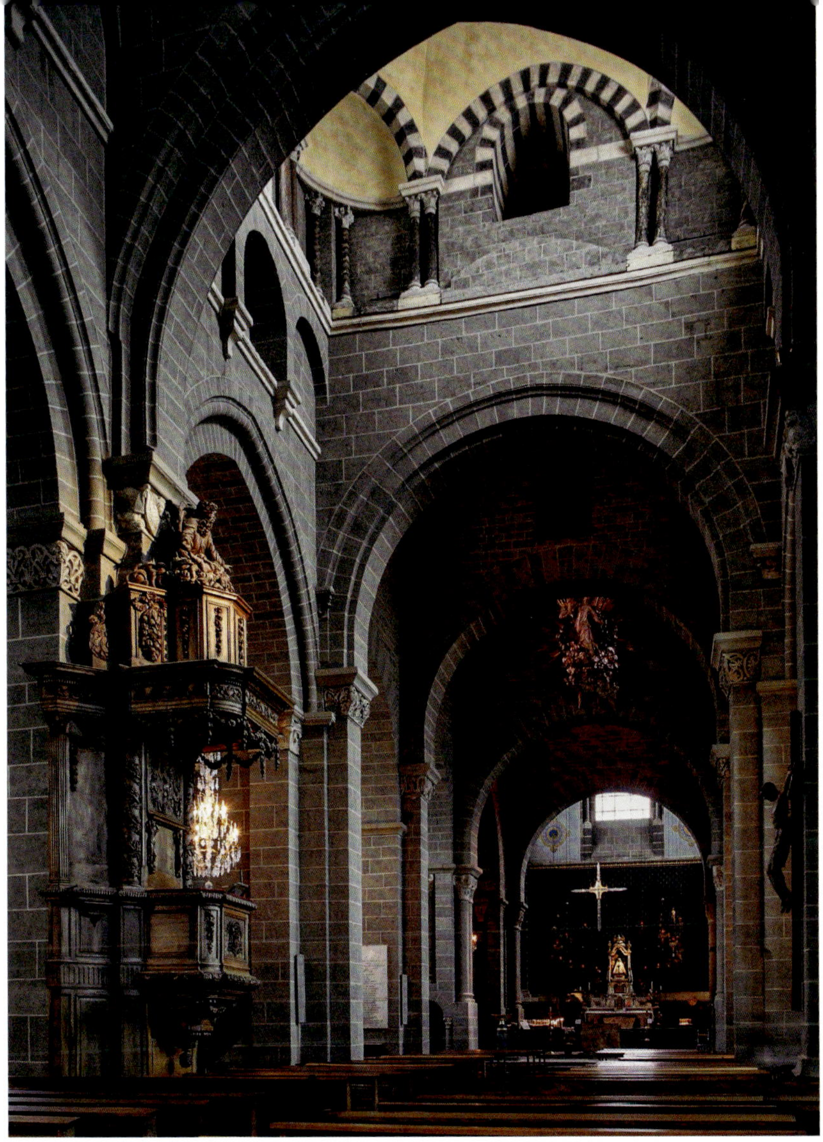

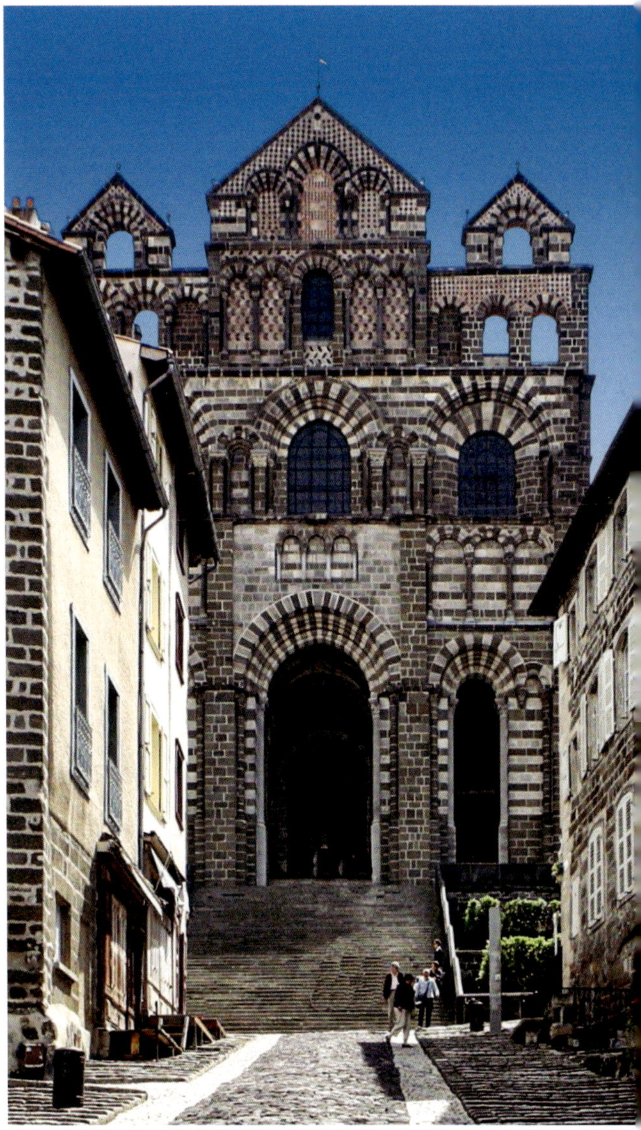

Le Puy-en-Veley, La Cathédrale de Notre-Dame, view of crossing from southwest (left)

르 퓌 엉 블레이, 노뜨르담 대성당, 서남쪽에서 본 크로싱 모습

La Cathédrale de Notre-Dame, view of western façade composed of dark Breccia stone and beige sandstone (right)

노뜨르담 대성당, 짙은 빛 브렛치아 (Breccia) 화산석과 베이지 빛 사암으로 구성된 서쪽 정면

The master builder constructed an exquisitely proportioned space for Christian worship synthesizing what was then state-of-the-art building technique with an innovative choice of materials including dark volcanic Breccia and light sandstone.

The former cathedral Saint-Trophime in Arles, another of the starting points of the pilgrimage routes to Santiago de Compostela in France, is justly famous for its harmonious tympanum and the west portal of the 12th century, while the interior went through various stages of transformation until the 15th century. It would be a serious omission not to highlight the sculpture of the main façade of Saint-Trophime; therefore, some photographs are presented to give due respect to its high artistic quality.

While this volume includes a chapter on L'Abbaye de Saint-Savin-sur-Gartempe, highlighting the novel structural innovations of the abbey church incorporated by the master builder as well as the "Romanesque Sistine Chapel" fres-

프랑스에서 산티아고 데 콤포스텔라로 향하는 또 하나의 시발점인 아를르 (Arles) 의 생 뜨로핌 성당 (L' église Saint-Trophime) 의 경우, 내부공간은 15세기 까지 몇 차례의 다양한 변형을 거듭하였음에도 불구하고, 12세기에 지어진 조화로운 서쪽 포털 (portal) 과 팀파눔 조각으로 대단히 유명하다. 생 뜨로핌 성당 정면의 디자인은 제외하기에는 너무나 중요한 예술적 가치를 간직하고 있다고 판단하였기 때문에 그것을 부각시키기 위하여 몇 컷의 사진을 포함하였다.

co painting on its ceiling, two additional churches in Poitiers are included to complete this essay: Notre-Dame-la-Grande and Saint-Hilaire-le-Grand as but two examples of the highly innovative Poitevin architectural style. What strikes a visitor when he or she stands face to face with the main façade of Notre-Dame-la-Grande is its highly creative composition synthesizing elements not found in façade designs in other regions of France, or elsewhere in Europe for that matter. The interior, constructed with clustered piers painted with *faux-marbre* and an elegantly proportioned tunnel vault, leaves a strong impression on all who pay homage. Saint-Hilaire-le-Grand, named after the first Bishop of Poitiers known by name and dedicated in the mid-11th century, is rather unique in its interior organization. Its plan consists of a wide nave with narrow

본문에서 생 사뱅 쉬르 가르떵쁘 (Saint-Savin-sur-Gartempe) 의 수도원 성당은 건축가가 구사한 독특한 구조적 기법과 "로마네스크 시스틴 채플 (Romanesque Sistine Chapel" 이란 애칭이 붙은 천정 프레스코 그림을 부각하기 위하여 서술하였으나, 쁘와띠에 (Poitiers) 에 있는 두개의 건축, 노뜨르담 라 그랑드 (Notre-Dame-la-Grande) 성당과 생띨래르 르 그랑 (Saint-Hilaire-le-Grand) 성당을 쁘와뚜 (Poitou 쁘와띠에 주변 지역) 지역의 고도로 창의적인 건축의 두 예로서 이 도입부 글에 포함하였다.

노뜨르담 라 그랑드의 서쪽 정면은 고도의 창의적인 구성으로 마주 보는 방문객에게 깊은 인상을 남기는데, 프랑스의 다른 지역이든, 유럽의 다른곳에서는 볼수 없는 입면 디자인이다. 성당의 내부공간은 포 마르브르 (*faux-marbre*, 대리석 처럼 그린 마감) 로 그려진 복합 피어 (compound pier) 와 우아한 비례를 갖인 턴넬 볼트로 구성되어

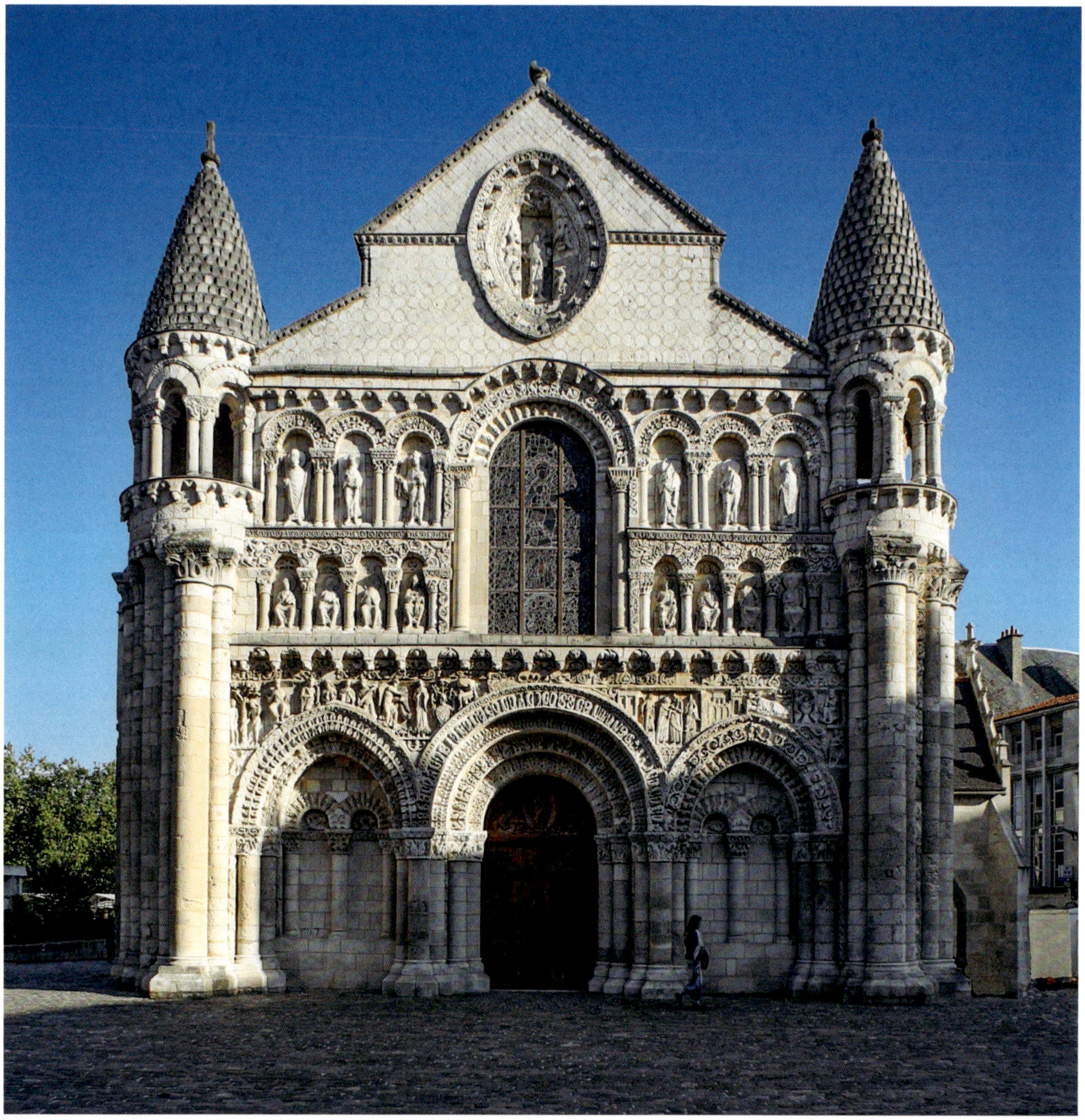

Poitiers, Notre-Dame-la-Grande, highly creative western façade

쁘와띠에, 노뜨르 라 그랑드 성당, 고도의 창의적인 서쪽 정면

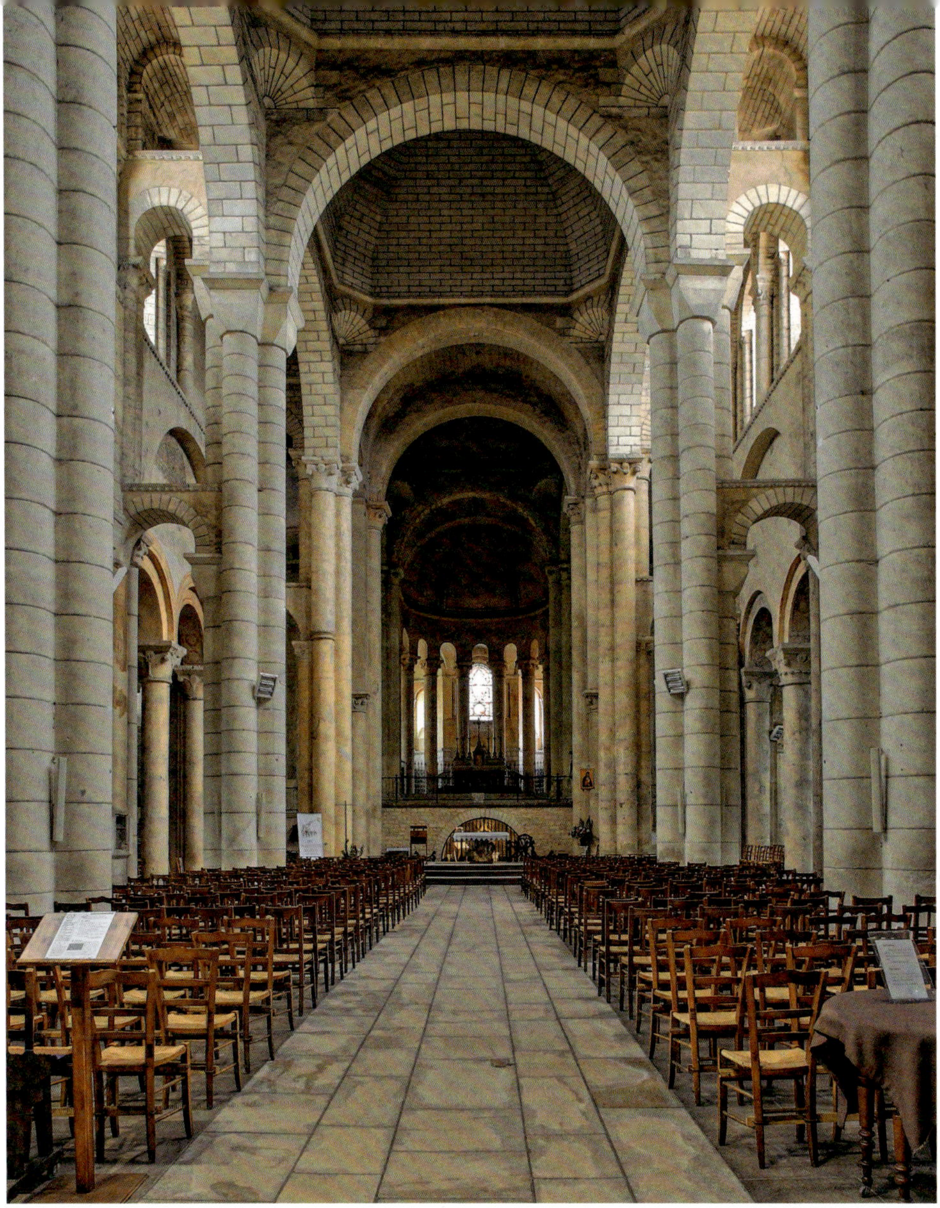

Poitiers, Saint-Hilaire-le-Grand, view of nave from west toward chancel

쁘와띠에, 생 띨레르 르 그랑, 서쪽에서 성단소를 향해서 보는 네이브 전경

passages on either side, then generous aisles about the same width as the nave but with its ceiling placed at about half the height of the nave ceiling. There are four radiating chapels around a semi-circular apse ringed by an ambulatory. *Faux-marbre* technique is not applied at Saint-Hilaire, but the masonry surfaces appear to be painted with light-toned pigment, and joints are crisply applied.

For the main body of this book, certain monuments were chosen for their unquestioned architectural merit, while others were selected for their one-of-a-kind architectural or structural innovation in Medieval building art. It is hoped that the foregoing brief survey complements the fourteen works of admittedly subjective choice discussed in the main chapters and imparts a measure of balance to the present volume on Romanesque architecture in France.

있다. 쁘와띠에의 초대 주교를 기려 이름지어지고 11세기 중반에 봉헌된 생띨레르 르 그랑 성당은 내부 구성이 아주 독특하다. 평면은 넓은 폭의 네이브 양 옆으로 좁은 통로가 있고, 네이브와 거의 비슷한 폭의 넓은 아일이 배치되었는데, 그 천정 높이는 네이브 천정의 반 정도 이며, 네이브 동쪽으로 반원형의 회랑 (ambulatory) 이 연결되어 그곳으로 부터 네개의 방사방향으로 배치된 소예배실이 있다. 생띨레르에서는 포 마르브르 기법이 활용되지 않았고, 그 대신 석재 마감면이 밝은 색상의 도료로 마감된것으로 보이고, 돌 줄눈이 선명하게 그려졌다.

이 책의 본문에 포함된 성당들의 일부는 명백히 건축적으로 우수하기 때문에 선택되었고, 다른 성당들은 중세 건축예술의 새롭고, 유일한 건축적, 또는 구조적 요소를 구사하였기 때문에 포함되었다. 이 짤막한 도입부의 글이 누가 보든지 주관적으로 선택한 본론의 열 넷 성당의 더 상세한 글을 보완하여 프랑스의 로마네스크 건축을 다루는 이번 저서에 적정한 균형감각을 부여하여 주기를 바란다.

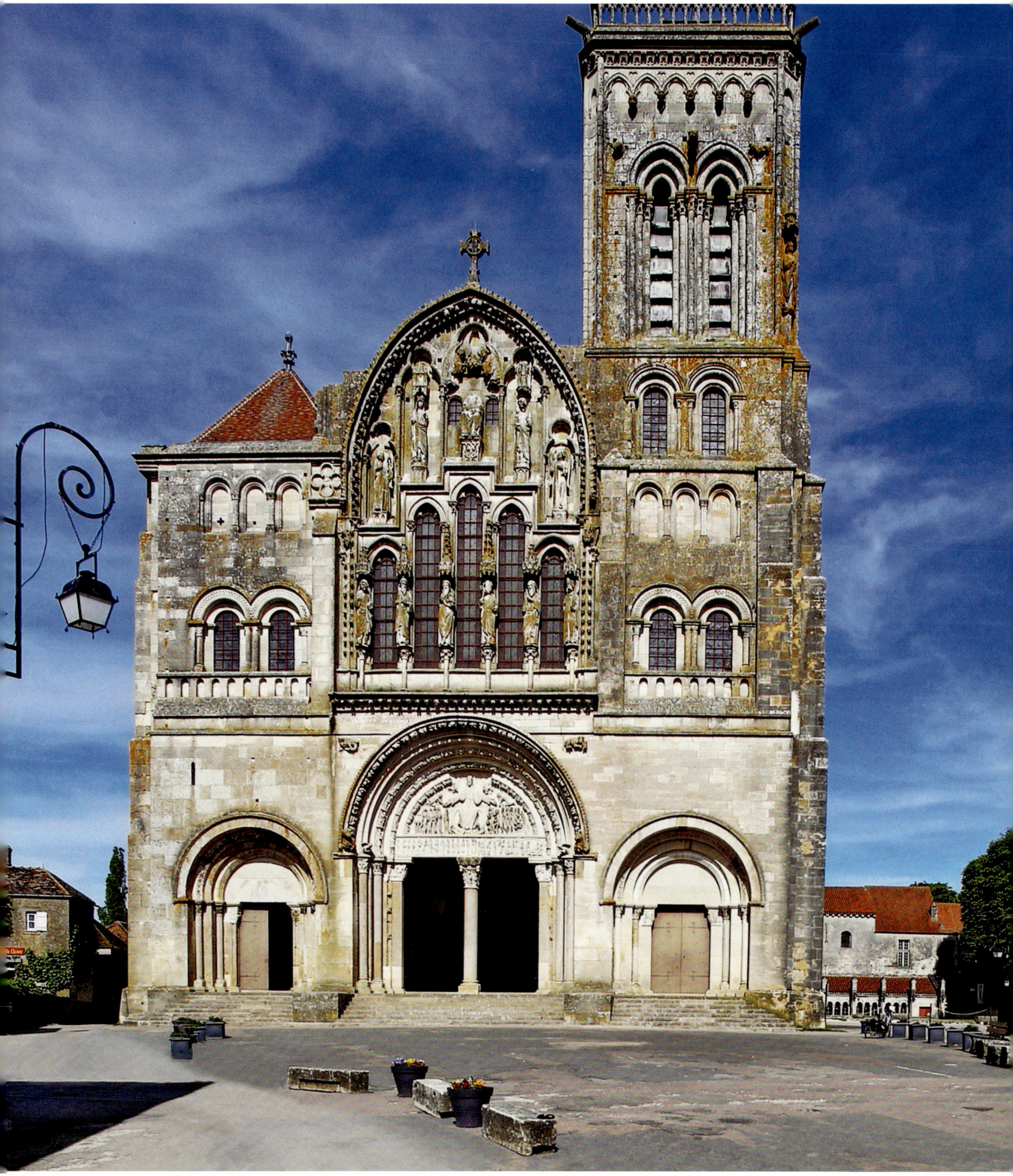

La Basilique Sainte-Marie-Madeleine de Vézelay

생뜨 마리 마들렌 바실리카 성당
베즐레이

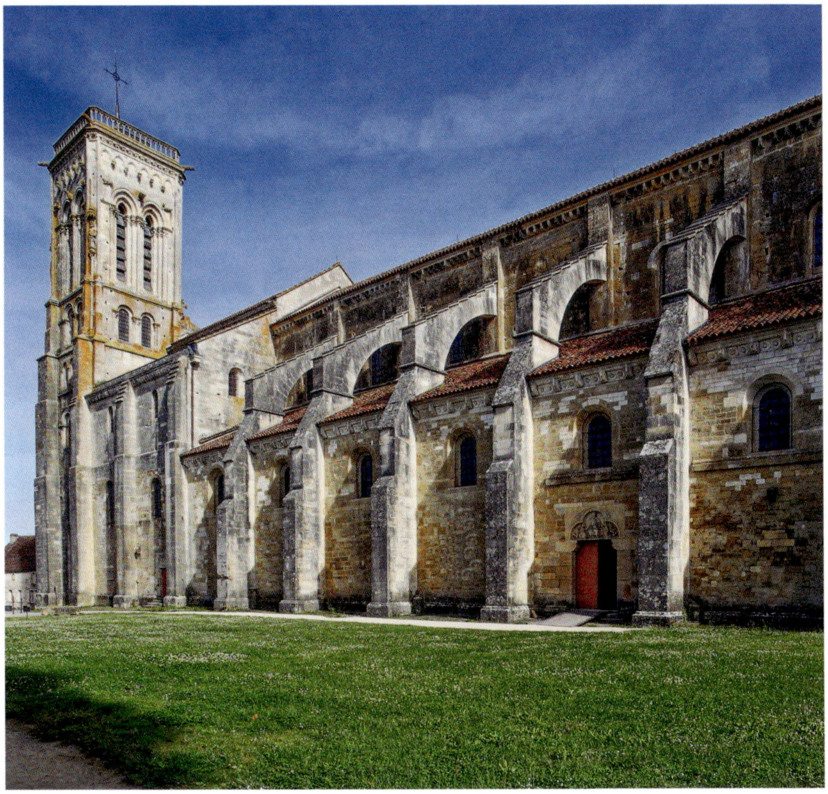

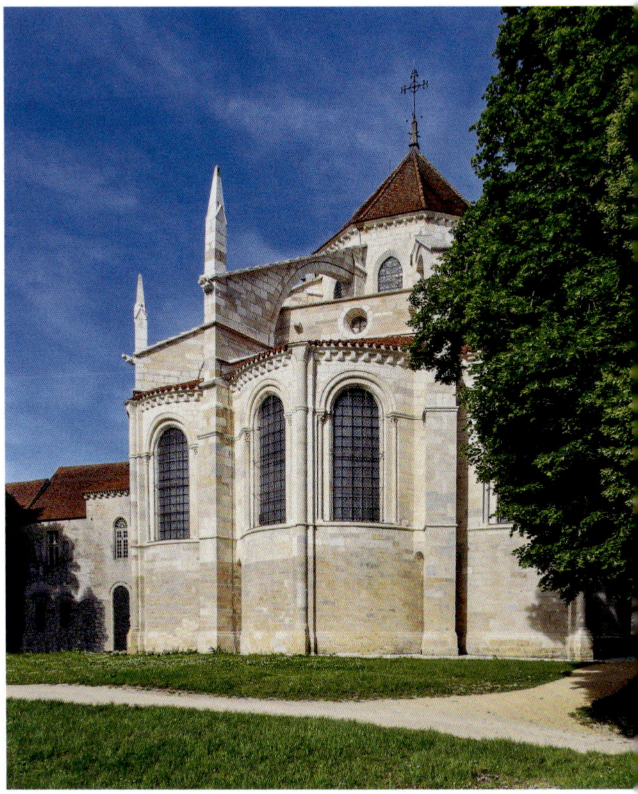

Exterior view from southeast before restoration (left)

동남 방향에서 본 복원 공사 전 외관

View of *chevet* from northeast after restoration (right)

동북쪽에서 본 복원공사 후의 슈베 모습

← Western façade with main doors temporarily removed for public event

공공 이벤트를 위해서 정문을 임시로 떼어놓은 서쪽 정면

The pilgrimage and Benedictine abbey church and since 1925 Basilica of Sainte-Marie-Madeleine in Vézelay stands at the head of the Limoges-Périgueux road to Santiago de Compostela, one of the five pilgrimage routes from the continent which crossed the Pyrenees and merged into the *Camino Francés*. Sainte-Marie-Madeleine is built on the site of an earlier 7th-century monastery which, in turn, had stood on the land of a Roman villa. The geographical name Vézelay derives from Vercellus, the lord of that villa. St. Mary Magdalene is reputed to have travelled from the Holy Land to Provence, where she died. Because her remains were later claimed to be at Vézelay, the city became a major stop on the pilgrimage route.

베즐레이 (Vézelay)에 있는 순례자 성당이자, 1925년 부터 베네딕토회 수도원 성당인 생뜨 마리 마들렌 (Sainte-Marie-Madeleine) 바실리카는 유럽대륙에서 피레네 산맥을 넘어서 산티아고 데 콤포스텔라로 향하는 카미노 프란세스 (camino francés) 로 합해지는 5개의 순례길 중 하나로, 리모쥬-뻬리궤 (Limoges-Périgueux) 노선의 시발점을 이룬다. 성당은 로마시대 대저택 부지에 자리잡고 있던 수도원 자리에 7세기에 이르러 세워졌다. 베즐레이의 지명 또한 이 저택의 주인 베르셀루스 (Vercellus) 에서 유래한다. 성경에 등장하는 막달라 마리아가 성지에서 프로방스로 먼길을 여행하던 중 세상을 떠난 것으로 전해지고 훗날 사람들이 베즐레이에 그의 유물이 매장된 것으로 믿었었기 때문에 순례의 목적지가 되었다.

The standing church was built between 1096 and 1104 when the altar at the new east end was dedicated. About 1115, a western extension was begun. The old Carolingian church burned in 1120 and was replaced before its dedication in 1132. The nave burned again in 1165 and was then rebuilt in its present form. This was the historical period of Cluny under Abbot Hugh, and the architecture in Burgundy was under its strong spell. The two Cluniac characteristics which feature prominently in mature Romanesque architecture may be summed up as largeness of conception and nobility of scale. Vézelay, however, is a somewhat different type of monument from Cluny III and represents a second, less grandiose strand of Burgundian architecture which existed around 1100.

현존하는 성당의 건축은 1096년에 시작되어 동쪽 제단이 봉헌된 1104년까지 계속되었다. 1115년 무렵 서쪽으로 증축하는 공사가 시작되었으나 카롤링거 시대 성당 부분이 1120년 화재로 소실되어 1132년까지 재건작업을 거쳐 봉헌되었고 이후 1165년 네이브가 화재로 소실되어 현재의 형태로 다시 지어졌다. 당시 클뤼니 (Cluny) 수도원은 유 (Hugh) 수도원장 휘하에 존재하면서 부르고뉴의 건축도 클뤼니의 강력한 마력에 빠져 있었다. 원숙한 로마네스크 양식을 창조하는 데 클뤼니의 역할을 특징짓는 두 가지 요소는 개념의 웅대함과 고귀한 스케일이었다. 하지만, 베즐레이는 세번째 클뤼니 수도원 (Cluny III) 보다는 다소 상이한 성격의 건축이고, 약 1100년 경 부르고뉴 건축의 두번째 경향을 대표한다.

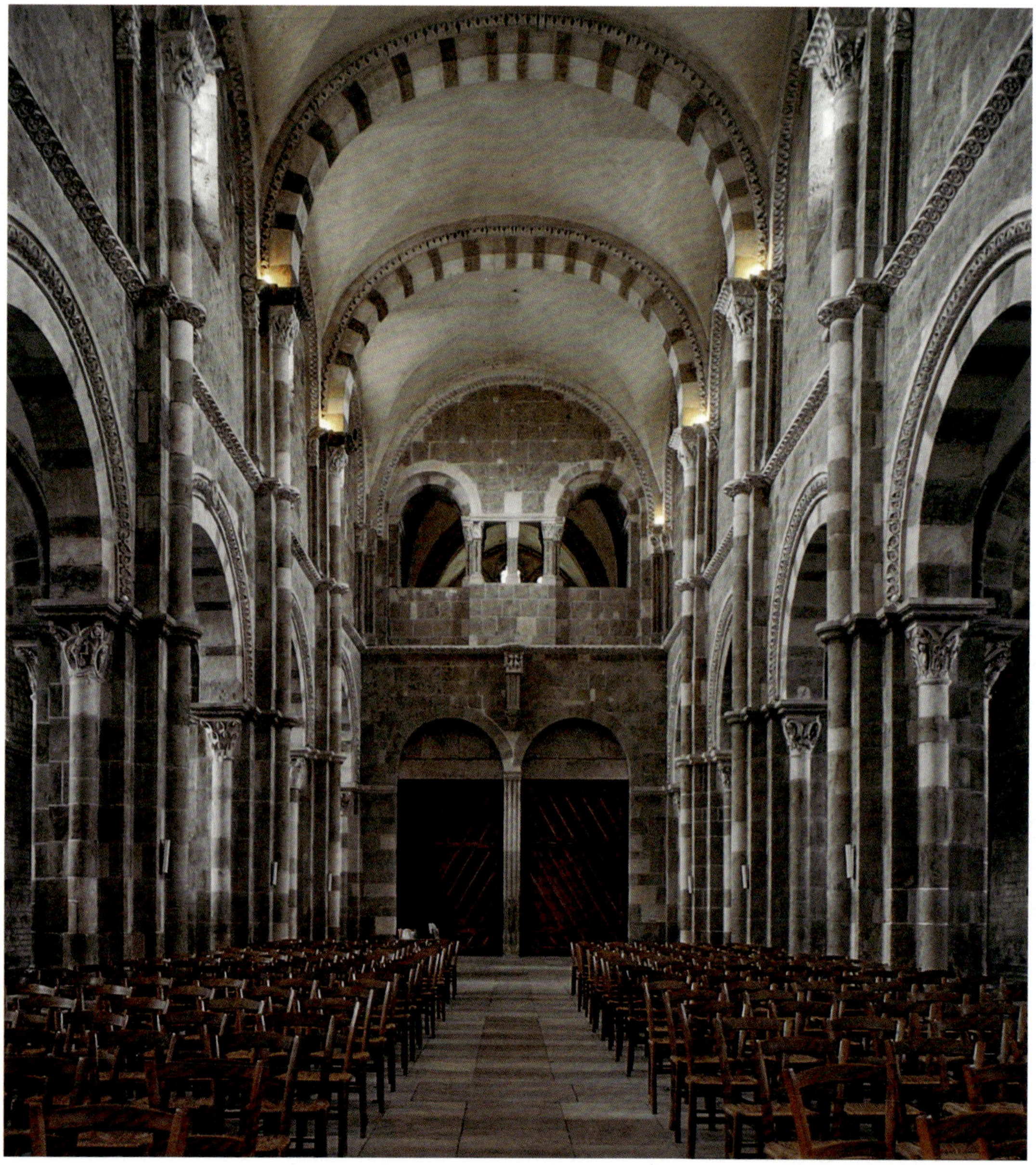

→ View of nave from southwest toward Gothic apse

고딕 앱스를 향해서 남서쪽에서 본 네이브 전경

← View of nave from east with openings at upper narthex

나르텍스 윗층의 개구부가 보이는 동쪽에서 본 네이브 광경

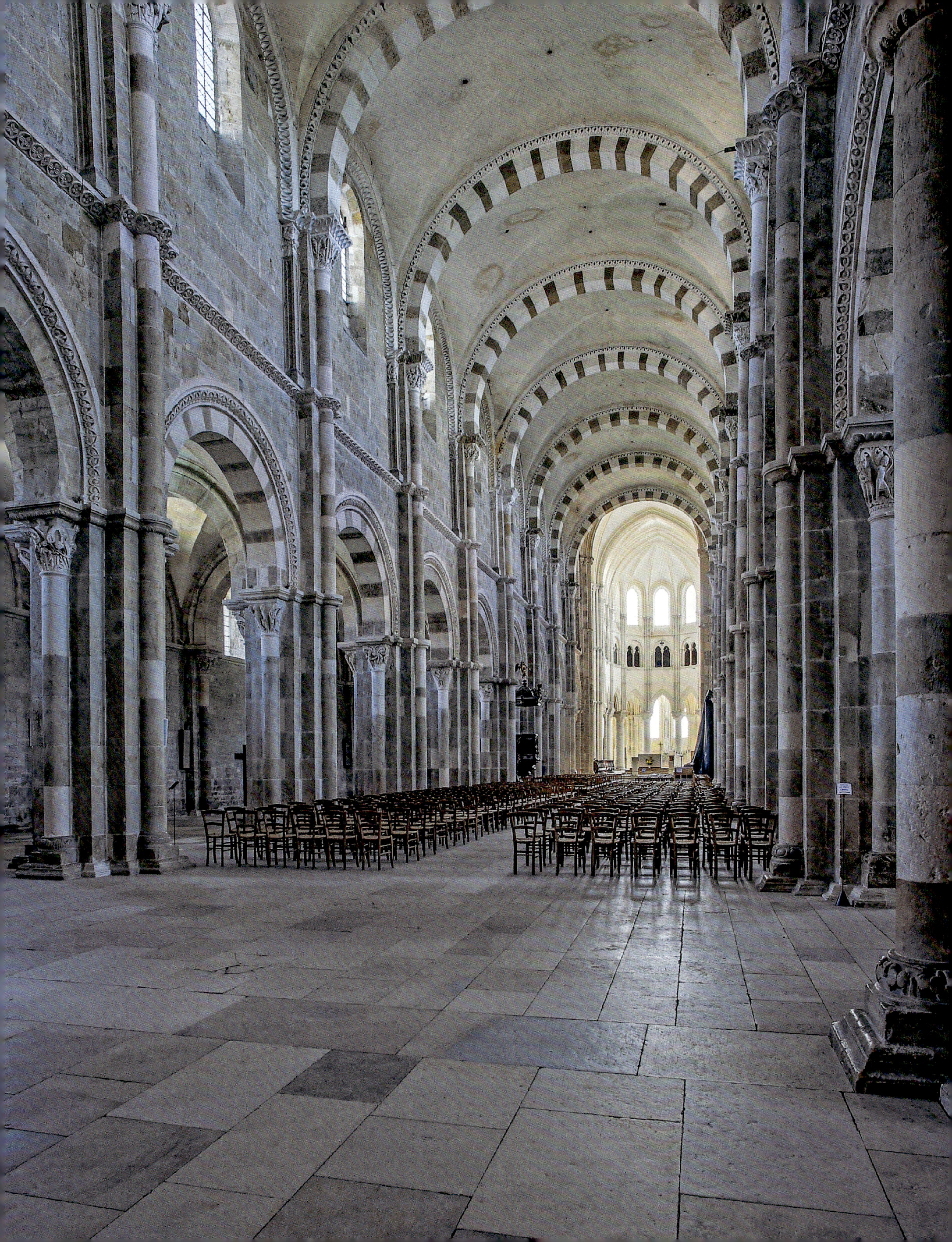

Sainte-Marie-Madeleine is built on a basilica plan. The ten bay-long nave is the oldest part which survives intact, and the spacious narthex was built in time for the consecration of the church in 1132. The church was the first to be built on a generous scale in France where the nave and aisles are covered by groin vaults divided bay by bay with transverse arches. A forerunner of the local Burgundian 'half-Gothic' style, the nave of Vézelay is very elegant. In looking at the nave elevation, there is no triforium, and the generous clerestory windows are placed under the lateral penetrations in the groin vault of the nave. It is interesting to note that the Abbey Church of Maria Laach in the Rhine valley, another Cluniac

바실리카 평면에 의해 지어진 생뜨 마리 마들렌 성당에서 가장 오랫동안 손상되지 않고 보존되어 내려오는 부분은 10개 베이 길이의 네이브이며 드넓은 나르텍스는 앞서 언급한 대로 1132년 봉헌에 맞춰 지어졌다. 네이브와 아일 모두 그로인 볼트로 덮이고 각각의 베이가 횡경 아치로 구획된 건축물 중 생뜨 마리 마들렌은 프랑스에서 가장 오래된 작품으로 꼽힌다. 대단히 우아한 베즐레이의 네이브는 부르고뉴 지방의 '준고딕 (half-Gothic)' 양식의 시초라고 할 수 있다. 네이브 입면에는 트리포리움 (triforium)이 없고 대형 고창 (clerestory) 들은 네이브 그로인 볼트의 길이 방향 절곡면 안에 놓여있는 것을 볼수 있다. 라인강 계곡에 위치한 또다른 클뤼니 베네딕토회 수도원인 마리아 라흐 (Maria Laach)의 성당 네이브가 비슷한 디자인으로 지어진 것은 주목할 만하다.

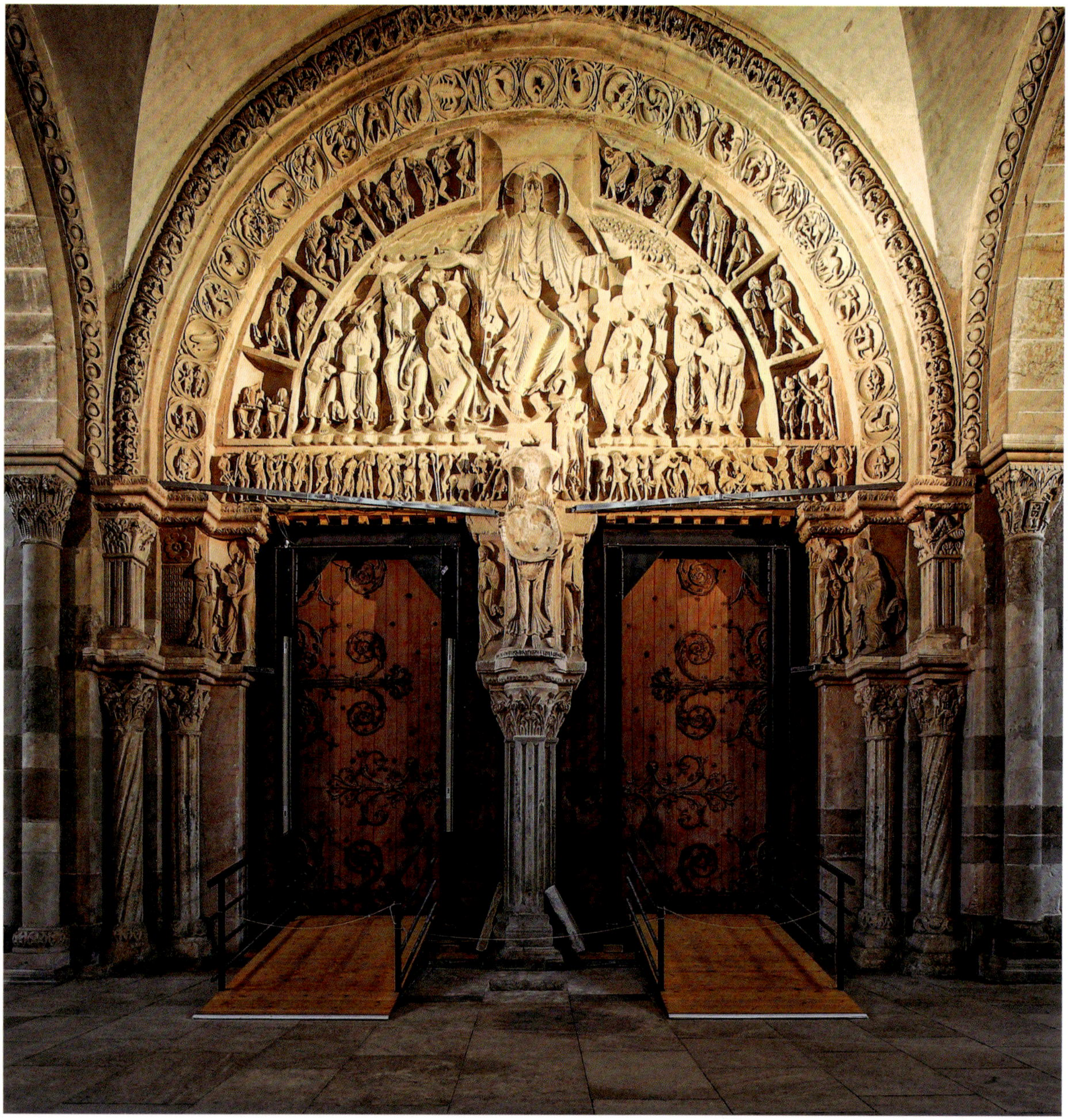

Tympanum at narthex with highly respected sculpture of the Savior

그리스도상 조각으로 높이 평가받는 나르텍스의 팀파눔 모습

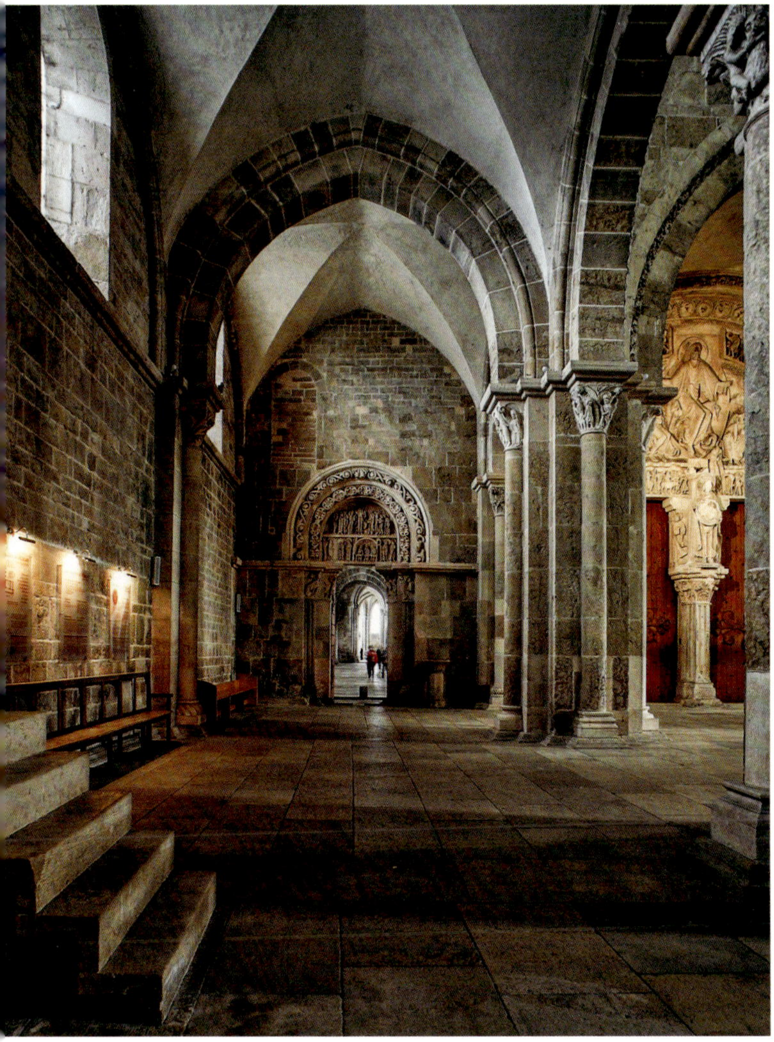

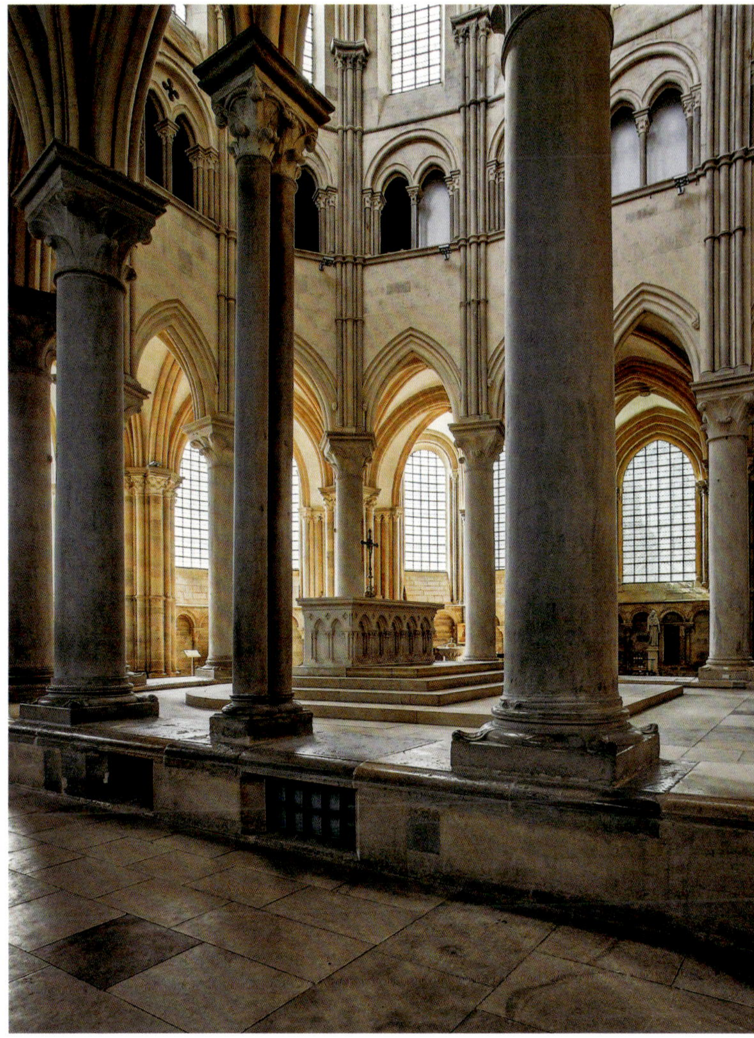

View of south aisle toward narthex at west (left)

서쪽의 나르텍스를 향해서 보는 남쪽 아일 모습

View of Gothic apse with altar from northwest (right)

서북쪽에서 본 제단이 놓인 고딕 앱스 모습

Benedictine house, was built with similar nave composition.

The important aspect of the exterior design at Vézelay is the use of ashlar masonry for cladding its structure. In contrast to the Burgundian Romanesque western façade, which dates back to about 1132, the eastern *chevet* is mature Gothic in style, while the longitudinal walls incorporating flying buttresses were built during a major restoration in the mid-^{19}th century undertaken by the French government, supervised by Eugène-Emmanuel Viollet-le-Duc.

The flowering of sculpture in church buildings, typical within the order of Cluny, was carried over to Vézelay as the capitals in its nave are enriched by sculptures that are in the style of Cluny. It is, in fact, considered certain that designers and carvers went from Cluny to Vézelay after the two major sculptural ensembles at Cluny were completed. While the sculptures at Cluny tended to be more purely theological or spiritual, however,

베즐레이의 외관 디자인에서 중요한 특징 중 하나는 다듬은 돌 (ashlar masonry)로 건물 전체를 감싼 것이다. 1132년 무렵 부르고뉴 로마네스크 양식으로 지어진 서쪽 정면은 원숙기 고딕 양식 동쪽 입면의 슈베 (chevet)와 대조적인 모습을 연출하고 있다. 한편 19세기 중반 프랑스 정부에 의해 이뤄진 대규모 복원공사 당시 젊은 외젠 엠마뉘엘 비올레 르 뒥 (Eugène-Emmanuel Viollet-le-Duc)의 감독 하에 남북 양쪽 입면에 플라잉 버트레스 (flying buttress 버팀도리)가 보강되었다.

클뤼니 교단의 성당 건축에서 조각의 풍성함은 보편적인 현상이었다. 그러나 클뤼니와 대조적으로 베즐레이 네이브의 주두들은 성경의 일화를 가르치기 위한 인물조각들로 다양하게 구성되었다. 이 조각들이 클뤼니 스타일인 것에 비춰볼 때, 클뤼니의 2개의 대규모 조각상이 완성됐을 때 도안가와 조각가들 모두 클뤼니에서 베즐레이로 옮겨간 것이 확실시된다. 베즐레이 성당 내 풍부한 개성을 갖춘 수많은 주두들은 대중적 호소력을 보여주면서 순례자 성당으로서의 면모를 과시하고 있다. 서쪽 정문들은 더욱 기독교 신학적인 모습을 보여주고 있으며 이들

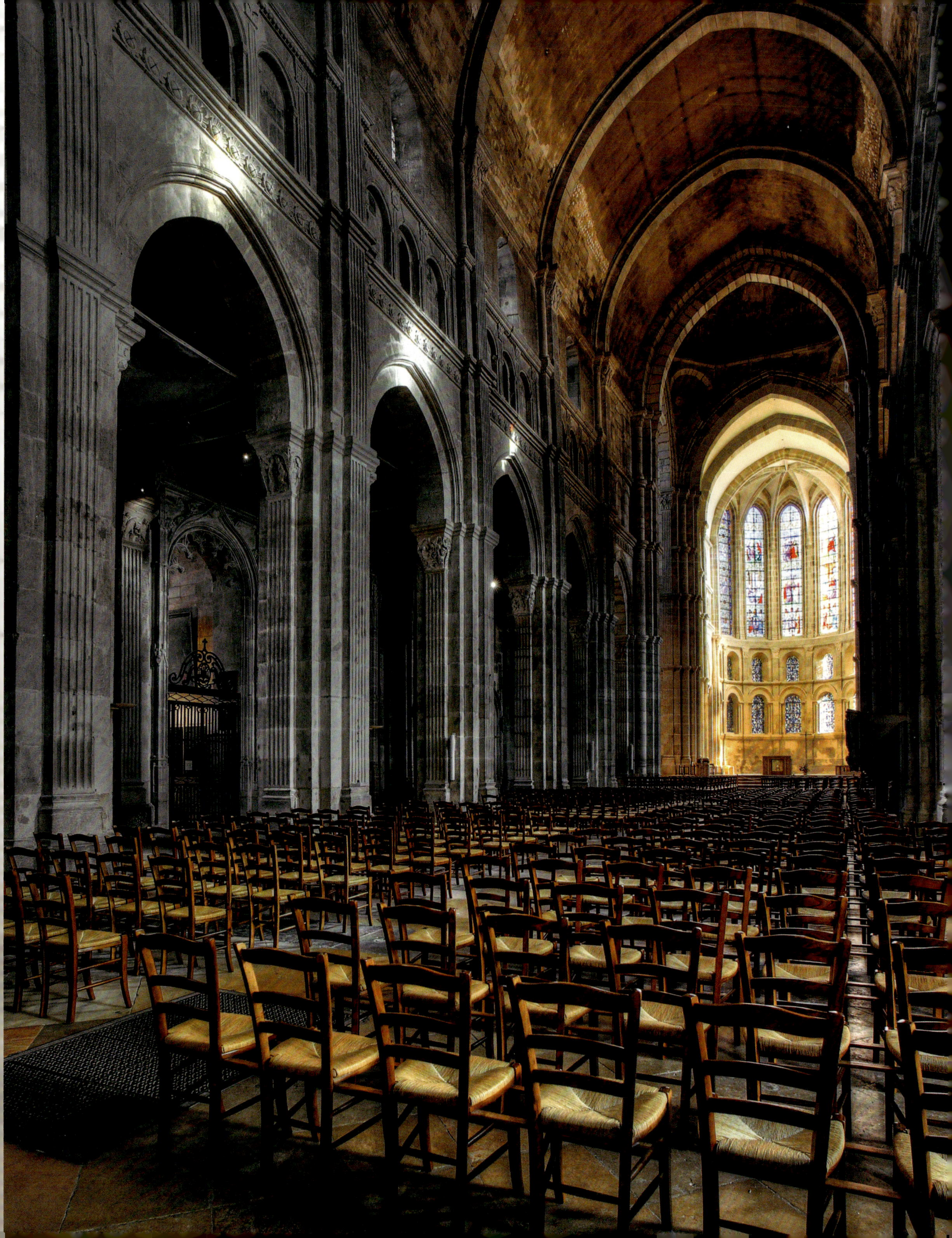

La Cathédrale Saint-Lazare d'Autun

생 라자르 대성당
오툉

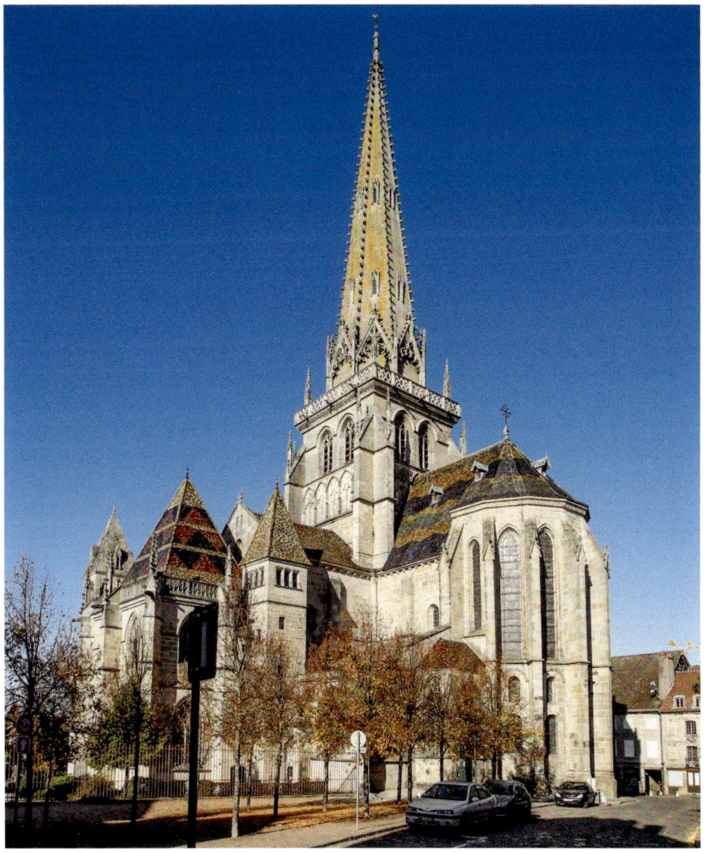

Exterior view of the cathedral from southeast with prominent Gothic crossing tower

남동쪽에서 본 탁월한 고딕 크로싱 타워를 갖춘 대성당 전경

La Cathédrale Saint-Lazare of Autun in Burgundy was built on initiative of Bishop Etienne de Bâgé. Construction was begun around 1120 to the north of the old Cathedral of Saint-Nazaire which had acquired at the end of the 10th century the relics of Lazarus of Aix who, at that time, was thought to be Lazarus of Bethany, the biblical companion of Jesus. The large influx of pilgrims coming to venerate St. Lazarus as well as traveling toward Sainte-Marie-Madeleine in Vézelay on their way to Santiago de Compostela necessitated the building of a larger cathedral. The first dedication of Autun Cathedral took place in 1130 and construction was mostly finished by 1146, when the relics of Lazarus were transferred from the old cathedral. The outdoor narthex or portico on the west façade was not completed until the very end of the 12th century.

View of nave from southwest

남서쪽에서 본 네이브 전경

부르고뉴 (Bourgogne)의 오툉* (Autun)에 있는 까떼드랄 생 라자르 (Cathedrale-Saint-Lazare)는 에띠엔 드 바제 (Etienne de Bâgé) 주교의 지휘하에, 약 1120년부터 존재해왔던 생 나제르 (Saint-Nazaire) 대성당의 북쪽에 세워졌다. 10세기 말 생 나제르 대성당은 예수의 동반자 베다니의 라자로 (Lazaros of Bethany)로 간주되었었던, 액스 (Aix)의 라자루스 (Lazarus) 유물을 취득하게 되었다. 많은 순례자들이 성자 라자루스의 숭배를 위하여 오툉을 찾았을 뿐 아니라 베즐레이 (Vézelay)의 생뜨 마리 마들렌 (Sainte-Marie-Madeleine) 성당을 거쳐 산티아고 데 콤포스텔라 (Santiago de Compostela) 로 향하는 순례자들의 쇄도로 오툉은 더 큰 대성당이 필요하게 되었다. 최초의 봉헌 행사는 1130년에 거행되었고, 성자 라자루스의 유물이 옛 대성당으로부터 옮겨진 1146년까지 대부분의 공사는 끝났었으나, 서쪽 정면의 옥외 나르텍스, 또는 현관 (portico)은 12세기 말에서야 완성되었다.

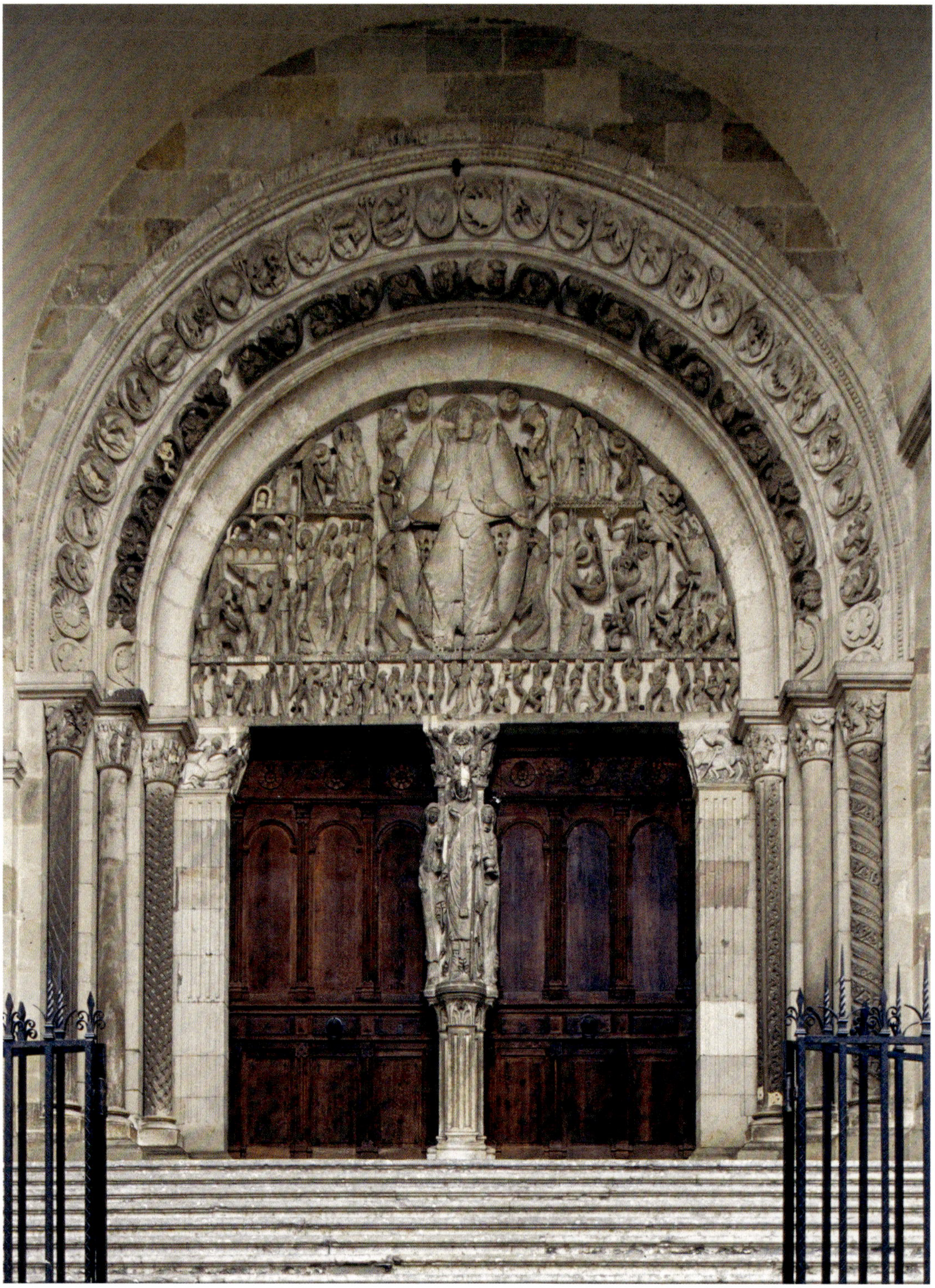

The tympanum with justly famous sculpture of the *Last Judgment* at the west portal

유명한 *최후의 심판* 의 조각이 배치된 서쪽 정문 팀파눔의 모습

Saint-Lazare, commonly known as Autun Cathedral, is built on a basilica plan of nave and two aisles, transept arms, and an east end comprised of three apses, but without an ambulatory or radiating chapels. As with many churches built in the 12th century in Burgundy and elsewhere, several important design elements of the interior derived from the third Cluny Abbey. Bishop Eti-

생 라자르 대성당은 네이브, 두개의 아일, 트랜셉트 날개들과 세개의 앱스 동쪽 단부를 갖춘 바실리카 형태의 평면으로 이뤄져있으며 회랑(ambulatory)이나 방사방향으로 배치된 소예배실 없이 지어졌다. 12세기에 부르고뉴와 주변에 건축되었던 많은 성당에서 처럼, 생 라자르의 내부에서 몇 가지 중요한 요소는 세번째 클뤼니 (Cluny) 수도원 성당으로부터 비롯된다. 에띠엔 드 바제 주교는 특히

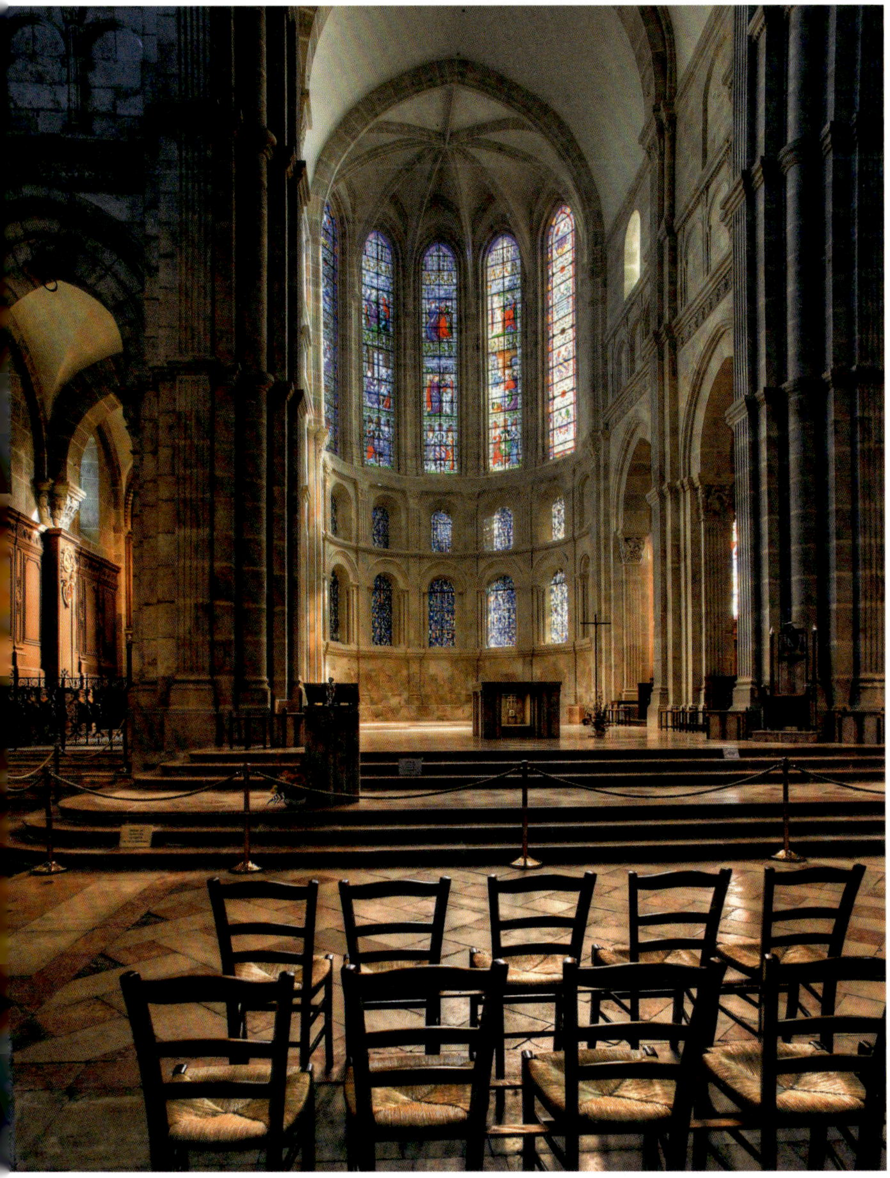

The apse with two tiers of Romanesque base with mature Gothic lancet windows above

두단의 로마네스크 띠 위에 원숙기 고딕 뾰족한 예첨창으로 구성된 앱스의 모습

enne de Bâgé is said to have been particularly influenced by the Cluniac abbey of Paray-le-Monial. The absence of an ambulatory with radiating chapels echoes the asceticism of the Cistercian ideal. The nave is covered by a tunnel vault supported by pointed transverse arches. Most importantly the nave elevation scheme shows compound piers with fluted pilasters facing the nave, as well as the pointed arches of the arcade, a triple-arched triforium and clerestory windows. A beautifully proportioned cornice creates visual punctuation above the nave arcades, with another smaller cornice providing caps for the triforium level. The triforium, which is below the aisle roof, features a central open arch and two blind arches between diminutive fluted pilasters in each bay. On the nave side of the elegantly stepped com-

클뤼니 휘하의 빠레이 르 모니알 (Paray-le-Monial) 수도원 성당에서 크게 감명을 받은것으로 전해진다. 방사방향으로 배치된 소예배실을 갖춘 회랑이 없는 것은 시토 수도회 (Cistercian)의 중요한 이상 (ideal)인 금욕주의를 반영한다. 네이브는 약간 뾰족한 횡경 아치로 구획되는 턴넬 볼트(tunnel vault)로 지어졌다. 기징 중요한것은 네이브 입면 디자인을 보면, 먼저 네이브를 향하여 홈이 패인 (fluted) 반기둥 (pilaster)이 접합된 복합 피어들이 나열되고, 뾰족한 아치들이 네이브 아케이드를 구성하며, 세개의 아치로 개구부가 이루어 지는 트리포리움 (triforium)과 고창 (clerestory window)들이 있다. 아름다운 비례의 처마 돌림띠 (cornice)가 네이브 아케이드의 시각적인 종지부를 찍어 주고, 또 다른 작은 처마 돌림띠가 트리포리움 층의 이마를 이룬다. 아일 지붕보다 낮게 배치된 트리포리움 층은, 각 베이마다 세개의 아치로 구성되었으며, 중앙의 개방된 아치 양옆으로 작은, 홈이 패인 반 기둥이 두개의 블라인드 아케이드 (blind arcade)를 구획하여 준다. 다층의 우아한 비례를 갖춘 복합 피어들에 네이브를 향해 접합된 홈이 패인 반기둥들이 방문자의 눈길을 턴넬 볼트의 횡경 아치의 정점으로 이끈다. 뾰족한 아치, 코린트 양식 주두로 매듭 지어지는 반기둥들은 모두 부르고뉴 공작령이나 인근에 지어졌다. 뾰족한 아치를 제외하면 이러한 건축 요소들은 로마시대 건축에서 볼 수 있는 것이다. 오텡의 생 라자르 대성당은 어느 로마네스크 기념물 보다, 로마시대 건축의 디자인 어휘로 가득하다. 네이브 높이의 반 보다도 낮게 지붕이 배치된 아일 천정은 그로인 볼트 (groin vault)로 덮여졌다.

크로싱 베이의 한가운데에서 시작되는 몇 개의 계단이, 네이브 바닥에서 좀 높게 배치된, 베이 길이의 두 배에 이르는 성가대석과 반원 모양 성단소와의 높이 차이를 연결한다. 성자 라자루스의 영묘는

pound piers, fluted pilasters lead the eye upwards to the transverse arches of the tunnel vault. The pointed arches, fluted pilasters and Corinthian capitals are design elements found near or in the duchy of Burgundy and, except for the pointed arches, are all features of Roman architecture. Autun Cathedral, more than any other Roman-

1170년에서 1180년 사이에 성가대석에 지어졌다. 성단소가 15세기에 다시 지어졌기 때문에, 생 라자르 대성당의 동쪽 단부는 로마네스크 양식의 옛 부분과 원숙한 고딕 양식이 조화롭게 융합된 모습을 띠고 있다. 즉, 아랫 부분의 기단층 위로 반원 아치 테두리가 포함된 두줄의 창들이 있고, 그 위로 다섯개의 높은 스테인드 글라스 뾰족한 창 (lancet window)이

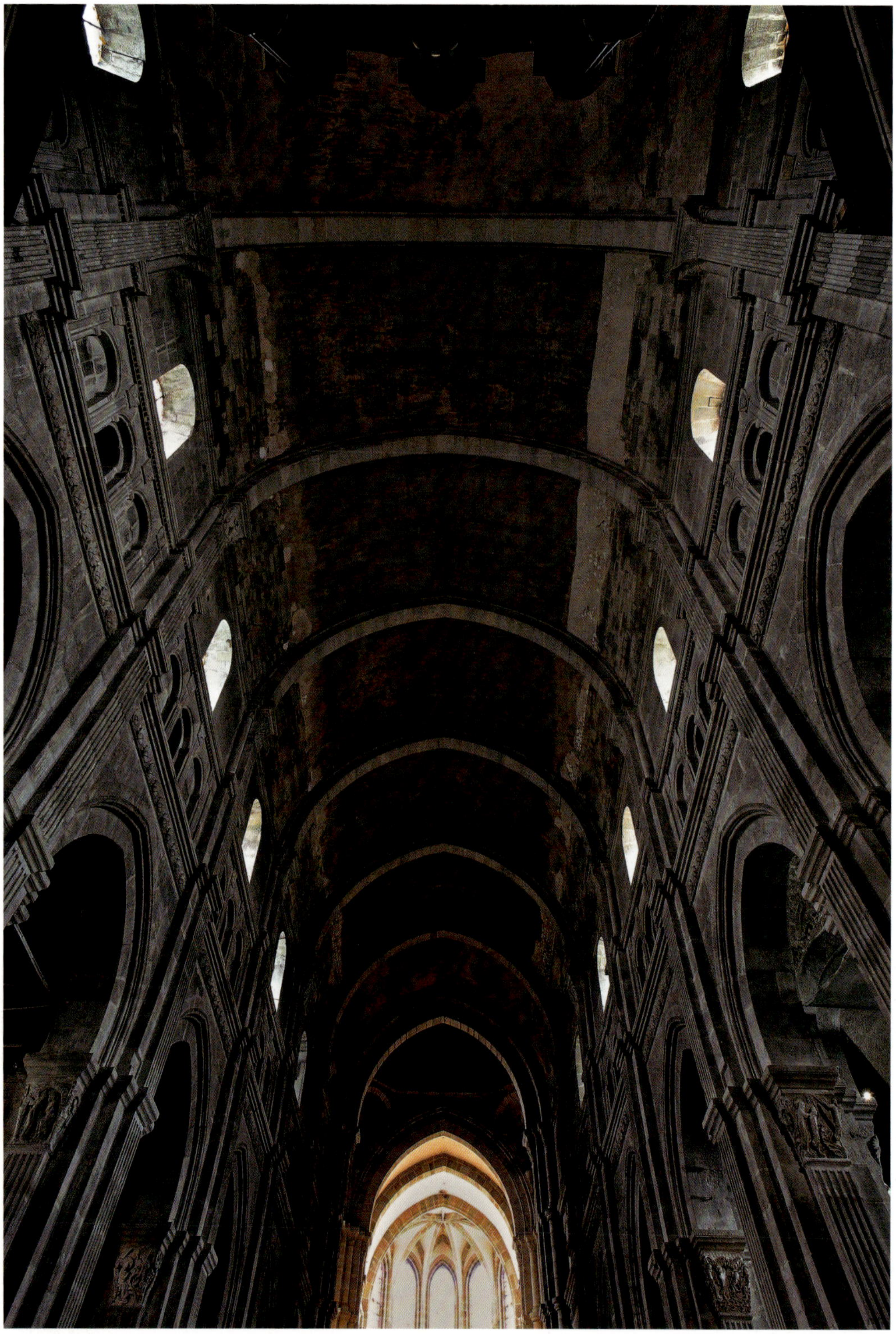

View toward east of nave tunnel vaulting with slightly pointed transverse arches

약간 뾰족한 횡경 아치로 구획된 네이브 턴넬 볼트를 동쪽으로 올려다 보는 모습

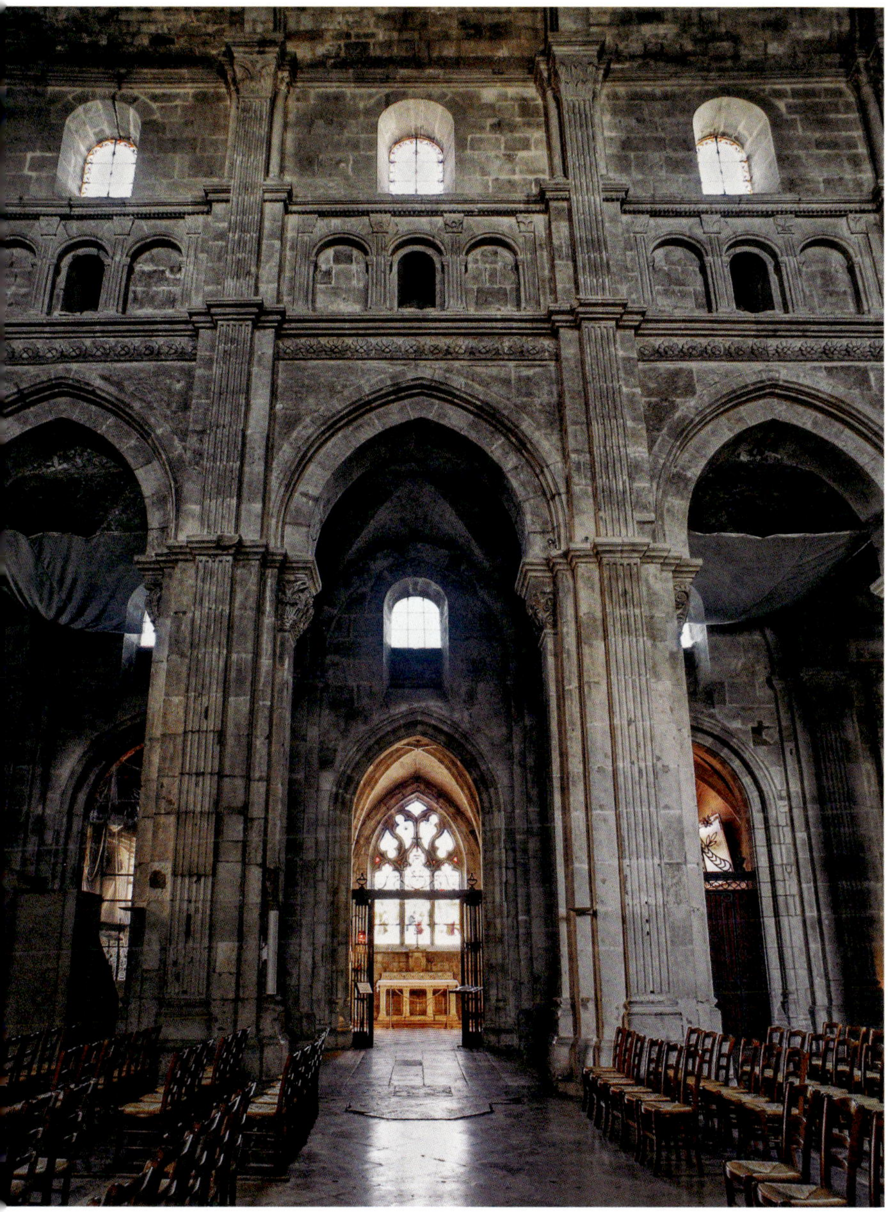

놓이며, 방사 방향의 리브 볼트가 천정을 구성한다. 이 모두는 원숙기 고딕 양식의 특징이다.

성당의 외관은 대부분 15세기에 다시 지어졌기 때문에, 방문객이 받는 생 라자르의 첫 인상은 고딕 성당의 모습이다. 한 쌍의 고딕 종탑, 크로싱 위의 첨탑 (spire), 측면의 소예배실들과, 정렬된 버트레스 (buttress)들이 언덕 위에 역동적 스카이라인을 투사하며 자랑스럽게 서 있다. 생 라자르 대성당은 비교적 협소하고 경사진 대지로 인해 ′서쪽 정면‘ 이 지리적으로는 북쪽을 향해 배치되어 있기 때문에, 그 유명한 팀파눔 (tympanum)은 여름철 이른 아침이나 늦은 오후에 충분한 빛을 받는다. 그 팀파눔이 상부를 구성하는 정문은 1187년 이후에 건설된 옥외 나르텍스에 드라마틱하게 배치된 계단 위에 자리잡고 있다. 오늘날 그 정문은 대성당의 주입구로는 더 활용되지 않는다.

이 대성당의 네이브 주두들과 서쪽 정문 팀파눔은 예술사상 극히 높이 평가되는, 아름다운 조각들로 빛을 더하고 있다. 당돌하게도 1135년에 팀파눔에 조각된 *′최후의 심판““* 작품의 그리스도 발 밑에

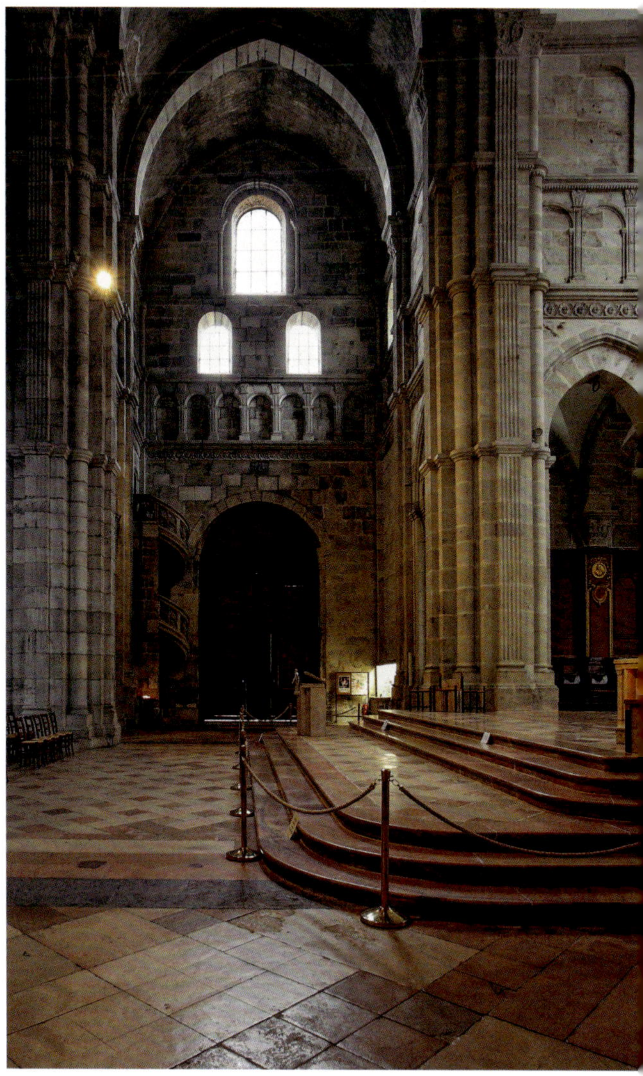

View of nave elevation scheme with fluted pilasters on compound piers (left)

홈이 패인 필라스터로 구성된 복합 피어를 갖춘 네이브 입면 디자인

View toward north transept at crossing with steps for choir and chancel (right)

성단에 오르는 계단이 놓인 크로싱에서 북쪽 트랜셉트를 향한 경관 (오른쪽)

esque monument, resonates with the vocabulary of Roman architecture. The aisles, which are roofed at less than half the height of the nave, are covered with a groin vault.

At the midpoint of the crossing bay, steps begin their ascent to the choir, which is two bays in length, and the semi-circular chancel. A shrine to St. Lazarus was built between 1170 and 1180 in the choir. As the chancel was rebuilt in the 15th century, it reflects a fusion of Romanesque and Gothic: its lower section, consisting of a solid base tier and two levels of windows framed by half-round arches, is definitively Romanesque, whereas above these, the five-panel stained glass lancet windows and the radiating rib vault above them are hallmarks of mature Gothic style.

As the exterior was largely rebuilt in the 15th century, the impression Saint-Lazare imparts on a visitor is that of a mature Gothic cathedral proudly standing on a hilltop, with a pair of Gothic bell towers, a spire above the crossing, side chapels and an array of buttresses projecting a dynamic silhouette against the skyline. At Saint-Lazare, perhaps due to its relatively narrow plot of land and its hilly topography, the "west façade" points to the geographic north, so that the justly famous tympanum is properly lit by the early morning or late afternoon sun during the summer months. The main portal with the tympanum is dramatically placed above a flight of steps in an open narthex dating from 1187 and later. Today it is no longer used as the main entrance to the cathedral.

"지슬레베르투스가 이것을 만들었다 (Gislebertus hoc fecit)" 고 자기 이름을 새긴 조각가는 클뤼니에서 베즐레이를 거쳐 오퇑의 조각을 한 인물로 추정된다. 케네스 존 코난트 (Kenneth John Conant) 교수는 이 조각의 정교하고 복잡한 구도를 가리켜 "부르고뉴 로마네스크 미술이 디죵 (Dijon)의 생 베니뉴 (Saint-Bénigne) 성당의 원시적 스타일에서 오퇑의 바로크 경향까지 완전한 사이클을 망라한 현상의 한 단면이라고 할수 있다"고 논평한 바 있다.

중세 건축을 다루는 프랑스 전문서 <조디아끄> *(Zodiaque, 12궁도)*의 연작 〈시간의 밤 (La Nuit des Temps)> 영어 번역판에서 폴 베이리라스 (Paul Veyriras)는 다음과 같이 서술하고 있다.

"오퇑에서 우리는 중세시대 기독교의 가장 찬란한 영성을 마주하게 된다. 오퇑의 겸허함, 그 순수하고 어린이같은 매력은 전형적인 기독교 정신에서 우러나는 것이기 때문에 과거에도 그러했듯이 미래에도 이를 능가할 수는 없을 것이다."

* Autun 지명은 한글 사전에 "오퇑" 으로 표기됨에 불구하고, "오떵" 에 더 가깝다.

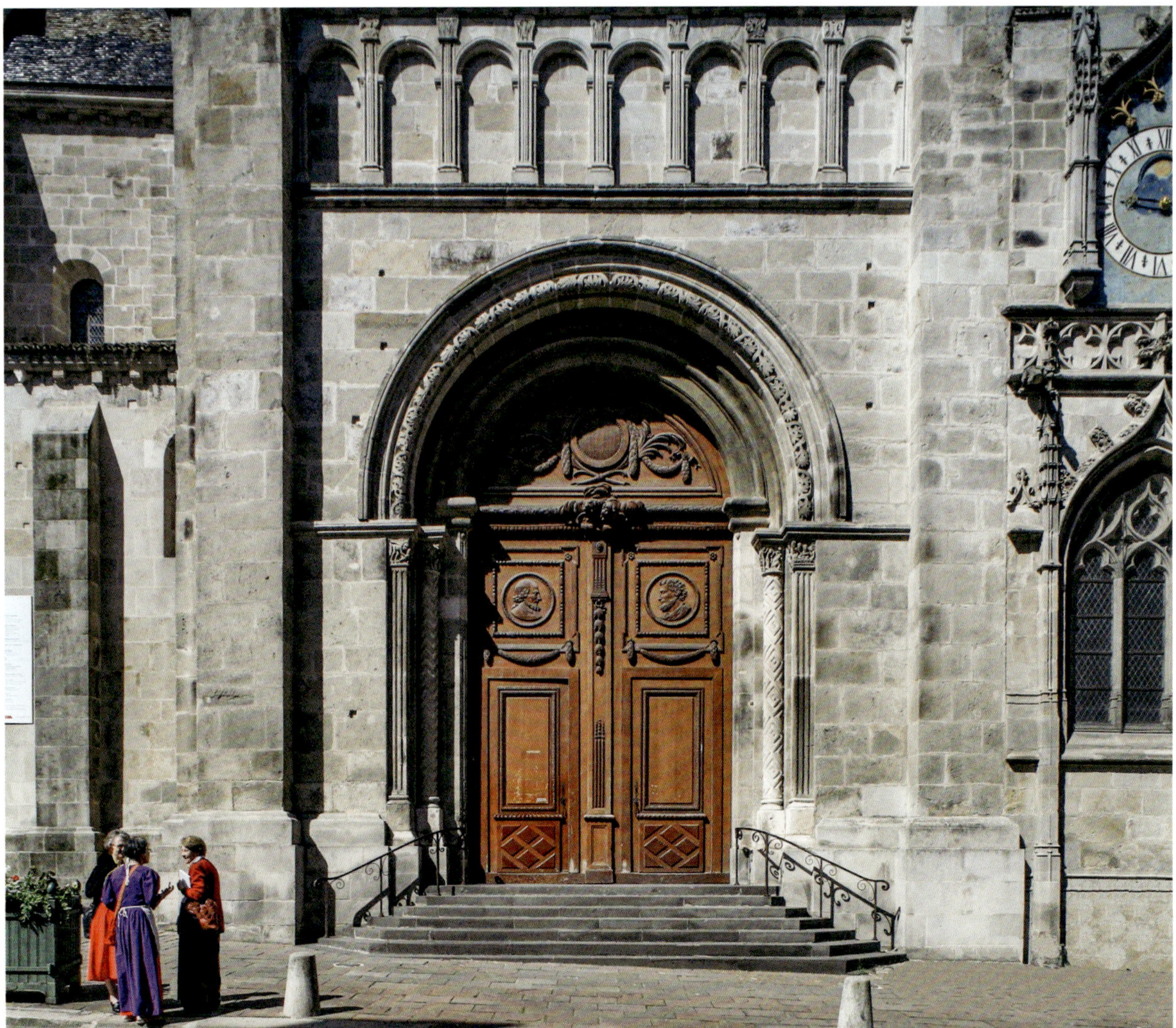

Exterior view of cathedral at north transept

북쪽 트랜셉트에서 본 생 라자르 대성당 외관

The cathedral houses sculptures of quite exceptional importance and beauty in the capitals of the nave and the tympanum of the west portal. Gislebertus, who rather audaciously chiseled *Gislebertus hoc fecit* below the feet of Christ in the tympanum ensemble *Last Judgment*, can be traced from Cluny via Vézelay to Autun, and his tympanum dates from about 1135. As Kenneth John Conant observed, the highly elaborate detail and involved composition here indicates very clearly that Burgundian Romanesque art had run through a complete stylistic cycle from primitive at Saint-Benigne in Dijon to Baroque tendencies at Autun.

"At Autun, we are confronted with medieval Christian spirituality in its full splendor. The humility of Autun, its pure and childish charm are so typically Christian that they never were and never will be equaled." So wrote Paul Veyriras in the English translation of the Zodiaque series *La Nuit des Temps.*

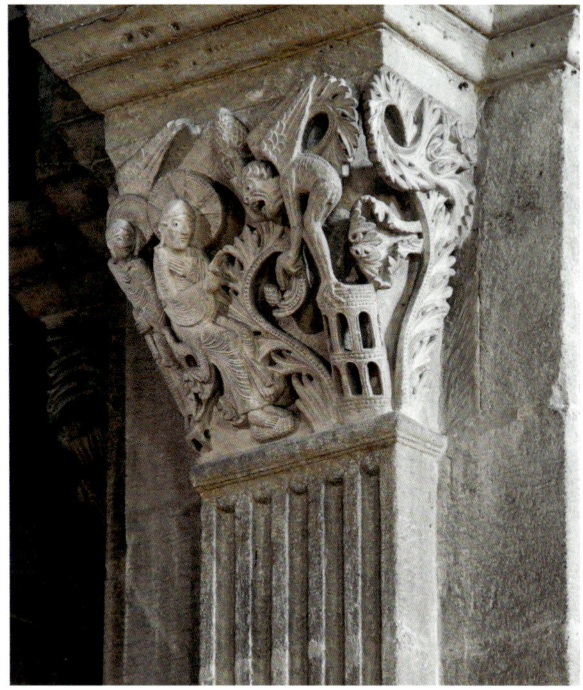

One of the justly famous capitals of Saint-Lazare cathedral: the *Second Temptation of Christ*

생 라자르 대성당의 높이 평가 받는 주두중 하나인 "예수 그리스도의 두번째 유혹"

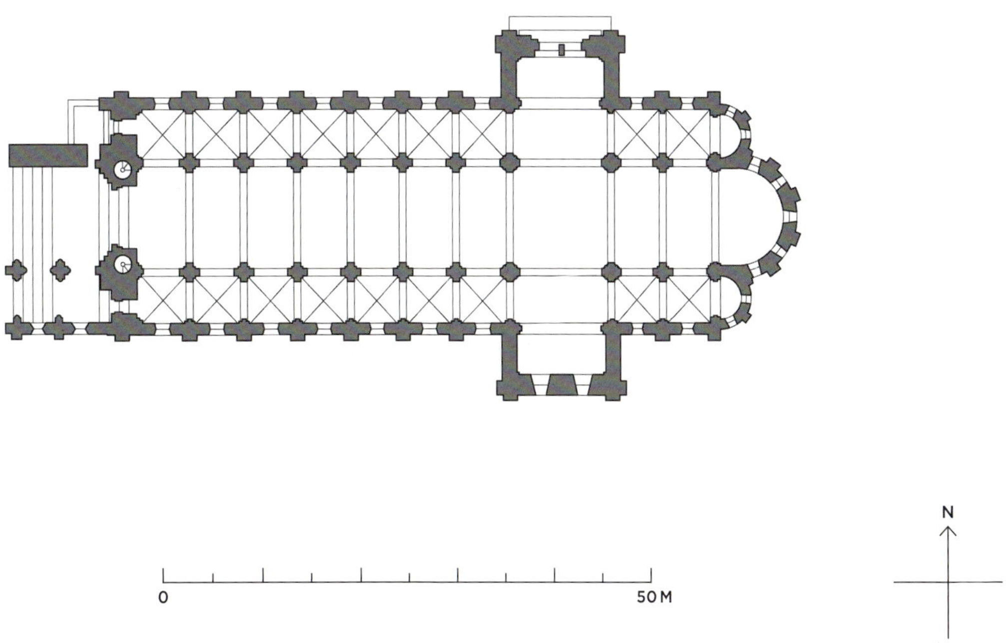

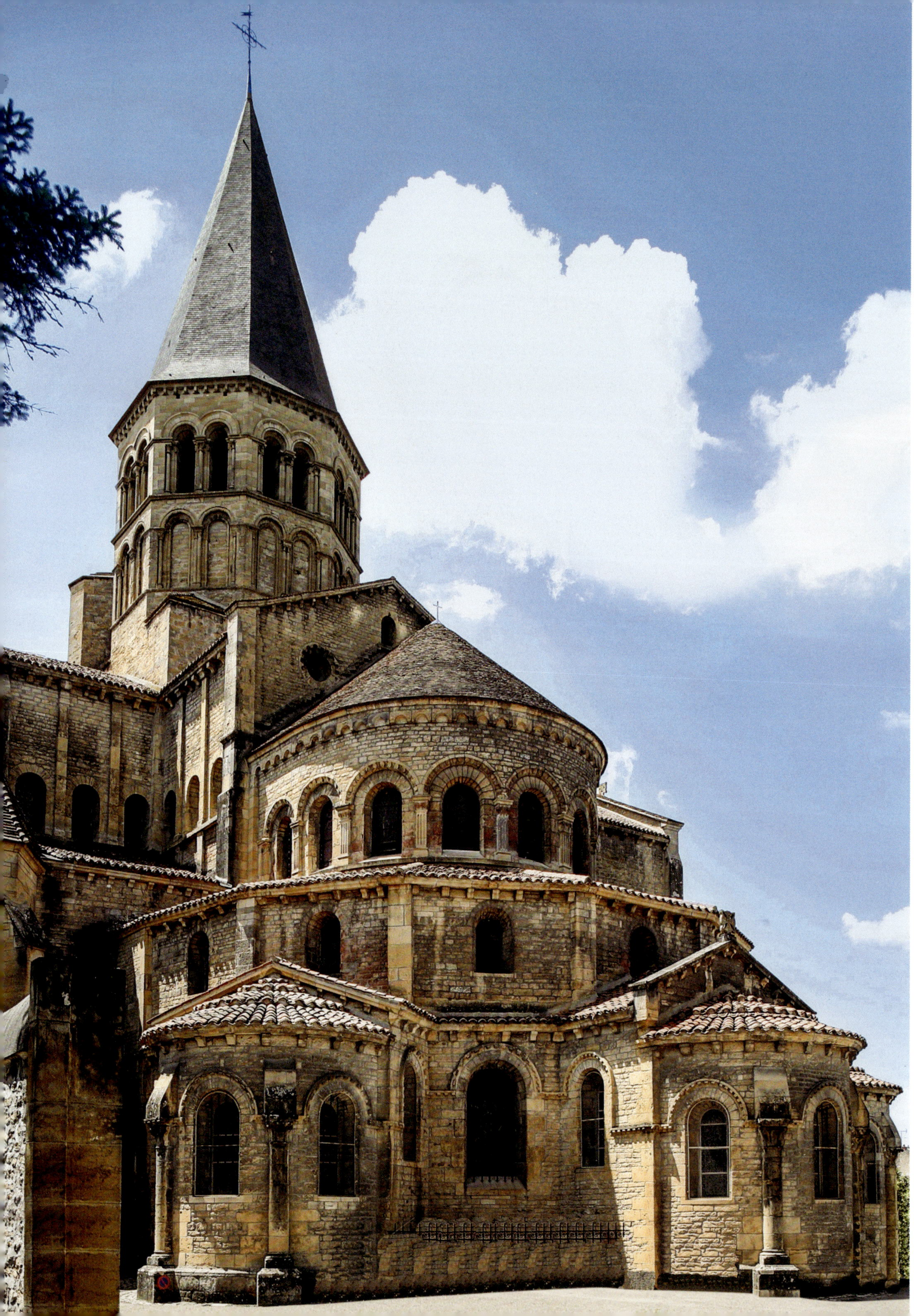

La Basilique du Sacré-Cœur de Paray-le-Monial

예수 성심 바실리카
빠레이 르 모니알

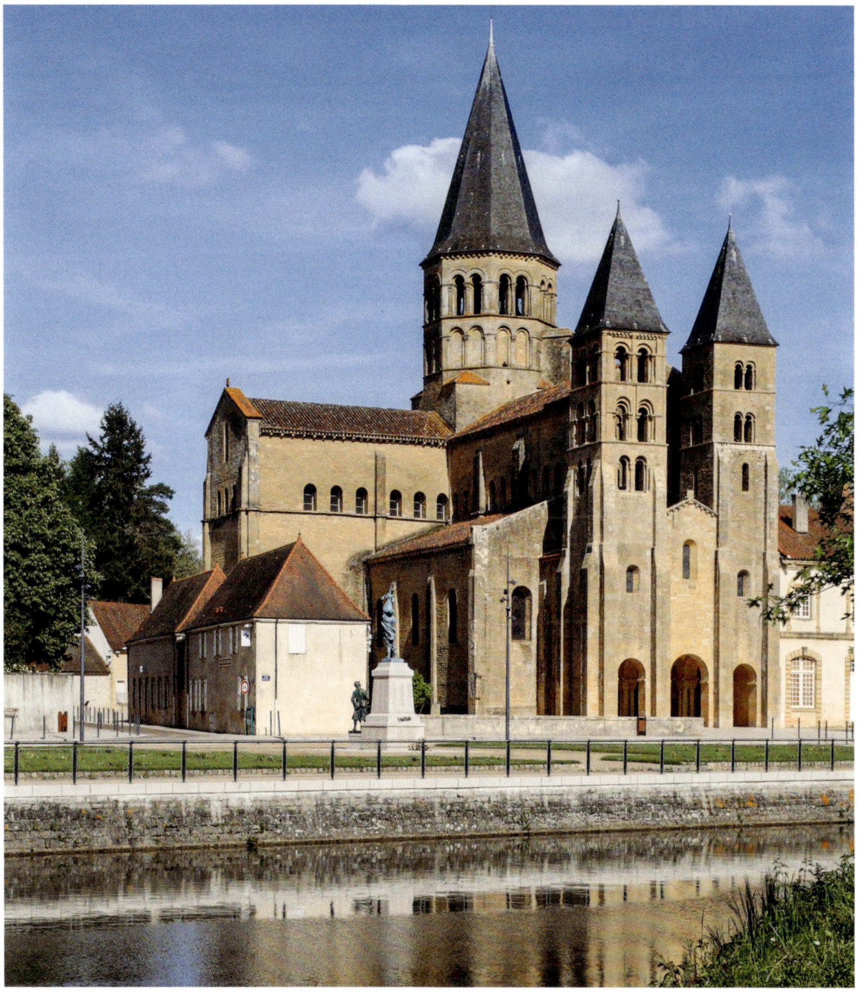

Exterior view from northwest with *Westwerk* and crossing tower

서북쪽에서 본 *베스트베르크와* 크로싱 타워를 자랑하는 외관 전경

The Basilica of the Sacred Heart, with its elegantly proportioned crossing tower and twin towers of its *Westwerk* reflecting on the Bourbince river, is a Burgundian Romanesque structure of significant importance. The small town of Paray-le-Monial is central to Romanesque art and architecture in the Brionnais region.

Just before 1090, Hugh of Semur, one of the most illustrious abbots of Cluny, decided to rebuild an old priory church dating back to the early 11th century, to be modeled after the great Abbey of Cluny, on the site of a Benedictine monastery which had been founded in 973 by Count Lambert of Chalon. Construction lasted for many

우아한 비례의 크로싱 타워와 베스트베르크 *(Westwerk)* 의 쌍둥이 타워가 부르뱅스 (Bourbince) 강에 반사되는 바실리끄 뒤 사끄레 꾀르 (Basilique du Sacré-Coeur)는 부르고뉴 로마네스크 양식의 중요한 특징을 보여주는 건축물이다. 작은 빠레이 (Paray)시는 브리온내 (Brionnais) 지방 로마네스크 건축과 미술 탐방 코스의 출발점이다.

1090년 무렵 클뤼니 수도원 휘하의 가장 저명한 인물 중 하나였던 스뮈르의 위 (Hugh de Semur) 수도원장은 샬롱의 랑베르 (Lambert de Chalon) 백작이 973년에 창설했던 베네딕토회 수도원 자리에 새로운 수도원을 짓기로 결정했다. 새로운 수도원은 11세기 초에 건립된 소 수도원을 기반으로 하되 대 클뤼니 수도원을 본따서 짓겠다는 계획이었다.

← View of *chevet* with radiating chapels and crossing tower from southeast

동남쪽에서 본 방사방향 소예배실을 갖춘 슈베와 크로싱 타워 모습

years, until 1109, the year of St. Hugh's death, at which time the church was consecrated. Work on the building was inevitably interrupted, and the newer part of the church was completed some years later. Due to major fires in the latter half of the 14th century, the church was not finished until the end of that century. Today most scholars appear to agree that the chancel was begun around 1100, and construction of the nave lasted from sometime between 1120 and 1130 to the end of the century or the dawn of the 13th century.

수도원 공사는 1109년까지 장기간 지속되다가 성자 위가 별세하면서 첫번째 봉헌행사를 갖게 되었다. 이후 성당 건설사업은 불가피하게 중단되었고 성당의 신축 부분은 몇 년 후에야 완공되었다. 게다가 14세기 후반에 발생한 대화재로 인하여 성단은 14세기 말에 가서야 완성되었다. 오늘날 대부분 학자들은 이 성당의 성단소가 1100년 무렵에 지어지기 시작했고 1120~1130년 사이에 시작된 네이브의 공사는 12세기말~13세기 초까지 계속되었다는 데에 의견을 함께하고 있는 것으로 보인다.

독립된 조직으로서 새 소수도원은 불과 2년반 정도 존재하다가, 1252년에 클뤼니 수도원 휘하로

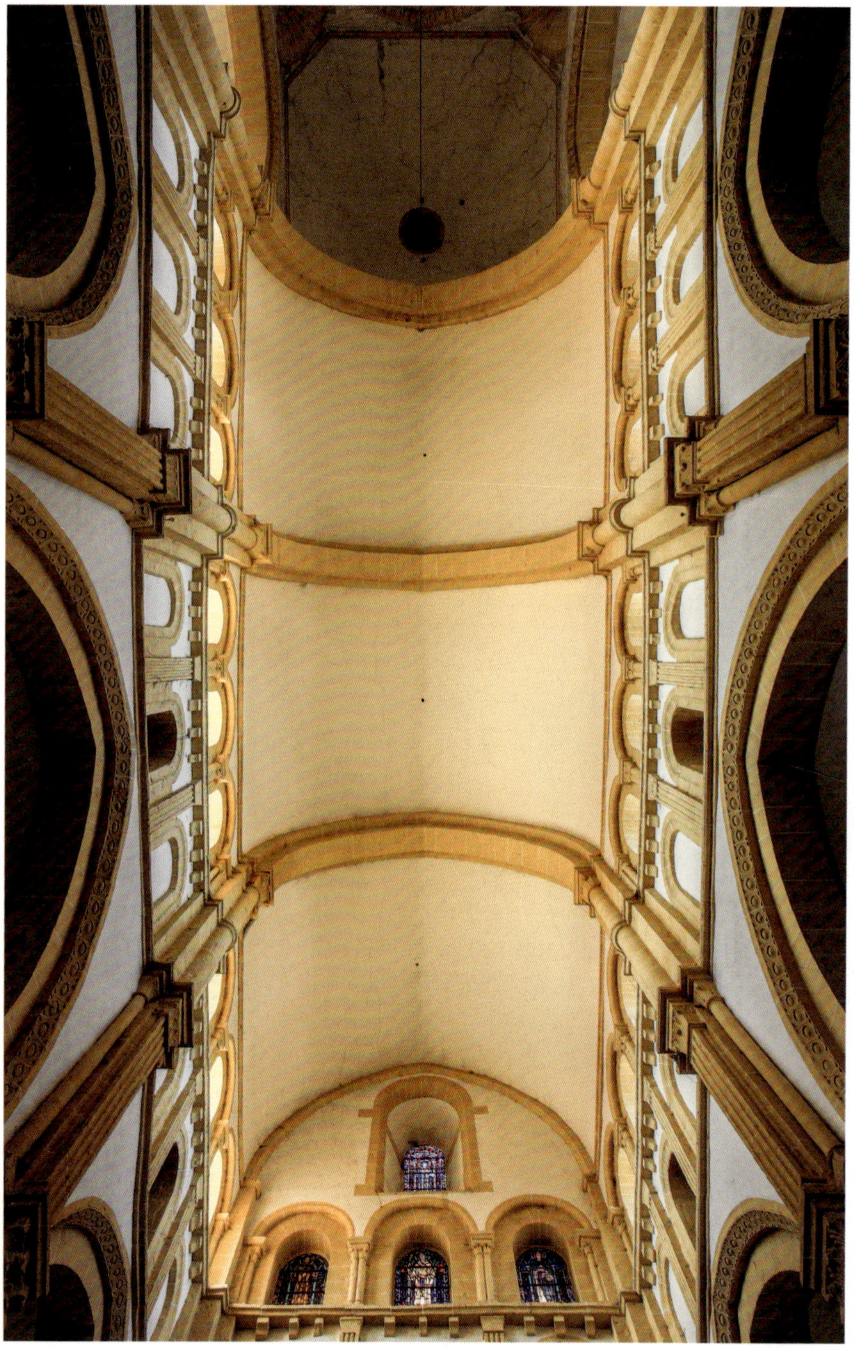

View looking up at nave tunnel vaulting with transverse arches

횡경 아치로 구획된 네이브 턴넬 볼팅을 올려다 본 광경

→ View of nave toward chancel with fresco of *Christ in Majesty* on half-dome

장엄예수 프레스코가 반개돔에 그려져 있는 앱스를 향한 네이브 전경

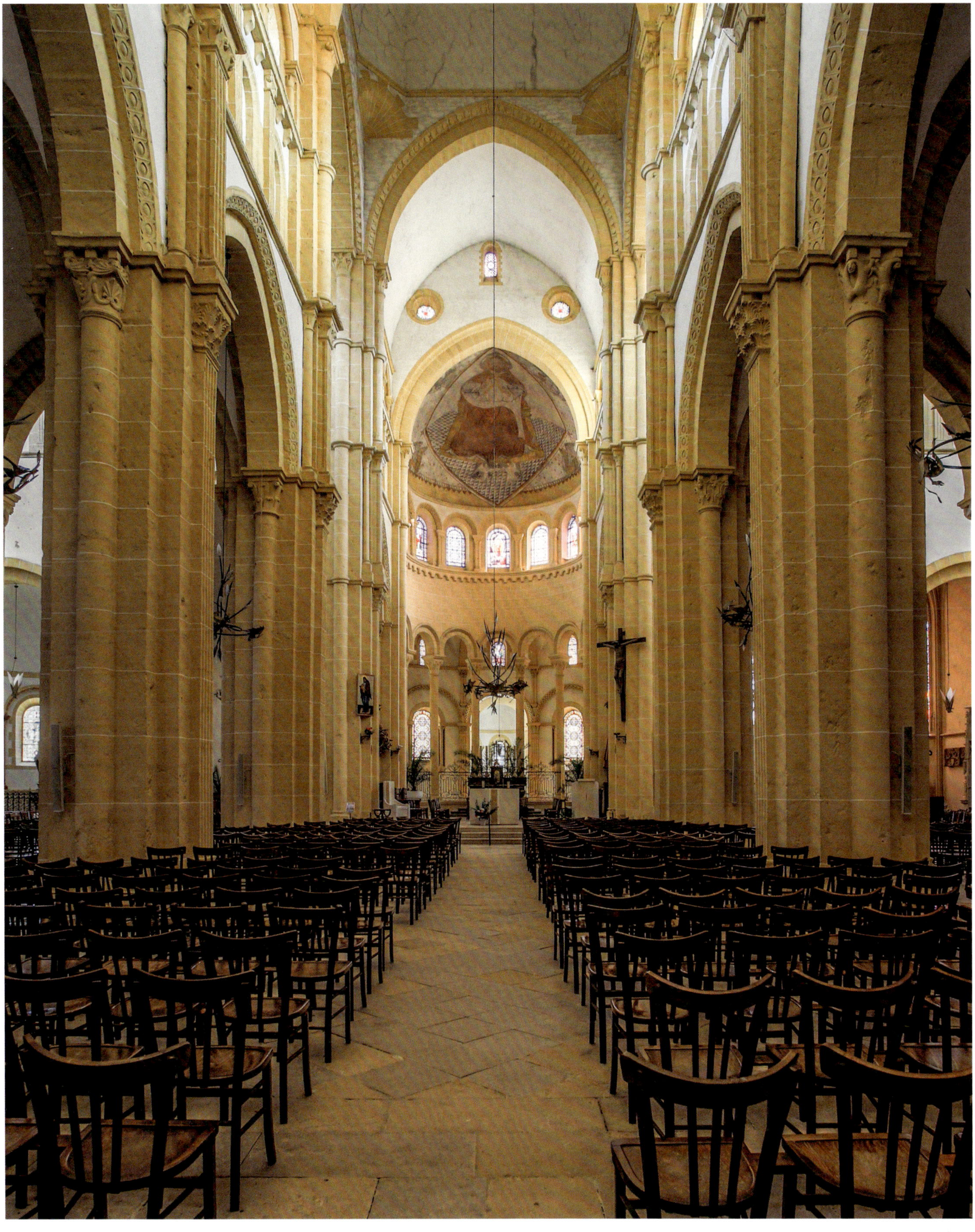

The new priory existed as an independent entity for only about two and a half years as it came under the supervision of the Abbey of Cluny in 1252; the Abbot of Cluny assumed the role of Prior of Paray-le-Monial in 1344. The church was classified as a *monument historique* in 1846, dedicated to the Sacred Heart in 1873, and designated as a minor basilica by Pope Pius IX in 1875. A memorable event in the history of Paray-le-Monial was a visit by Pope John Paul II in 1986.

The standing church, which some scholars refer to as Paray III, is based on a basilica plan consisting of a three-bay nave with aisles, the crossing, and a greatly projecting transept as high as the nave with apsidioles on both arms but without aisles. The slightly oblong crossing bay is surmounted by a dome on squinches. All four openings of the crossing are framed by slightly pointed arches supported by compound piers at each corner. A single bay forming the choir is situated east of the crossing, and the sanctuary is defined by a triumphal arch with a gable wall pierced by two oculi and a high window. A large fresco of *Christ Pantocrator* flanked by the Evangelists on either side adorns the curved surface of the apse. The fresco, dating from the 14th or 15th century, was plastered over for many centuries but fortunately was rediscovered in 1935 and restored. An ambulatory with three radiating chapels surrounds the sanctuary. The apsidiole in the south transept was rebuilt in flamboyant Gothic style in the late 15th century.

Cross-shaped compound piers with fluted pilasters facing the nave side and semi-circular pilasters on the arcade sides define each bay of the nave, and short pilasters above the cornice at the springing of the ogive nave arcades continue the line of support for the transverse arches of the nave vaulting. The basilica is 63.5 meters long including the narthex and *chevet*, and 22.35 meters wide. The 22 meter-high nave and the aisles are all roofed with slightly pointed tunnel vaults. The nave elevation scheme is tripartite in design, characteristic of Cluniac architecture, with the nave arcade at the base, three arches at the triforium level but with the outer arches blind, and three clerestory windows. An exquisite 12th-century Romanesque altar can be found in the sanctuary.

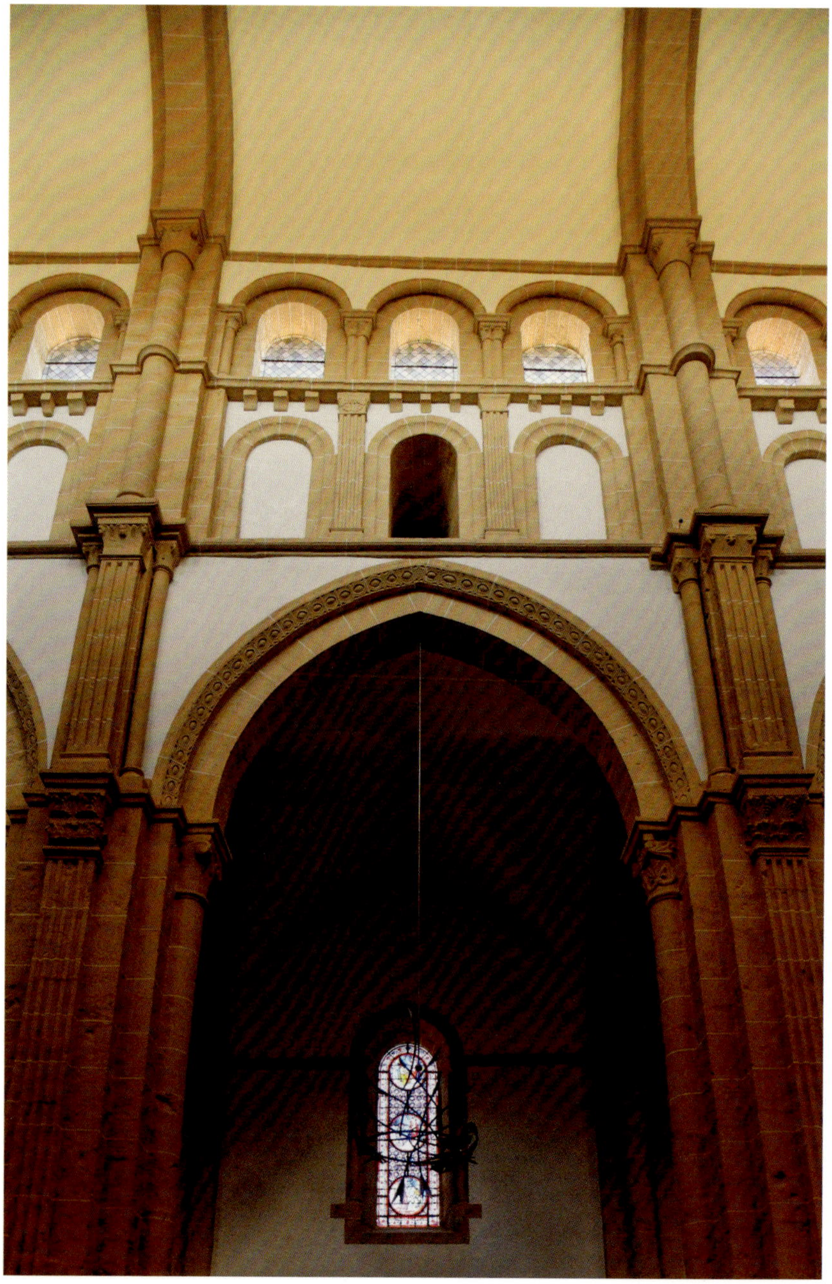

Nave elevation scheme with characteristic Cluniac tripartite design

클뤼니파 특유의 삼분법 디자인을 보이는 네이브 입면 모습

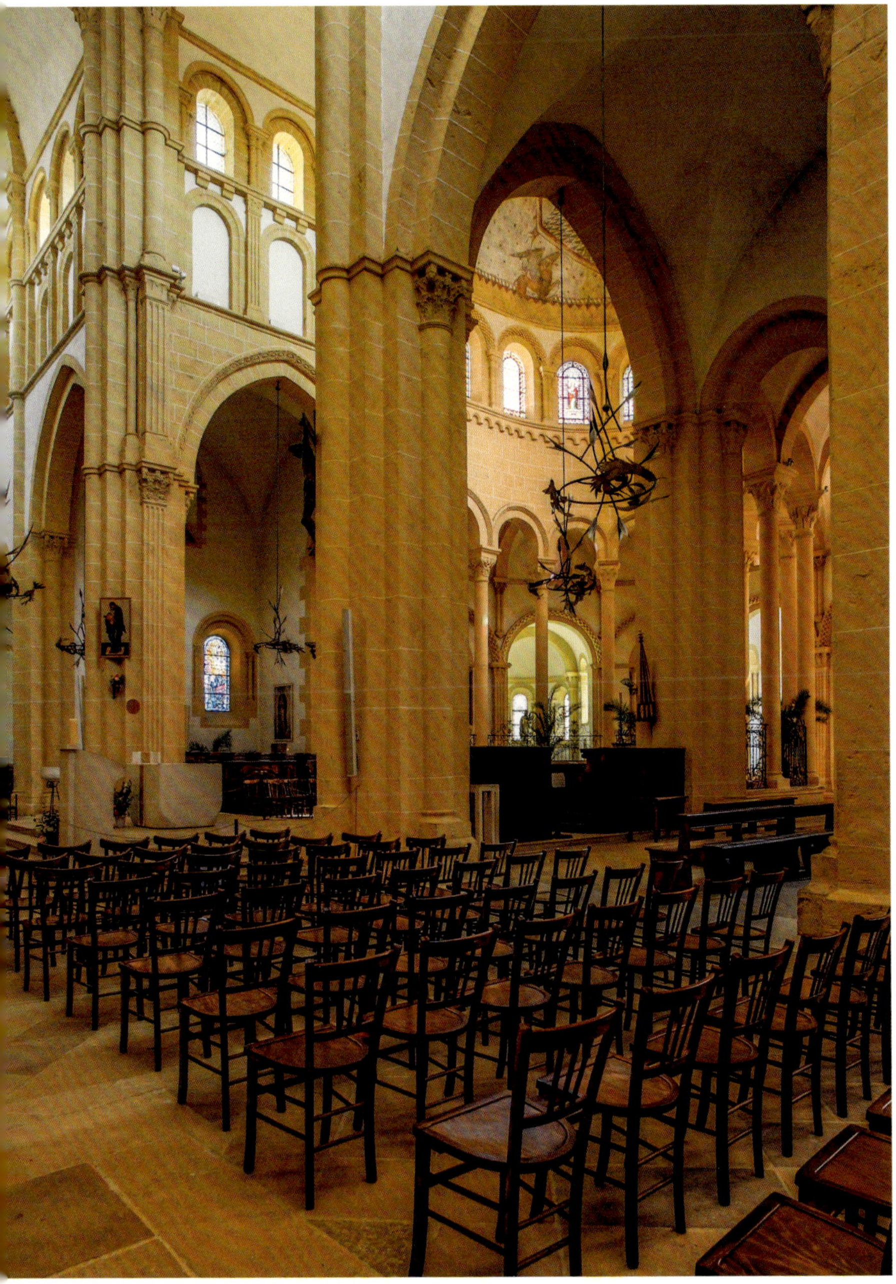

Oblique view of crossing from south aisle toward apse

남쪽 아일에서 앱스쪽을 보는 대각방향 크로싱의 모습

들어갔는데, 1344년에는 클뤼니 수도원장이 빠레이 르 모니알 원장의 책임도 함께 맡게 되었다. 성당은 1846년에 문화재로 분류되었고, 수도원은 1873년에 예수 성심 (Sacré-Coeur) 신봉 수도원이 되었으며, 1875년에 교황 비오9세 (Pius IX)에 의하여 소 바실리카 (minor basilica)로 지정되었다. 빠레이 르 모니알의 역사에서 가장 기념비적인 행사는 1986년 교황 요한 바오로 2세 (John-Paul II)의 방문이었다.

일부 학자들이 세번째 빠레이 (Paray III) 라 부르는 현존 성당은 바실리카형 평면으로, 3개의 베이로 이뤄진 네이브와 아일들, 크로싱, 네이브와 같은 높이로 길게 뻗은 트랜셉트 날개로 구성되었으며, 양 날개 모두 소예배실을 갖추고 있으나 아일은 없다. 약간 장방형의 크로싱 베이 에는 스퀸치로 받쳐지는 돔 (dome on squinches)이 얹혀 있다. 크로싱의 네 방위는 모두 약간 뾰족한 아치가 세워졌으며, 모서리의 복합 피어 (compound pier)에 의하여 지지된다. 성가대석을 이루는 하나의 베이가 크로싱의 동쪽으로 연결되고, 성단소는 개선문이 놓인 박공 벽으로 표시되었는데, 두개의 둥근 창 (oculus)이 윗부분 좌우에 놓이고, 그 가운데로 수직창이 뚫려있다. 앱스의 곡면은 양옆으로 복음전도자 (Evangelist)들을 거느린 장엄 예수의 프레스코로 꾸며져 있다. 14세기 또는 15세기초의 프레스코는 수세기 동안 회반죽 밑에 가려져 있다가 1935년에 재발견되어 복원되었다. 3개의 소예배실이 방사형으로 연결된 회랑이 성단소를 둘러싸고 있다. 남쪽 트랜셉트에 있는 소예배실 (apsidiole)은 15세기말에 플랑봐양 (flamboyant) 고딕 양식으로 개축되었다.

네이브 방향에는 홈이 패인 (fluted) 평평한 필라스터와, 아케이드 방향에는 반원통 모양의 필라스터가 부착된 십자 모양의 복합피어들이 각 네이브 베이를 구획하고, 뾰족한 네이브 아치의 기점 처마선 (cornice) 위의 짧은 필라스터들은 네이브 볼팅의 횡경 아치의 중력의 지지선을 이어준다. 바실리카의 길이는 나르텍스와 슈베를 포함하여 63.5 미터이며, 너비는 22.35 미터이다. 22 미터 높이의 네이브와 아일들은 모두 약간 뾰족한 턴넬 볼트로 덮여있다. 네이브 입면 디자인에서는 클뤼니 건축의 특징 중 하나인 3중 분할 (tripartite) 디자인을 발견할 수 있다. 네이브 아케이드가 아래에 있고, 트리포리움 (triforium) 층에 3개의 아치가 있으나 바깥쪽 2개는 막혀 있으며, 그위로 3개의 고창 (clerestory)이 배치되어 있다. 바실리카에서 중요한 역사적 유물로 꼽을 수 있는 것은 성단소에 놓여있는 12세기 로마네스크 제단이다.

빠레이 르 모니알에서 가장 오래된 부분은 약 1080년에 건설된 나르텍스로서 11~12 세기에

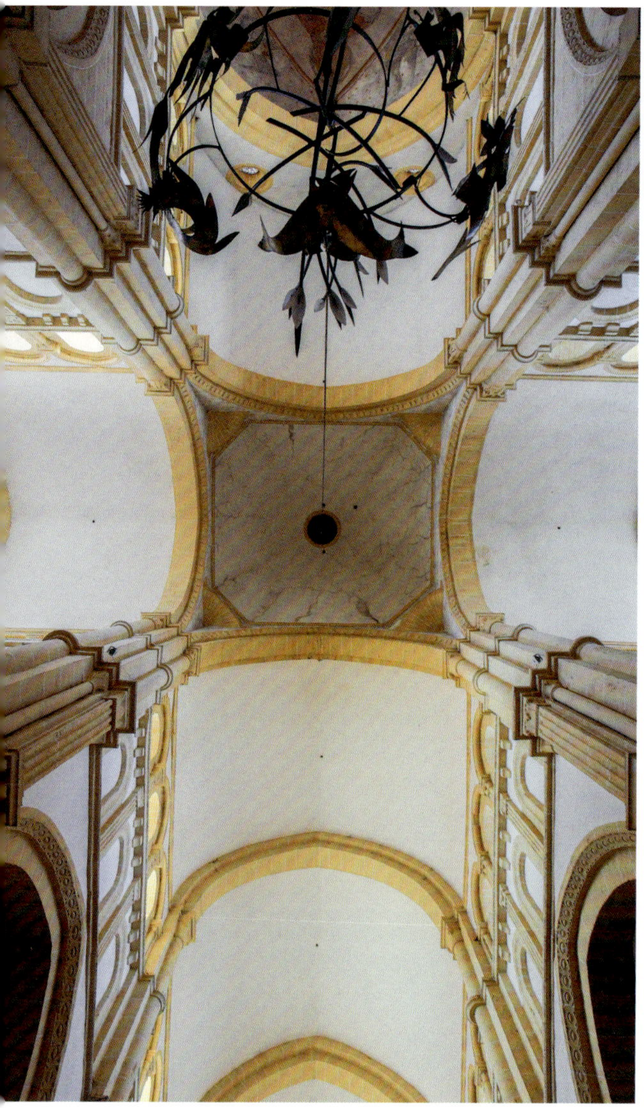

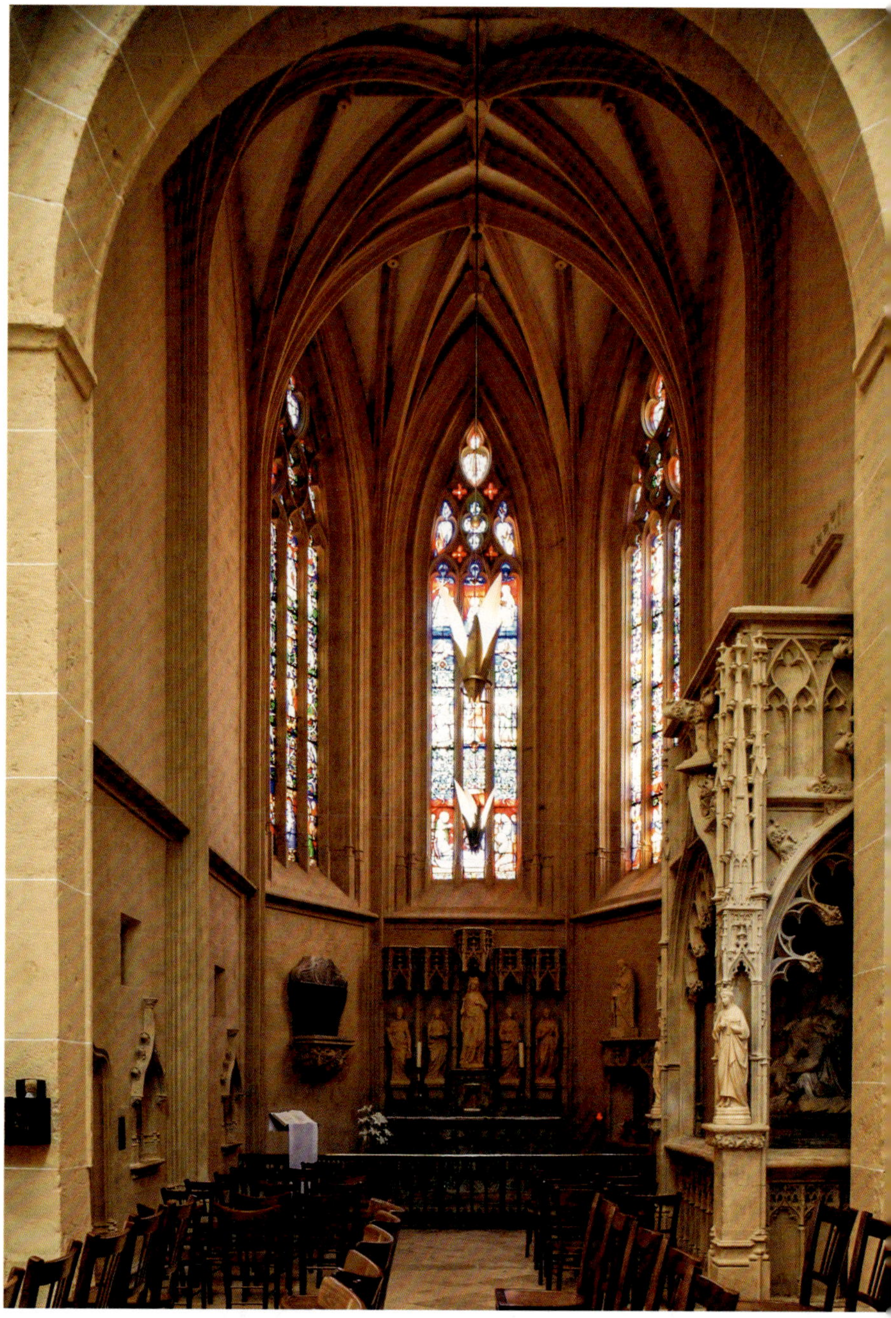

The oldest part of the basilica, the narthex dating back to approximately 1080, is dominated by the twin towers from the 11th and 12th centuries which form the western façade. The narthex is organized into two levels, the upper floor of which is a chapel itself, *La Chapelle Saint-Michel*. This is an important design element found in Burgundian Romanesque architecture and is a feature also present at Tournus and Vézelay. Three Romanesque portals with sculpted capitals provide entry to the basilica. The axes of the narthex and nave are slightly deflected. The central bay, which provides a magnificent view of the nave, was built in the 12th century.

There are approximately 365 Romanesque capitals embellishing the interior and exterior of the basilica, not as many as there are at Autun or Cluny, of generally simple design such as vegetation inspired by Antiquity, animals, or geometric-

구축되어 서쪽 정면을 구성하는 쌍둥이 타워에 의해 더욱 강조되고 있는 것을 볼 수 있다. 나르텍스는 2개층으로 구성되어 있는데 윗층은 그 자체가 라 샤뻴 생 미셸 (La Chapelle Saint-Michel)이라 불리는 하나의 소예배실이다. 이는 부르고뉴 로마네스크 건축에서 볼 수 있는 중요한 디자인 요소이며, 뚜르뉘 (Tournus)나 베즐레이 (Vézelay)에서도 볼수 있다. 조각된 주두로 장식된 3개의 로마네스크 정문 (portal)이 바실리카로 연결된다. 나르텍스와 네이브의 축은 약간 꺾여 있으며, 훌륭한 네이브의 경관을 선사하는 중앙의 베이는 12세기에 건설되었다.

빠레이 르 모니알의 성심회 바실리카 내부와 외부에는 365개의 로마네스크 주두들이 있는데,

View looking up at crossing dome (left)

크로싱 돔을 올려다 본 광경

View of apsidiole in south transept in flamboyant Gothic style (right)

남쪽 트랜셉트에 놓인 플랑봐양 고딕 양식의 소예배실 모습

al patterns. Some of these capitals are found on the towers of the western façade and the *chevet*. In contrast, more intricate capitals with narrative sculpture can be found on the nave and choir piers, including a depiction of *Daniel in the lion's den* on the south side of the nave. In the colonnade of the ambulatory there is a lone capital carved with *lions affrontés*.

The exterior of the basilica exudes purity of design, a hallmark of the Cluniac style. The crossing tower, reaching 56 meters and finished with an octagonal drum, is very much reminiscent of Cluny III. The *Westwerk* forming the western façade highlights twin towers of the same height and roof design, but each has a different vertical organization. The pyramidal massing of the *chevet* is quite notable for its harmonious conjunction of radiating chapels, ambulatory, apse, the gable wall of the choir and crossing tower arranged into five levels. The *chevet* and crossing tower, in particular, are among the best-preserved examples of Cluniac Romanesque architecture, especially notable as the Abbey of Cluny itself as it exists today is a mere shadow of its former glory.

여기에는 오툉 (Autun) 또는 클뤼니 자체보다 적고, 고대에서 영감을 얻은 동식물이나 기하학적 문양 등 단순한 디자인이 조각되어 있다. 조각된 주두의 일부는 서쪽 정면의 타워에, 다른 일부는 슈베에 놓여있으며 네이브와 성가대석 피어에 성경의 서사를 전달하는 중요한 주두들이 보존되어 있다. 네이브의 남쪽에는 '사자우리 안의 다니엘' 장면을 표현하는 주두가, 회랑 (ambulatory)의 주랑 (colonnade)에는 '마주 보는 사자들 (lions affrontés)' 을 새겨놓은 단 하나의 조각된 주두가 있다.

바실리카의 외관에서는 클뤼니 스타일의 특징인 디자인의 순수성을 엿볼 수 있다. 높이가 56 미터에 이르고, 팔각형 드럼으로 마감된 크로싱 타워는 보는 이에게 즉각 세번째 클뤼니 (Cluny III)를 연상시킨다. 서쪽 정면을 형성하는 베스트베르크*(Westwerk)*는 똑같은 높이의 쌍둥이 타워와 지붕 형태를 보이고 있으나, 수직적 기능 배치는 다르다. 슈베의 피라미드 모양 매씽은 방사 방향으로 배치된 소예배실, 회랑, 앱스, 성가대석의 박공지붕, 그리고 5개의 레벨로 구성된 크로싱 타워의 조화로운 융합이 주목할 만하다. 특히, 슈베와 크로싱 타워는 클뤼니 로마네스크 건축양식이 가장 잘 보존된 사례로 평가되고 있다. 오늘날 클뤼니 수도원 자체가 옛 영광의 그림자에 지나지 않기 때문에 이러한 건축양식의 존재는 더욱 소중하다고 할 수 있다.

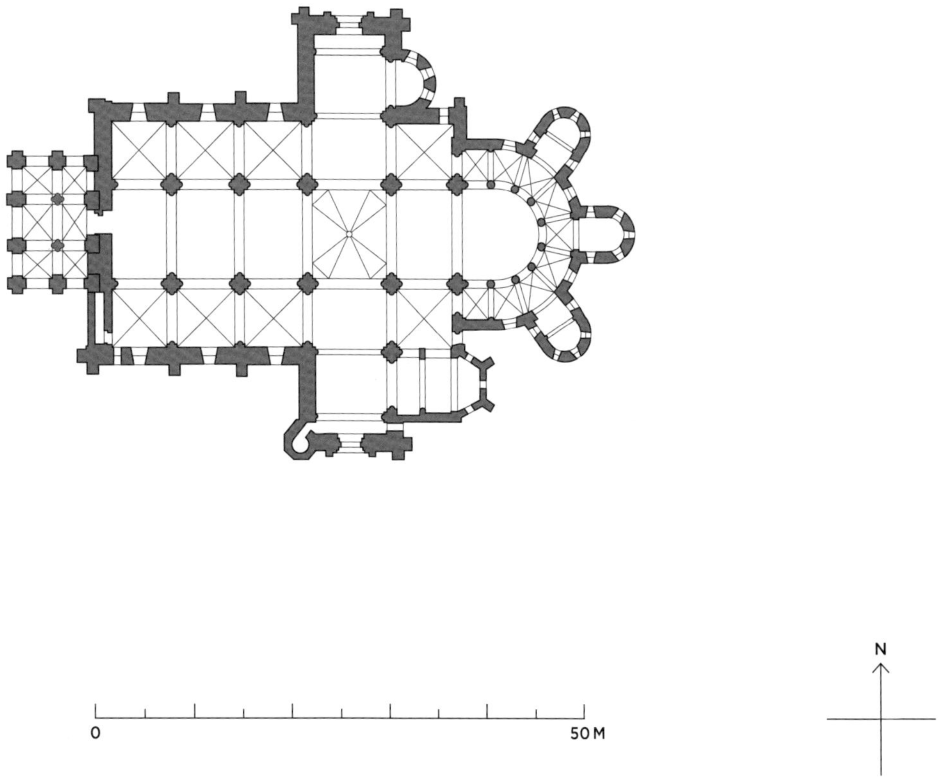

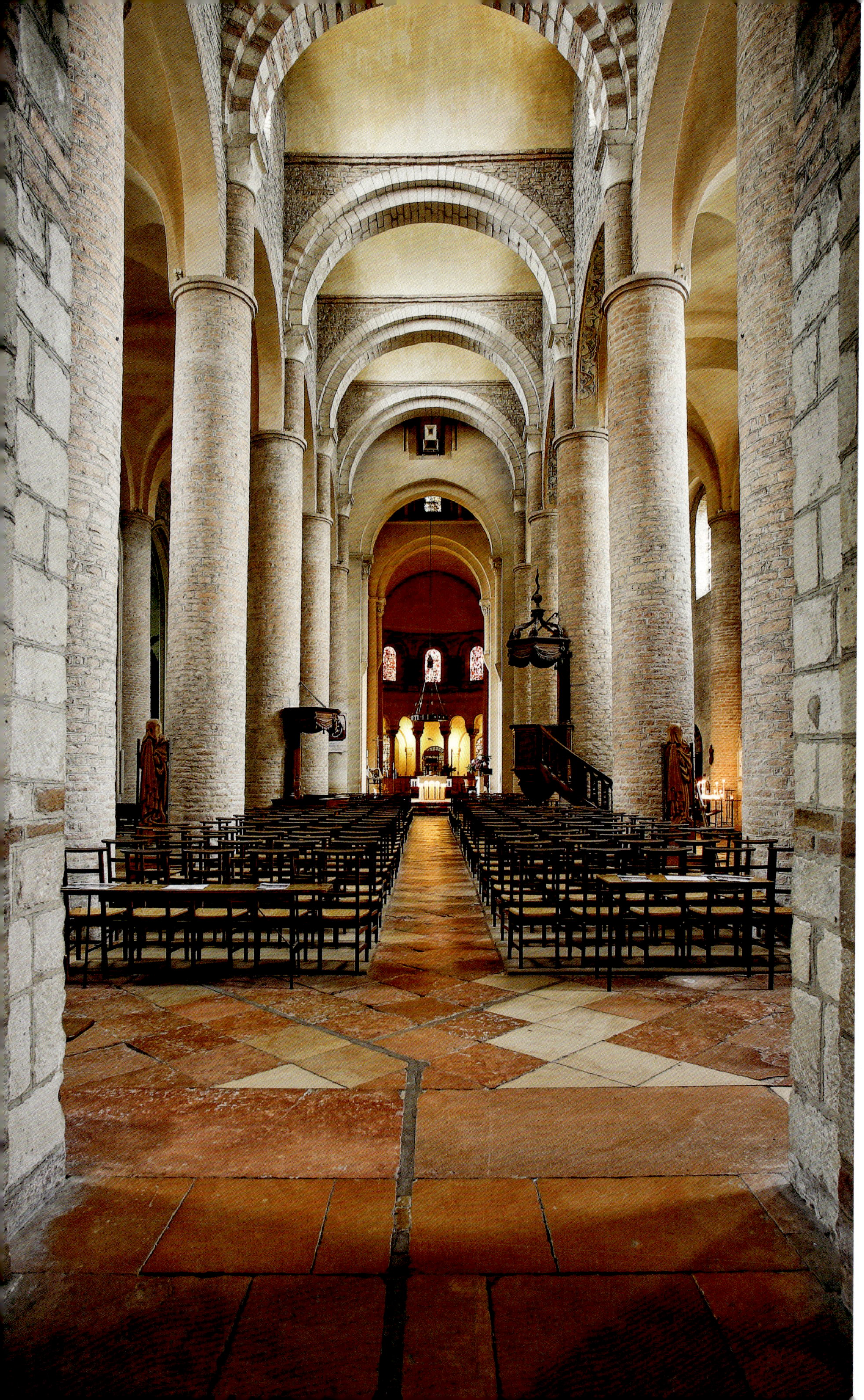

View of nave from
west toward chancel

서쪽에서 성단소를
향해서 본 네이브 전경

L'Abbaye de Saint-Philibert
Tournus

생 필리베르 수도원 성당
뚜르뉘

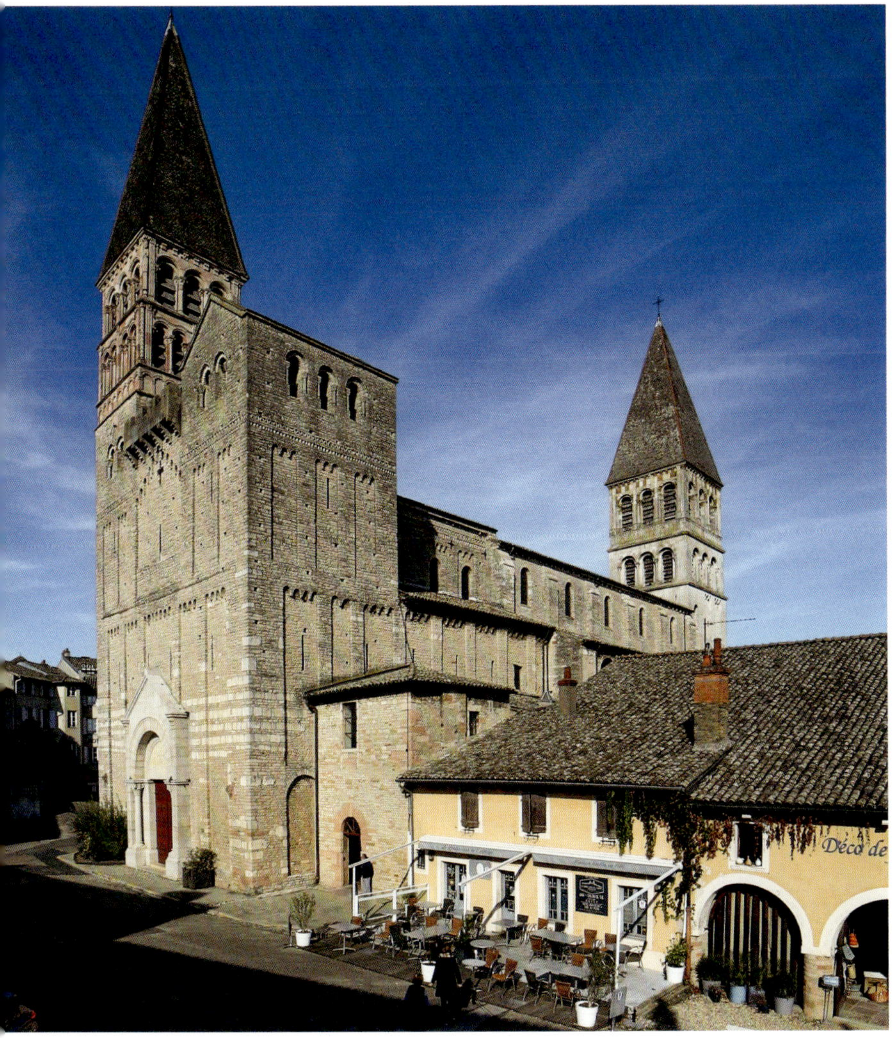

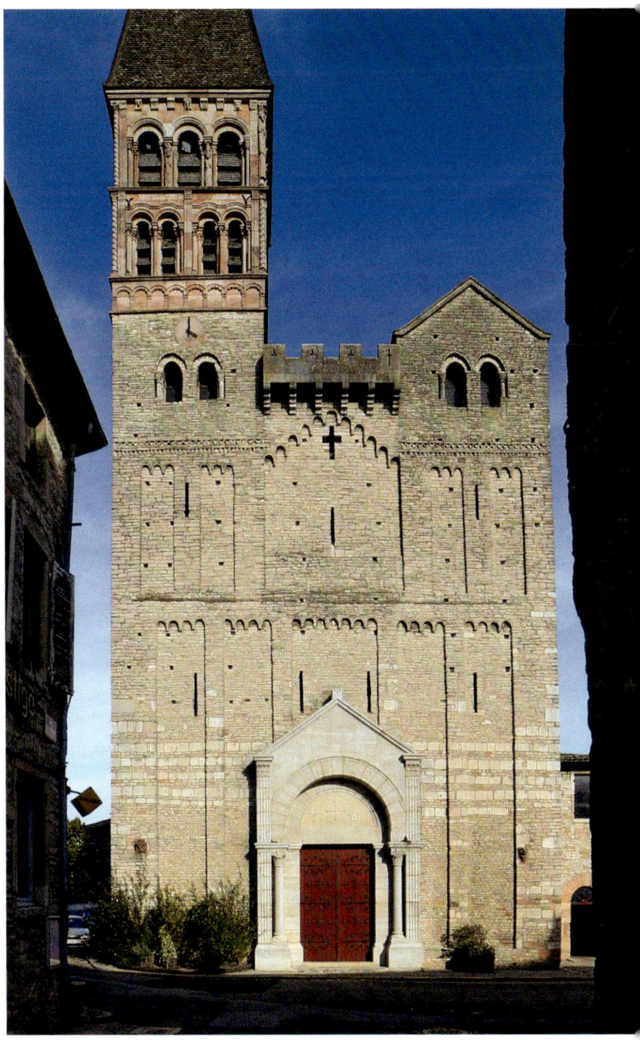

Exterior view from southwest with *Westwerk* and crossing tower beyond (left)

남서쪽에서 본 *베스트베르크* 와 후면의 크로싱 타워를 갖춘 외관전경

Axial view of western façade (right)

정면으로 본 서쪽 입면 모습

It is recorded that in 836 the monks of Noirmoutier, who had settled near the mouth of the Loire, left to escape the Vikings and travelled east with St. Philibert's remains for nearly four decades. In 875, King Charles the Bald of West Francia, a grandson of Charlemagne and later Roman Emperor, granted them use of a monastery at Tournus, where a shrine to St. Valerian already existed.

기록에 의하면 836년, 대서양 루아르 (Loire) 강 하구 근처의 누아르무띠에 (Noirmoutier) 수도원 수사들이 바이킹 (Vikings)의 침략을 피하기 위하여, 성자 필리베르 (St. Philibert)의 유물과 함께 수도원을 떠나서 근 40년 동안 동쪽으로 이동하다가, 875년에 샤를마뉴의 손자였고, 후에 신성 로마황제였던 대머리 왕 샤를르 (King Charles the Bald)가 수사들이 뚜르뉘 (Tournus)의 수도원에 정착하는

The monks from Noirmoutier soon thereafter built a church dedicated to St. Philibert. A separate document relates that the monastery was burned in 937 by invading Hungarians, and there was a fire in 1007 or 1008 but, finally, a consecration took place in 1019. The Abbey Church of Saint-Philibert is the only building that survives relatively intact from that era. From the beginning of its reconstruction around 950, the church was designed to accommodate pilgrims coming to pay homage to the shrines of the two saints. A document in the abbey records that Ardain, Abbot from 1028 to 1056, restored the monastery. It was haltingly rebuilt between episodes of political unrest and other calamities, resulting in the present-day building.

The standing structure is built on a basilica plan with an ambulatory and five radiating, oblong-shaped chapels, and a substantial façade block, or *Westwerk*. The eastern arm, which shows the strong imprint of the architectural tendencies of western France, was begun at the crypt level in this configuration. The sequence of the building may be set out thus: the crypt and lower parts of the eastern arm form the oldest part, followed by the ground floor of the narthex or façade block, then the upper floor of the block. The relics of *Saint-Valérien* were transferred to the crypt in 979, and above, the remains of St. Philibert were enshrined in the central chapel of the five radiating from the ambulatory, certainly by the time of consecration in 1019.

The nave includes the cylindrical piers common in First Romanesque buildings in Burgundy, though here at Tournus they are unusually tall. They were, although built of stone blocks, intended to have the appearance of columns with a ratio of diameter to height of 1:8, common to Roman columns. These supports carry arches which spring across the nave which, in turn, carry a transverse barrel vault over each bay. Unlike a single east-west barrel with an outward thrust along its whole length, the vaults buttress and are buttressed by their neighbors, while the east and west ends of the series are supported by the masses of the crossing tower and façade block, respectively. The aisles are groin vaulted.

For vaults as complex as those at Tournus, one has to turn to Roman buildings such as the Basilica of Maxentius for its source. After Tournus, there were no churches built on a similar structural system. It is surmised that the system was not embraced by later building workshops due to the

것을 승인하였다. 이 수도원에는 성자 발레리엉 (St. Valérien)을 기리는 영묘가 있었다. 누아르무띠에 수사들은 곧, 생 필리베르에게 봉헌하기 위한 성당을 건설하기 시작하였다. 다른 문서는 수도원이 헝가리족 침략에 의하여 937년에 화재 피해를 입었고, 1007-08년에 또 하나의 화재 피해를 입었다가, 드디어 1019년에 봉헌의식이 거행되었다고 기록하고 있다. 생 필리베르 수도원 성당이 그 시대의 구조물중 비교적 온전히 남아있는 유일한 건축이다. 약 950년에 건설된 성당은 처음부터 두 성자를 숭배하는 순례자들을 수용할수 있도록 계획되었다. 수도원에 보존된 문서에 의하면, 1028-1056년 사이에 수도원장 이었던 아르댕 (Ardain) 원장이 수도원을 복구하였다고 기록하고 있다. 현재까지 내려오는 건축은 정치적 불안과 큰 재난을 겪으면서 간헐적으로 지어진 결과이다.

지금 방문객이 발견하는 성당은 바실리카 평면에 앱스에는 다섯개의 방사방향으로 배치된 장방형 소예배실이 회랑에 연결되고, 듬직한 정면 블록, 또는 베스트베르크 *(Westwerk)*가 있다고 묘사할수 있다. 서부 프랑스의 건축 분위기가 짙은 성당 동쪽 부분은 지금의 평면으로 크립트 부터

→ Oblique view from north aisle toward nave and south aisle

북쪽 아일에서 네이브와 남쪽 아일 쪽으로 본 대각방향 경관

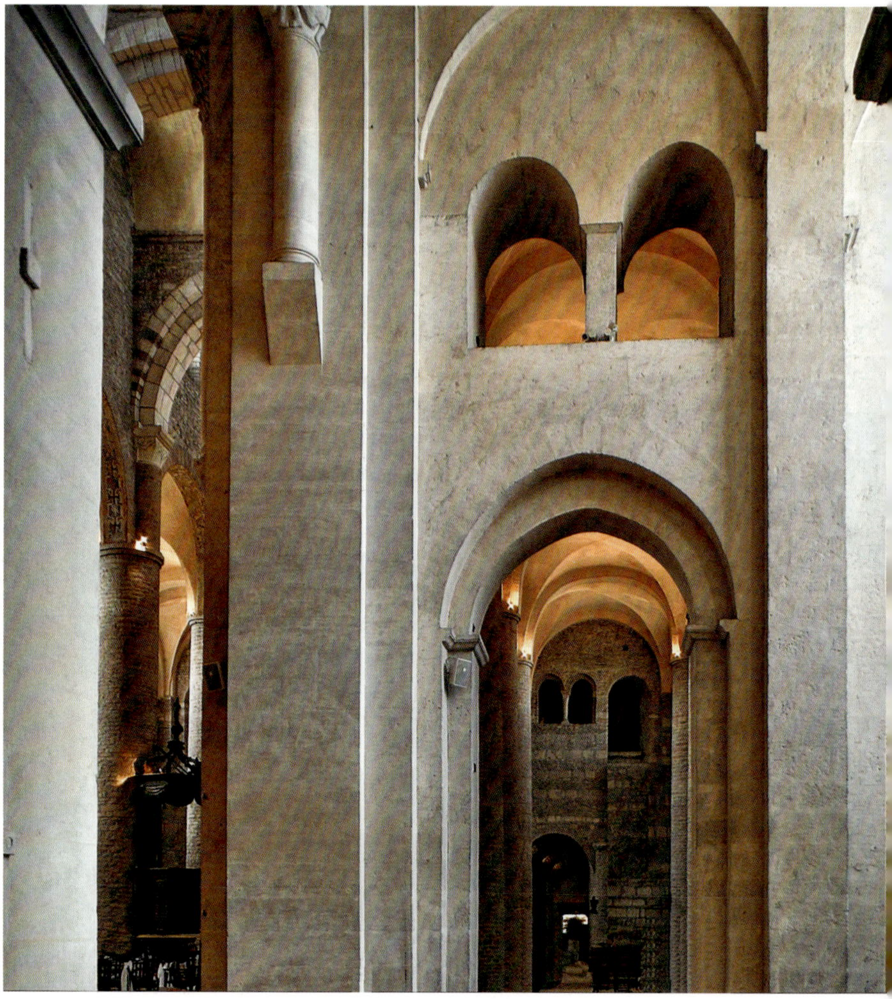

View looking west toward north aisle at north transept

북쪽 트랜셉트에서 서쪽으로 본 북쪽 아일의 모습

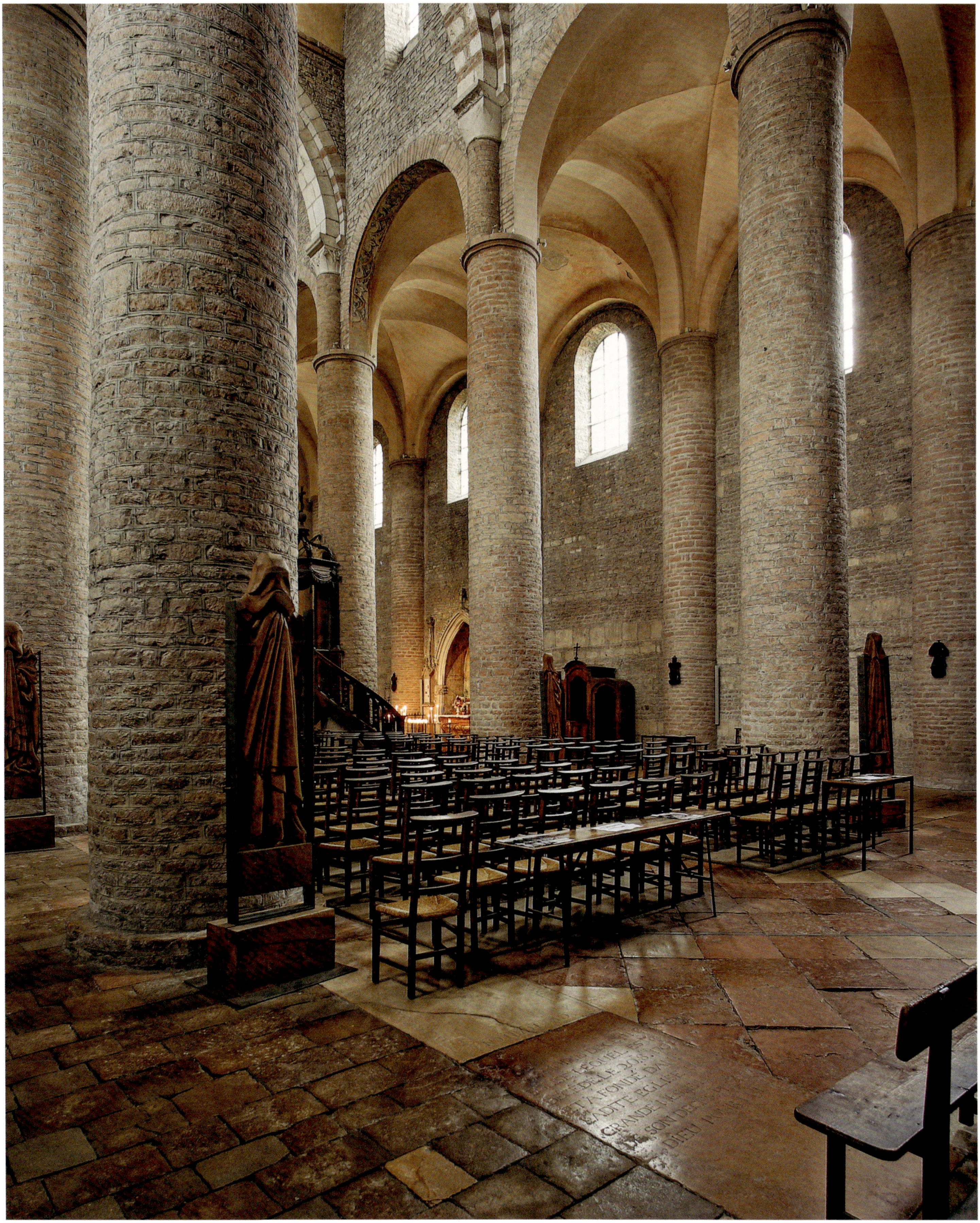

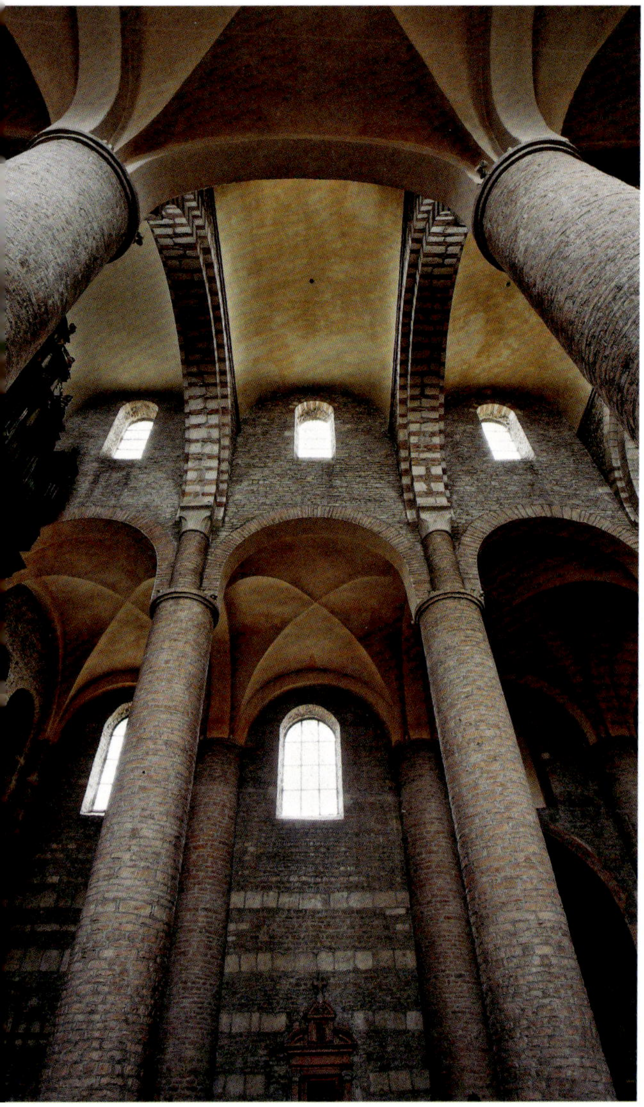

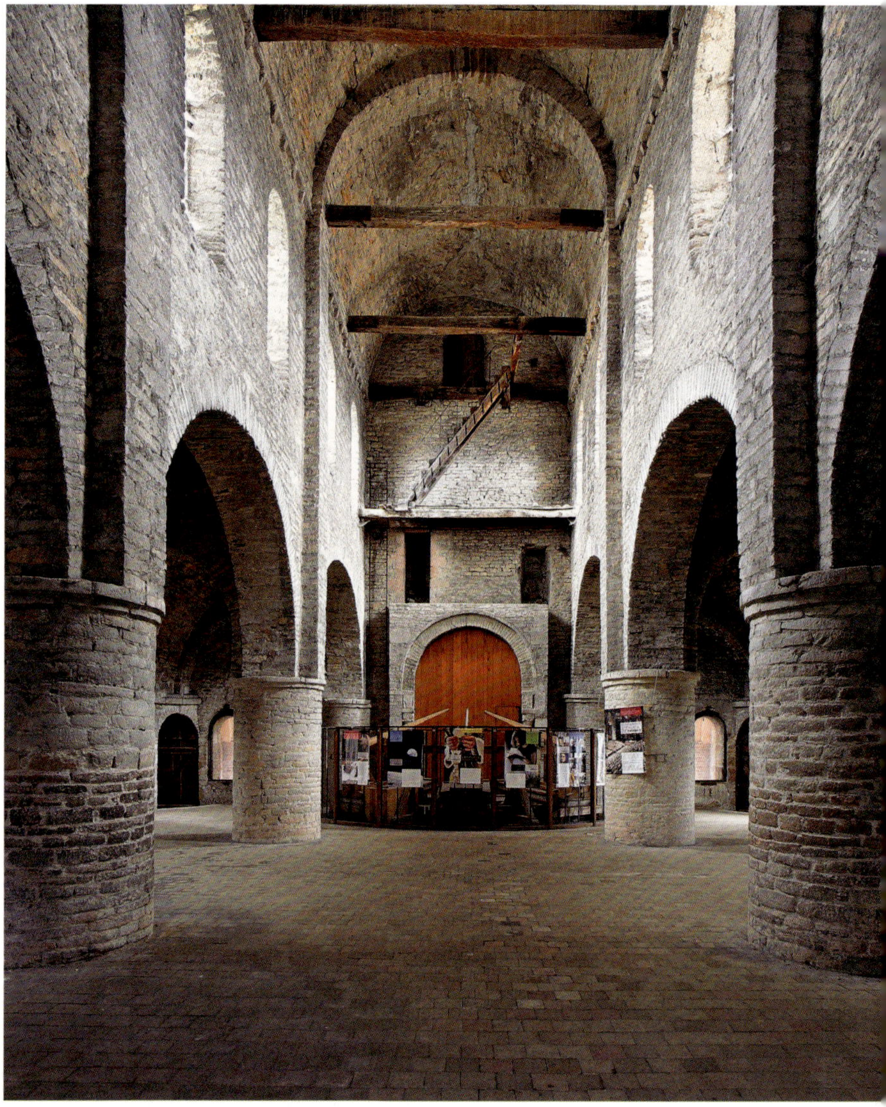

resulting poor acoustical quality and, more importantly, the disadvantageous visual perception that the nave space appears to be compartmented at each bay instead of being a sacred space unified with the sanctuary. This is an eloquent expression of the relative importance of aesthetic effect over structural advantage.

The ground floor of the façade block has groin vaults over the central space and barrel vaults over the aisle bays, placed transversely and continuing the north-south barrel of the corresponding central groin vault. The vaults are supported on columnar piers. The *Chapelle de Saint-Michel* on the upper floor of the façade block is a church in its own right. It recalls the Carolingian chapel on the upper level of the Imperial Abbey of Corvey, built in the late 9th century. The central space of the chapel is covered with a longitudinal barrel vault which stands above clerestory win-

공사가 시작되었다. 얼룩진 성당공사의 경위는 다음과 같이 정리할수 있는데, 크립트와 동쪽 부분의 1층이 가장 오래된 부분이고, 나르텍스 (narthex), 또는 정면 블록의 1층이 지어진 후에, 블록의 윗부분이 지어졌다. 생 발레리엉의 유물이 979년에 크립트로 옮겨졌고, 생 필리베르의 유물은 봉헌행사가 있었던 1019년 까지는 확실히 그 바로 위 회랑에 방사방향으로 연결된 중심축상의 소예배실로 모셔졌다.

네이브는 부르고뉴 지방의 초기 로마네스크 건축에서 공통적으로 볼수 있는 원통형 피어로 건축되었는데, 단지 이 뚜르뉘의 경우에는 높이가 매우 높다. 비록 돌 블록으로 구축됐지만, 기둥들은 직경과 높이의 비례가 1:8 되는 로마시대 기둥의 보편적인 기둥 모양을 하도록 의도 돼었다. 이 수직 구조재들은 네이브를 가로지르는 아치들을 지지하고, 반면 아치들은 각 베이를 덮는 직교방향의 배럴볼트를 받아준다. 동서방향 한 방향으로만 배치되어 양변에서 아래방향과 바깥 방향 압력을 저항해야

View from north aisle looking up to nave and aisle vaulting (left)

북쪽 아일에서 올려다 본 네이브와 아일 볼팅 모습

View of *Chapelle de Saint-Michel* at upper narthex (right)

나르텍스 윗층에 있는 성 미하엘 소예배실 전경

dows. This *Westwerk*, or façade block, which dates from about 1000, shows the influence of both Carolingian and Lombard architecture. Its masonry wall surfaces are articulated with pilaster strips and arched corbel tables. The original belfries, augmented by a 12th-century tower at the north, are typical of Lombard First Romanesque style. In Burgundy, the Romanesque ideal was embraced early on because of the unique conjunction there: easy contact by way of the Rhône River with the Lombard First Romanesque style, and a similarly strong connection by way of the Saône River with the Empire.

하는 배럴볼트 구조와 달리, 이 볼트들은 인접된 볼트에 의해서 서로를 지지하고, 반대로 지지되며, 이 일련의 구조체의 동쪽과 서쪽 끝은 크로싱 타워와 서쪽 정면블록으로 고정된다. 아일은 그로인 볼트로 덮여 있다.

뚜르뉘에서 볼수 있는 복잡한 볼트의 원천을 찾기 위해서 우리는 막센티우스 의 바실리카 (Basilica of Maxentius) 같은 로마시대 건축을 살펴볼 필요가 있다. 뚜르뉘 이후에, 유사한 구조체계를 갖춘 성당은 지어지지 않았다. 이 구조 시스템은 한편으로는 음향이 불만족스러운 까닭에, 좀 더 중요한 이유로는 성단소와 일체가 되는 성스러운 네이브 공간을 구성하는 대신, 네이브 공간이 각 베이에서 단절되는것

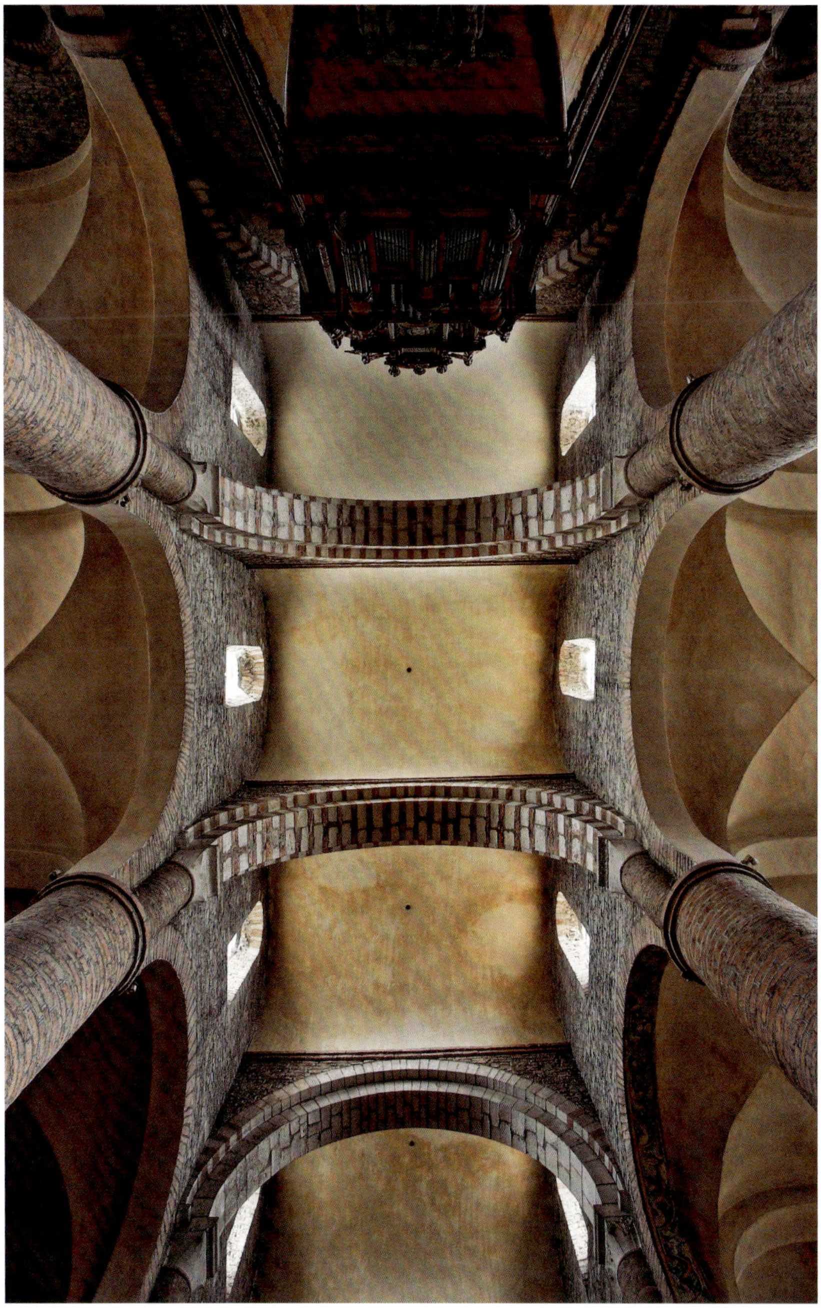

View looking up at nave and aisle vaulting

네이브와 아일 볼팅을 올려다 본 광경

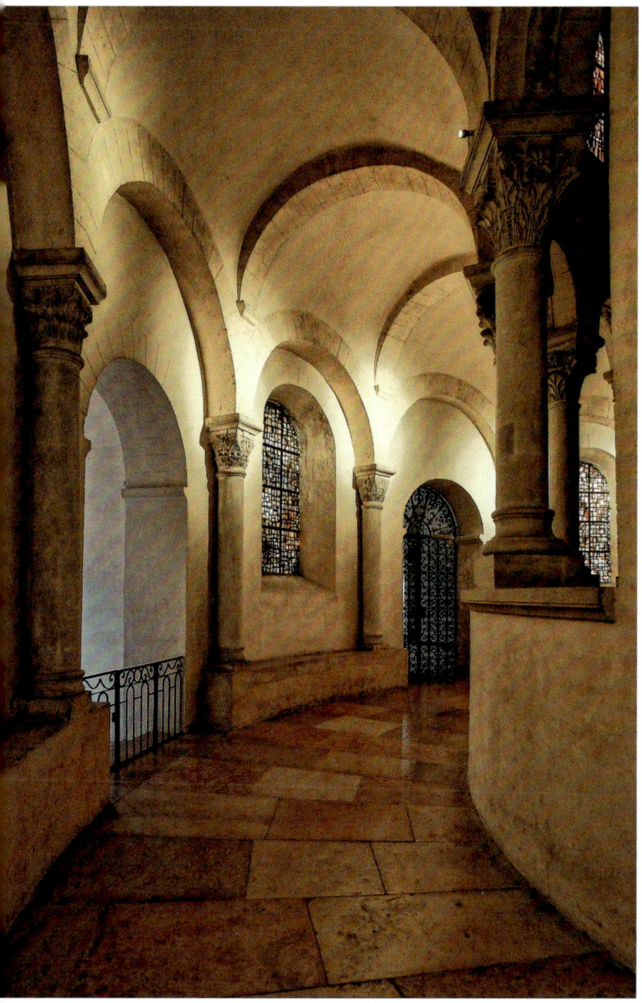

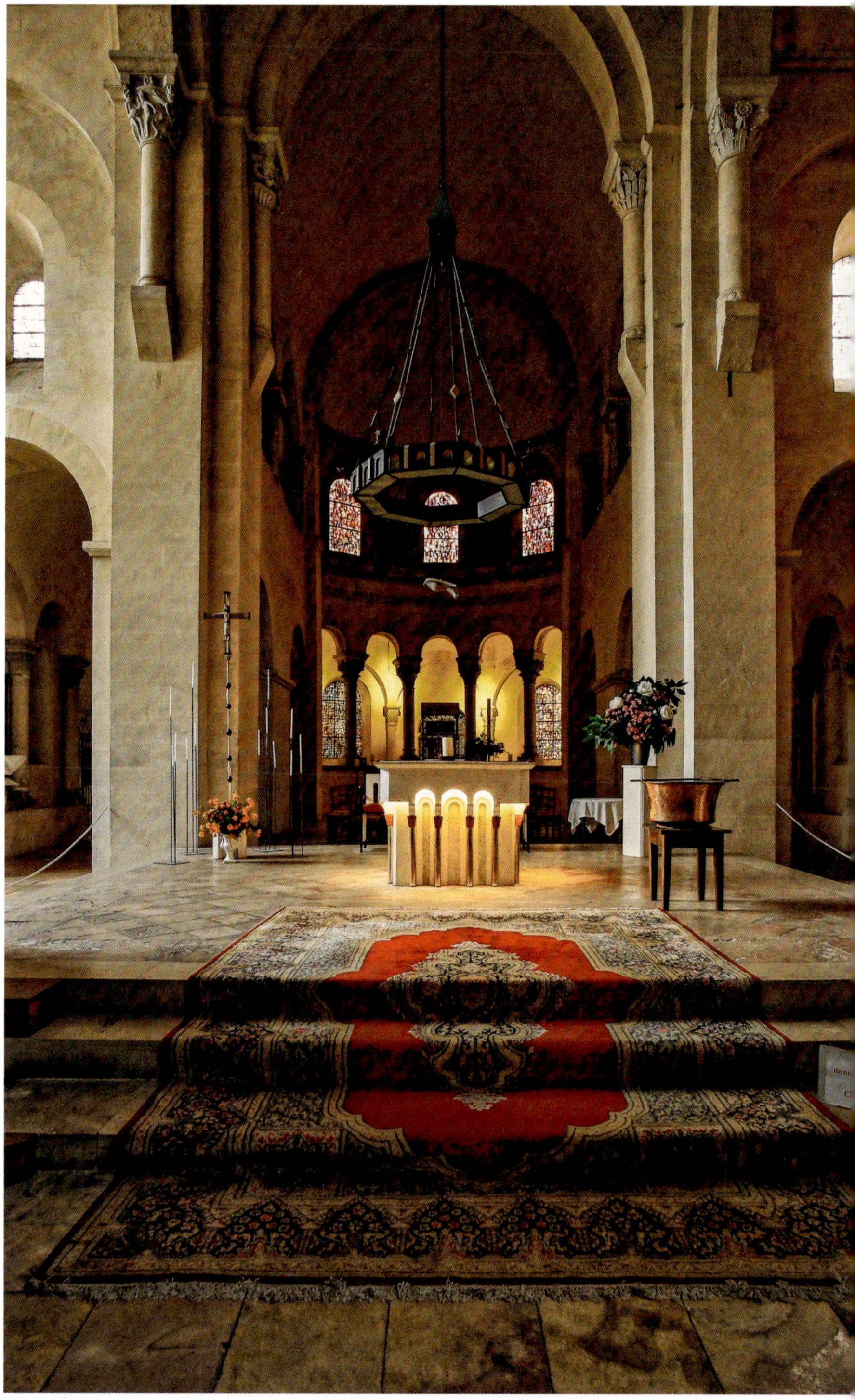

In the 17th century, the abbey was closed and Saint-Philibert became a collegiate church. In 1802, it was re-consecrated for worship as a parish church. In 1841, the church was classified as a *monument historique* and began to undergo significant reconstruction. Additional historically authentic restorations completed during the 20th century have brought the ancient building to its present state.

같은 불리한 시각적 현상이 일어나기 때문에, 후대의 건설공방 들에게 환영받지 못 했다고 추정할수 있다. 이것은 구조적 이점보다 미학적 효과가 상대적으로 더 중요하다는 원칙을 설득력 있게 표현하는 좋은 이유이다.

정면 블록의 1층 중앙공간은 그로인 볼트로 덮여있는 반면, 아일 베이는 배럴볼트가 직각방향으로 놓여서 인접되는 중앙 그로인 볼트를 연결한다. 이 볼트들은 기둥역할을 하는 피어들로 지지된다. 정면

View of ambulatory from northwest (left)

서북쪽에서 본 회랑 (ambulatory) 모습

View of chancel toward apse (right)

앱스쪽으로 바라본 성단소 전경

View looking down from upper narthex to south aisle

나르텍스 윗층에서 남쪽 아일을 내려다 본 광경

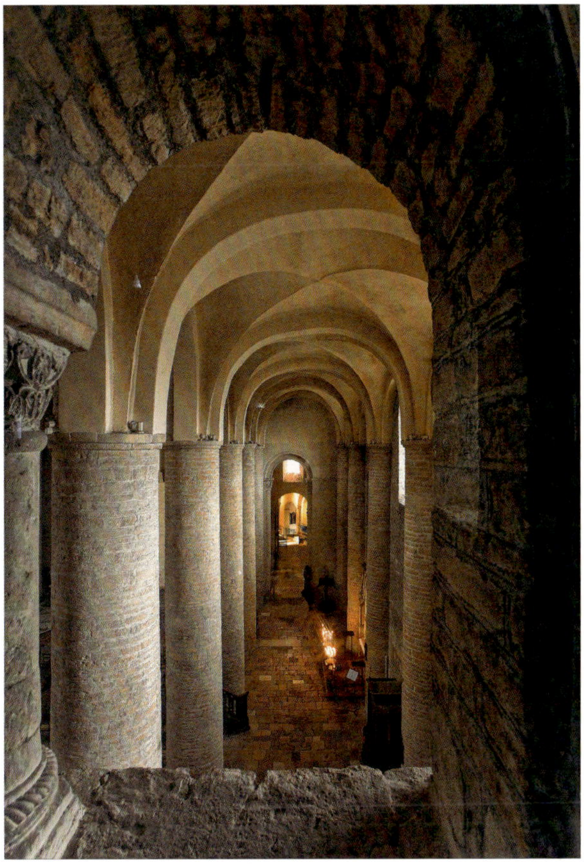

블록의 윗층에 배치된 성 미하엘 소예배실 (La chapelle de Saint-Michél)은 그 자체가 하나의 성당이며, 9세기 말엽에 지어진 코르바이 (Corvey) 황실수도원 윗층에 놓인 카롤링거 소예배실 (Carolingian chapel)을 연상시킨다. 소예배실의 중심공간은 고창위로 길이방향의 배럴볼트로 덮여있다. 약 서기 1000년에 건설된 이 베스트베르크 *(Westwerk)*, 또는 정면블록은 카롤링거 건축과 롬바르디아 건축의 영향을 보인다. 석조벽은 필라스터 쪽과 아치로 된 받침 (corbel table)들로 표면에 활력이 첨가되었다. 원래 있던 종탑들과, 12세기에 건설된 북쪽타워는 전형적 롬바르디아 초기 로마네스크 스타일이다. 부르고뉴 지역에서의 이상적인 로마네스크 건축을 향한 지속적 발전은 특유의 지리적 조건의 융합 때문에 일찍이 이루어졌는데, 론 (Rhône) 강을 통한 롬바르디아 초기 로마네스크 양식과의 용이한 접촉, 그리고 손 (Saône) 강을 통한 신성로마제국과의 밀접한 접촉이 그 조건들이다.

17세기에 수도원은 폐쇄돼어, 생 필리베르는 교우회 성당이 되었었으나, 1802년에 교구성당으로 다시 봉헌되었다. 1841년에 성당은 국가문화유산 *(monument historique)*으로 지정되어 복원작업이 시작되었으며, 20세기에 들어와서 좀더 역사적 근거에 의한 복원공사가 계속되어 몇 세기전의 건축이 지금의 모습으로 다시 태어났다.

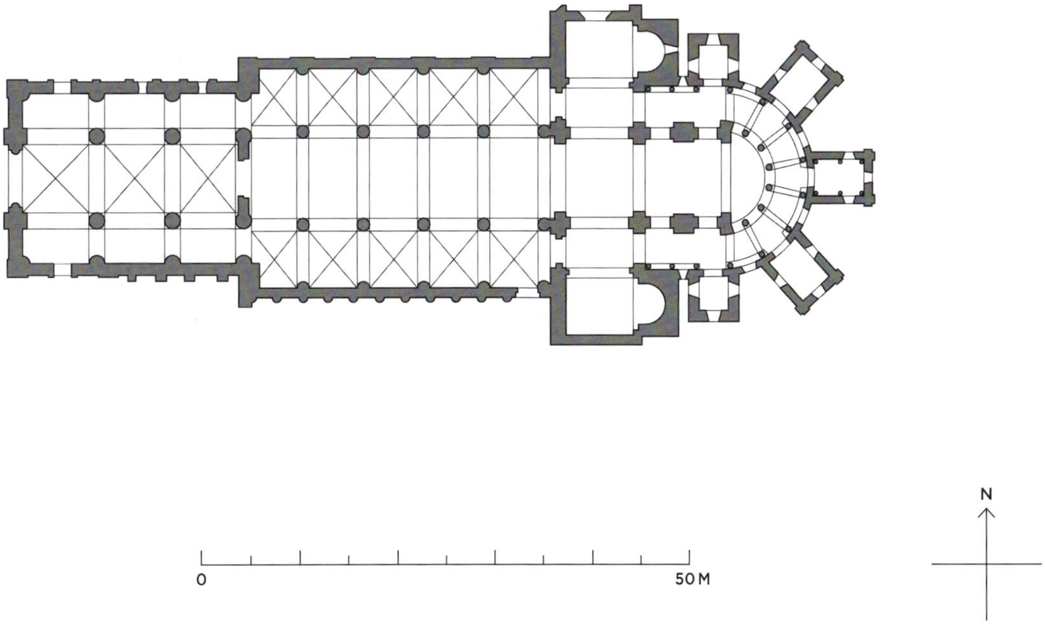

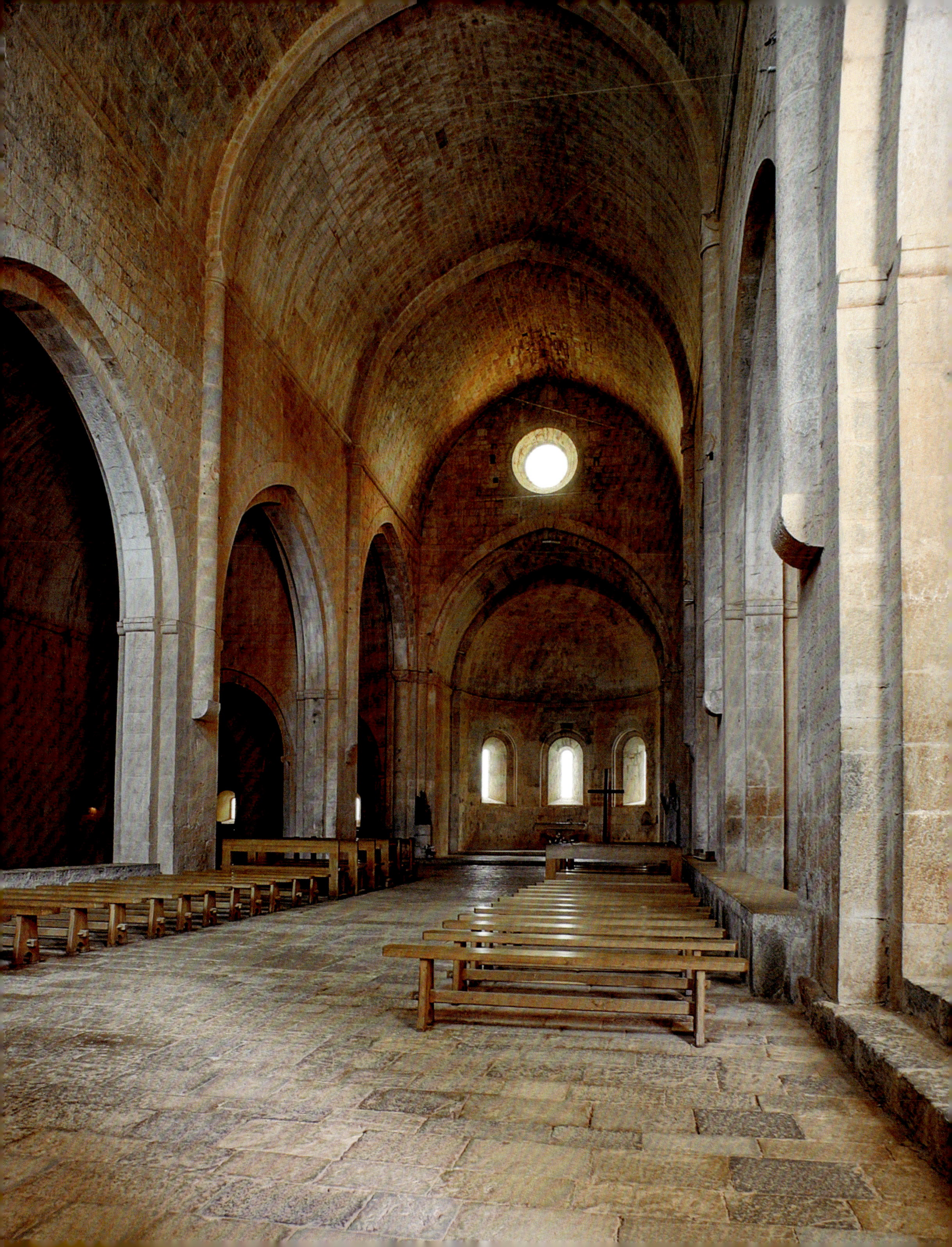

L'Abbaye du Thoronet

르 또로네 수도원

르 또로네

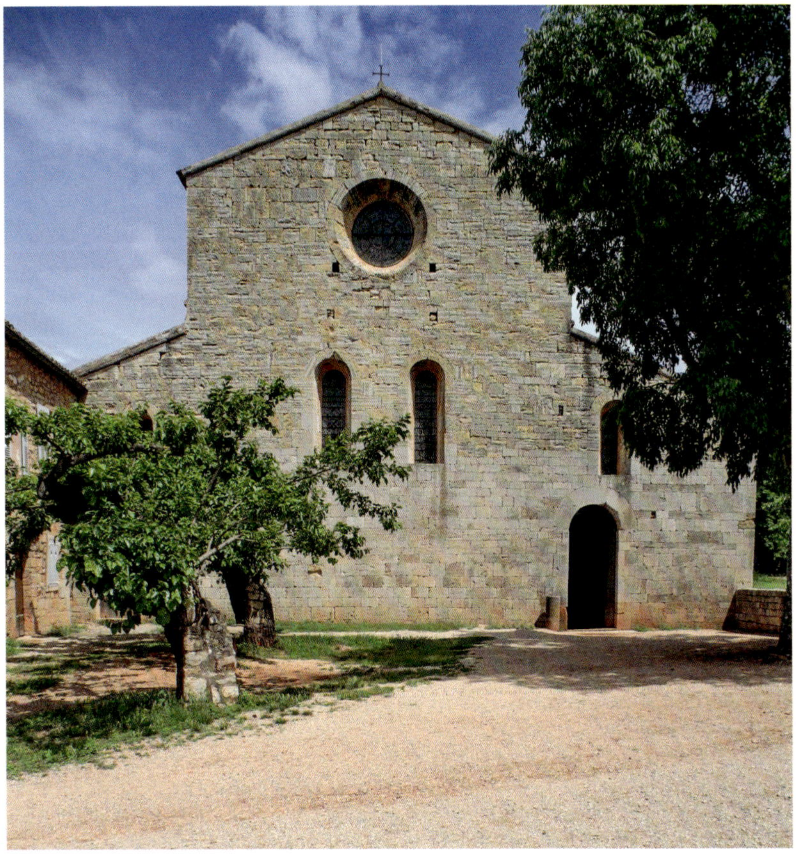

View of West façade faithfully reflecting interior spatial organization

내부의 공간적 배치를 진솔하게 표현한 서쪽 정면 모습

← View of nave from southwest

서남쪽에서 바라본 네이브 전경

The Cistercian abbey of Le Thoronet, in the Var region of southern Provence, is one of the most celebrated of the many Cistercian houses for its deeply spiritual architecture. The first Cistercian abbey was established in 1098 in Cîteaux, Burgundy by Robert de Molesme as a reaction to the excesses found in Benedictine monasteries formed under the banner of Cluny Abbey. Robert de Molesme called for a stricter observance of the 6th-century Rule of St. Benedict, including an ascetic architecture devoid of superfluous ornamentation. It was St. Bernard of Clairvaux, however, who built up the Cistercian order to become a formidable religious as well as political force. At the time of St. Bernard's death in 1154, there were 280 Cistercian houses in France alone.

It is written that a group of monks who had founded a monastery a few decades earlier else-

프로방스 남부의 바르 (Var) 지역에 있는 르 또로네 시토회 수도원은 수많은 시토회(Ordre cistercien) 수도원중 영적인 (spiritual) 위대함으로 가장 높이 평가받는 수도원의 하나이다. 최초의 시토회 수도원은 1098년에 부르고뉴의 시또 (Cîteaux)에 몰렘의 로베르 (Robert de Molesme)에 의해 설립되었다. 로베르는 당시 클뤼니의 영향하에 있던 베네딕토회 수사들에게 초기 베네딕토 율법을 더욱 철저하게 준수할 것을 요구하였고 수도원 건축에서도 장식을 배제한 금욕적 양식을 강화할 것을 주장하였다. 이후 시토회의 종교적, 정치적 세력화를 완성한 사람은 끌래르보의 베르나르 (Bernard of Clairvaux) 였다. 1154년 성 베르나르가 서거했을 때 프랑스에만 280 개의 시토회 수도원이 존재하고 있을 정도였다.

기록에 의하면 한 수사 공동체가 일찍이 바르 지역에 수도원을 창설했었으나 12세기 중반 경작에 유리한 땅을 찾아 떠나 어느 형제 독지가들이 기증한 르 또로네의 토지에 정착하였다. 1176년에 아라곤

where in the Var region moved to the more arable land in Le Thoronet, which was donated by several benefactors in the mid-12th century, and started building L'Abbaye du Thoronet just before King Alfonso II of Aragon as Count of Provence formally recognized the ownership of the land in 1176. The former poet Folquet de Marseille was elected the first Abbot of the Thoronet Abbey in 1199, and its construction was likely nearly completed in that year. The monastery was built without interruption, which explains the unity of its architectural style.

(Aragon)의 알폰소 2세(King Alfonso II)가 프로방스의 백작의 권한으로 공식적으로 토지소유권을 인정하기 얼마 전 수도원 건설은 시작되었다. 시인이었던 마르세이유의 폴께 (Folquet de Marseille)가 1199년에 르 또로네의 초대 수도원장으로 선출될 무렵 이미 수도원은 거의 완공되었을 것으로 추정된다. 수도원의 건축 스타일에서 통일감을 발견할 수 있는 것은 건축작업이 한 번도 중단되지 않고 진행되었기 때문일 것으로 추정된다.

수도원은 13세기에 번창하였으나, 대기근(Great Famine)과 흑사병 (Black Plague), 그리고 수도원장과 수사들 간 내부 알력으로 14세기초

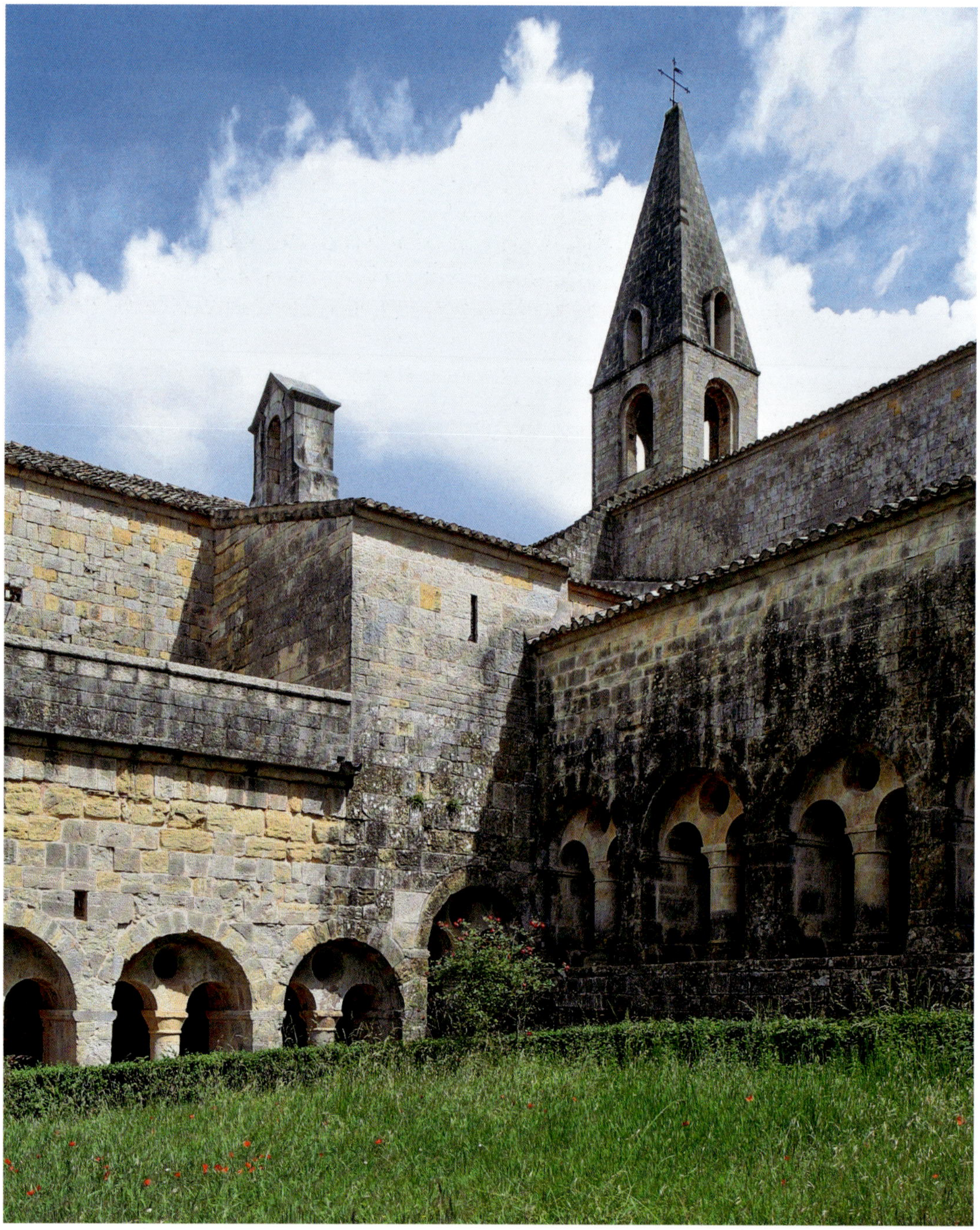

View of cloister from northwest

서북쪽에서 본 회랑 모습

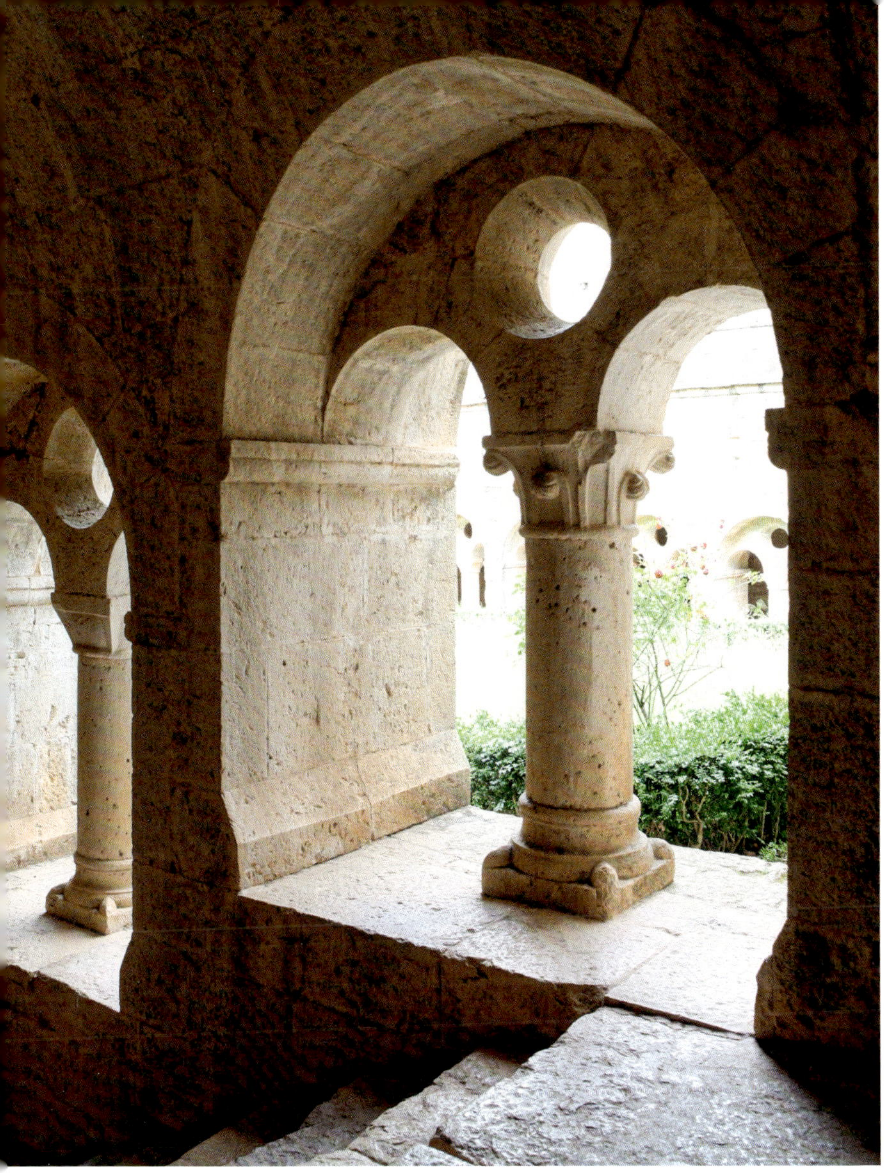

쇠퇴하기 시작한 후 결국 세속화하여 18세기 말에는 토지마저 분할 매각되었다. 1840년 저명한 문필가이자 프랑스의 초대 문화재행정 수장이었던 쁘로스뻬 메리메 (Prosper Mérimée)의 지시에 의해 르 또로네는 최초의 문화재(Monuments Historiques)로 등재되어 복원 절차에 들어가게 되었다. 그러나 프랑스 정부가 1854년에서야 토지의 대부분을 다시 사들이고 1938년에 옛 수도원의 나머지 토지도 매입하는 등 복원사업은 매우 느리게 진행되었다.

어느 건축가가 참여했었는지와 수사들이 어느 건설공방에 도움을 청했는지에 대해서는 알려진 바가 없다. 그럼에도 불구하고 르 또로네는 수도원 성당, 회랑 (cloister), 회랑 외기 통로에 접한 아케이드 등이 오랜 세월의 풍상, 철거의 위험, 정치적 혼란을 견뎌내고 살아남아 시토회 건축의 가장 뛰어난 유산의 하나로 존재한다.

경사진 부지의 남쪽 끝, 가장 높은 터에 세워진 현존 성당은 라틴 십자가 형태 평면으로 세개의 장방형 베이로 구성된 네이브와 아일, 네이브의 표준 베이와 같은 크기의 크로싱과 거기에 연결된 반원 앱스로 건설되었다. 트랜셉트 날개들도 크로싱과 같은 크기이며, 양쪽 모두 외벽이 직각으로 마감된 두개씩의 앱스 소예배실들 (absidioles) 을 갖추고 있다. 네이브는 위가 약간 뾰족하게 절곡된 배럴 볼트로 덮여있으며, 직각 단면의 횡경 아치들은 네이브 바닥에서 약 2 미터 위에서 단순한 브래킷으로 끝나는 필라스터 (pilaster)들로 받쳐져 있다. 성당의 길이는 서쪽 정면에서 앱스의 동쪽 끝 까지 약 52 미터이고, 트랜셉트 양 날개의 너비는 약 40 미터 이다. 반원 앱스 벽면에는 삼위일체를 상징하는 3개의 수직창이 있고, 네이브와 그리 크지 않은 크로싱의 경계에 있는 횡경벽 위에는 둥근 창 (oculus)이 뚫려있다. 이 횡경벽의 선이 실제로 평신도들의 네이브 공간과 성단소의 신성한 영역의 경계를 표현하고 있다. 르 또로네에서는 크로싱과 앱스가 성가대석과 성단소를 이룬다.

성당 내부의 공간적 배치를 정직하게 반영하는 서쪽 정면은, 두개의 수직창 위에 큰 둥근 창이

Cloister arches mediating slope of cloister (top)

중정의 경사를 따라서 배치된 회랑의 아치

Signature arch of Le Thoronet with pure and ascetic geometry (bottom)

르 또로네의 상징을 이루는 순수하고 금욕적인 아치의 모습

The abbey prospered during the 13th century, but the Great Famine, Black Plague and internal conflicts between an abbot and the monks all contributed to a decline which began in the early 14th century. Eventually the abbey was secularized, and the property sold off in several different parcels at the end of the 18th century. In 1840, at the instigation of Prosper Mérimée, the celebrated writer and the first Inspector-General of Historical Monuments, Le Thoronet was among the first group of historical works of architecture to be classified as *monuments historiques*, and the slow process of restoration soon followed. The French government purchased the bulk of the property in 1854, and finally acquired the rest of the abbey in 1938.

It is not known who the master builder of the Thoronet Abbey was, or indeed whether the services of a master builder and building workshop were enlisted by the monks. The abbey church, cloister and open arcades along the clois-

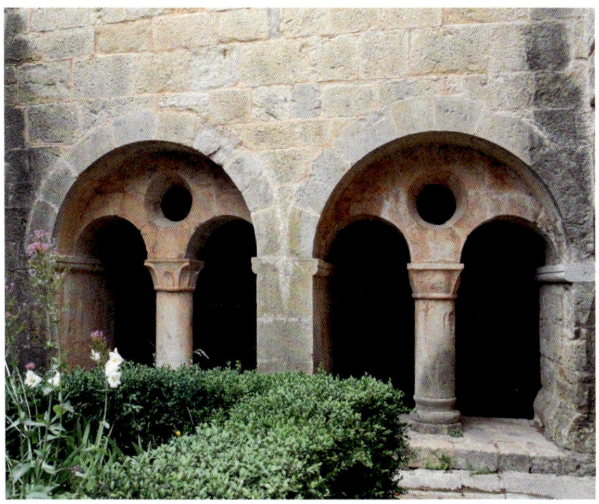

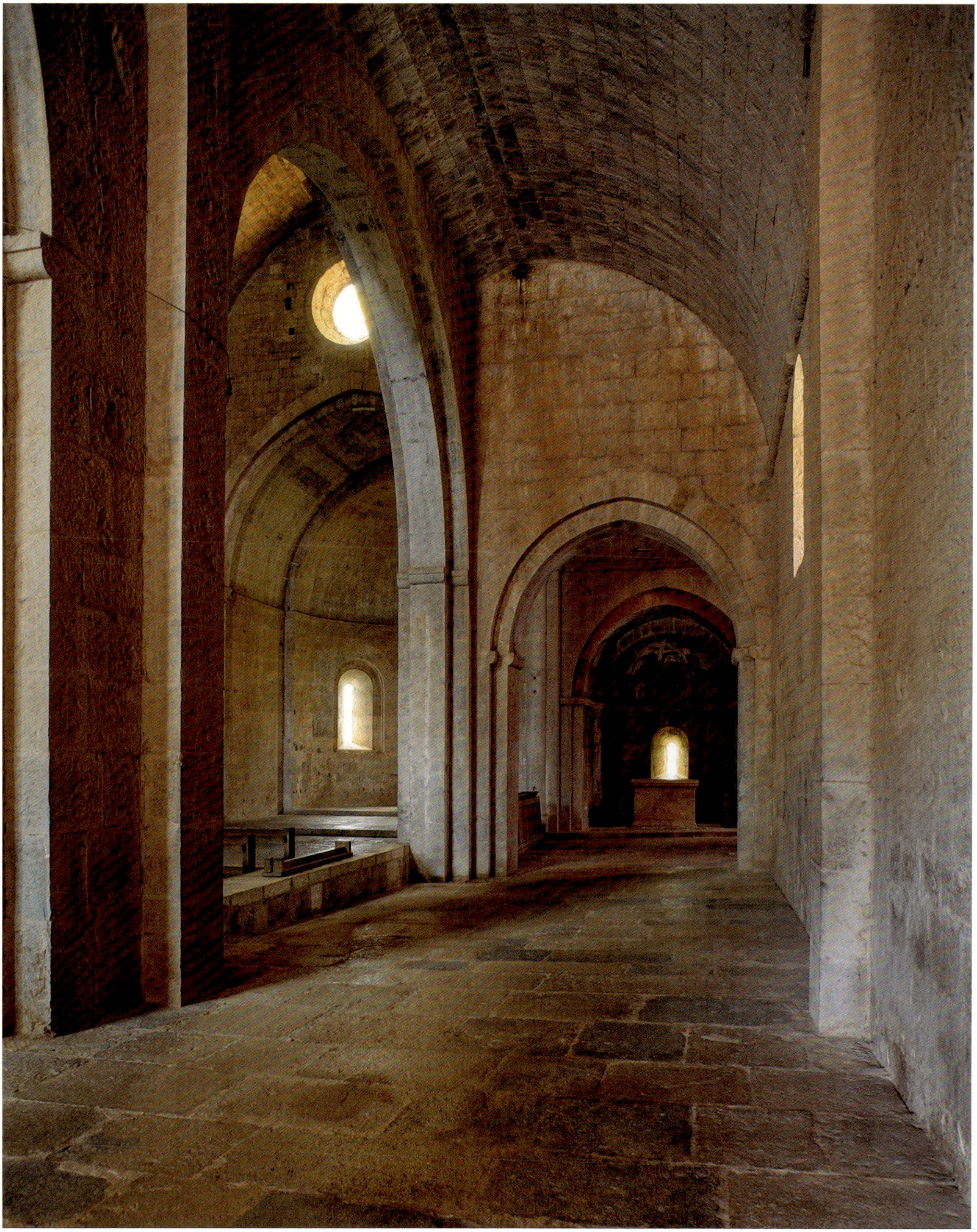

ter passages have withstood the ravages of time, demolition and political turmoil to come down to this day as one of the most admired legacies of Cistercian architecture.

The standing church, set on the highest ground at the south end of the sloping site, is built on a Latin cross plan, with a nave of three rectangular bays with aisles joined to a crossing the size of a typical nave bay which, in turn, is joined to a semi-circular apse. The transept arms are also about the same size as the crossing, each with a pair of apsidioles enclosed as a flush wall on the exterior. The nave is roofed with a slightly pointed barrel vault, and the transverse arches with rectangular profile are supported by pilasters, which terminate at about two meters above the nave floor with simply shaped brackets. The church building is about 52 meters long between the west façade and the eastern end of the apse, and 40 meters wide between the ends of the transept arms. On the semi-circular apse wall, there are three vertical windows symbolizing the Trinity, and an oculus placed high on the diaphragm wall

← View toward absidiole at east end from south aisle

동쪽 소예배실 (absidiole)을 향해서 남쪽 아일에서 본 광경

Interior view of upper level hall at east wing cloister (left)

회랑 동쪽 날개 상층에 놓인 홀 공간 내부광경

Interior view of chapter house at lower level of east wing cloister (right)

회랑 동쪽 날개 아랫층에 배치된 집회실 (chapter house) 내부 모습

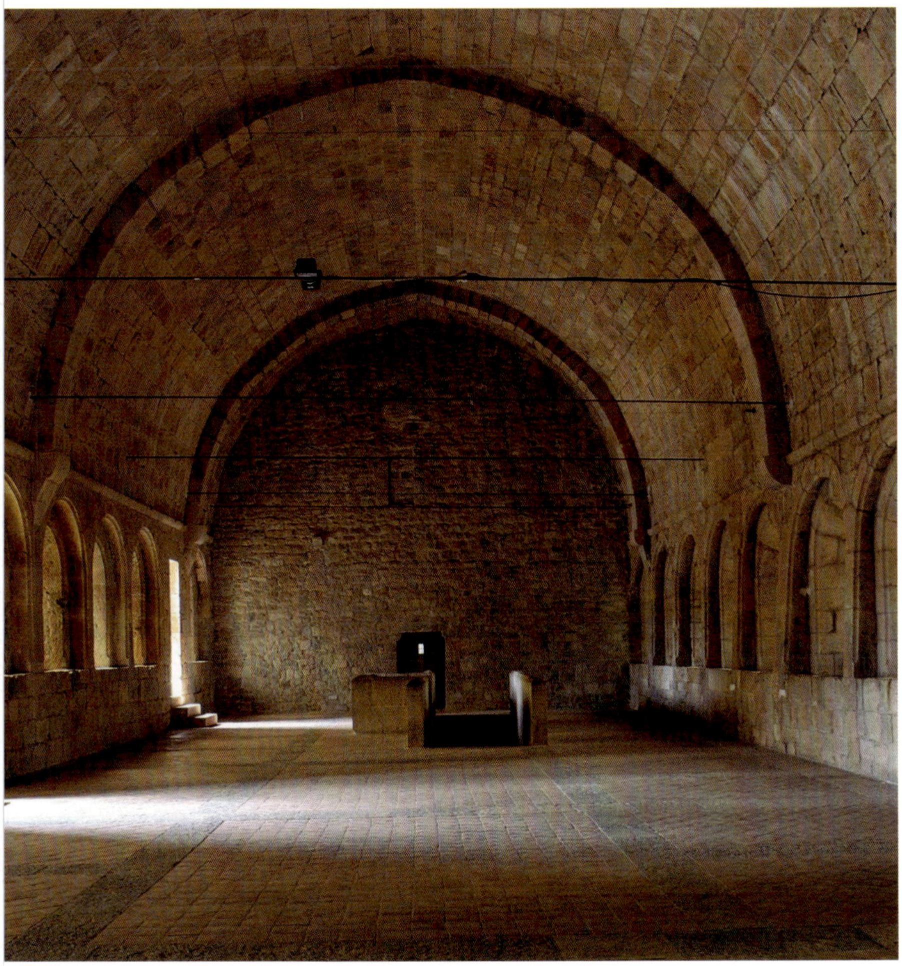

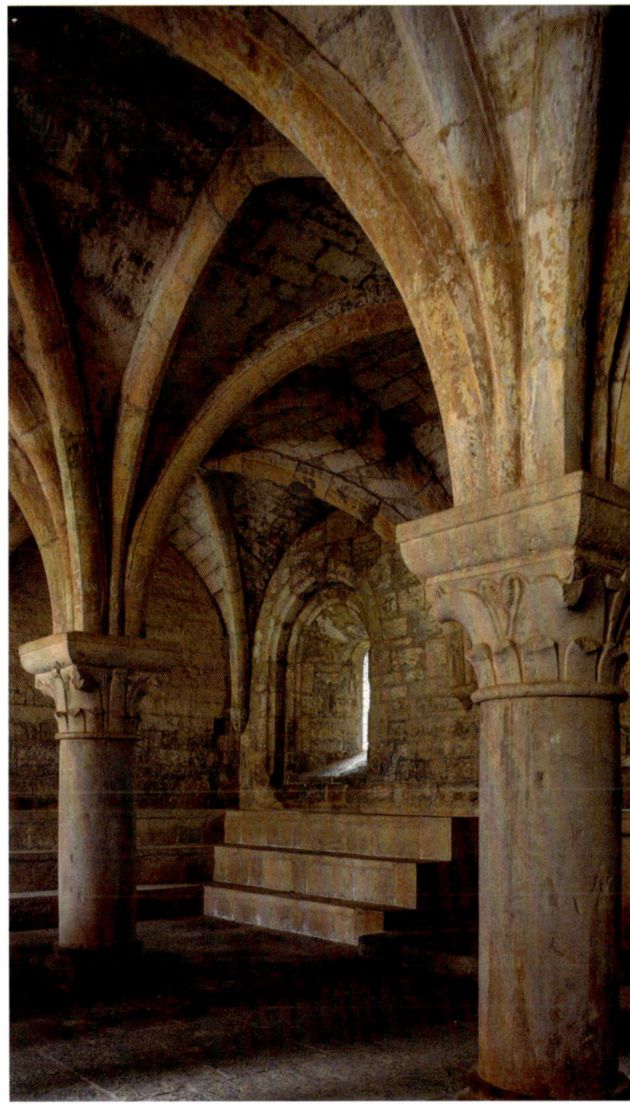

배치된 높은 중앙 부분과, 아일의 지붕을 매듭지어 주는 낮은 양쪽 부분으로 이루어진다. 자그마한 수직창과 문이 건물 양쪽의 네이브와 아일의 경계에 배치되어 있으며, 한쪽은 수사들을 위한 문이고 다른 쪽은 평신도들을 위한 것이다. 성당 전체는 인근에서 채석된 돌 애슐러 마감으로 지어졌다. 1175년에 짓기 시작한 회랑은 가장 오래된 시토회 회랑 중 하나이다. 길쭉한 사다리꼴 모양의 회랑은 동서 방향으로 약 30 미터의 폭을 유지하고 북쪽으로 낮아지며, 열려진 아케이드들은 지형을 따라 몇 번의 높낮이 차이를 두어서 레벨이 조정된다. 회랑의 동쪽 날개 위에는 한 개층이 더 세워졌고, 북쪽 날개의 회랑에는 육각형 지붕으로 덮인 분수와 수사들의 세면장 (lavabo) 이 있다. 회랑의 듬직한 돌벽 두께의 3분의 1 정도 후퇴한 단순한 아치, 그리고 그 안에 간소하게 깎은 주두와 아래에 놓인 가는 원주 기둥으로 받쳐지는 두개의 아치, 그 위에 뚫린 둥근 개구부 등 일정한 간격으로 놓여있는 일련의 아치들의 조화가 바로 르 또로네의 독특한 건축적 분위기를 형성한다.

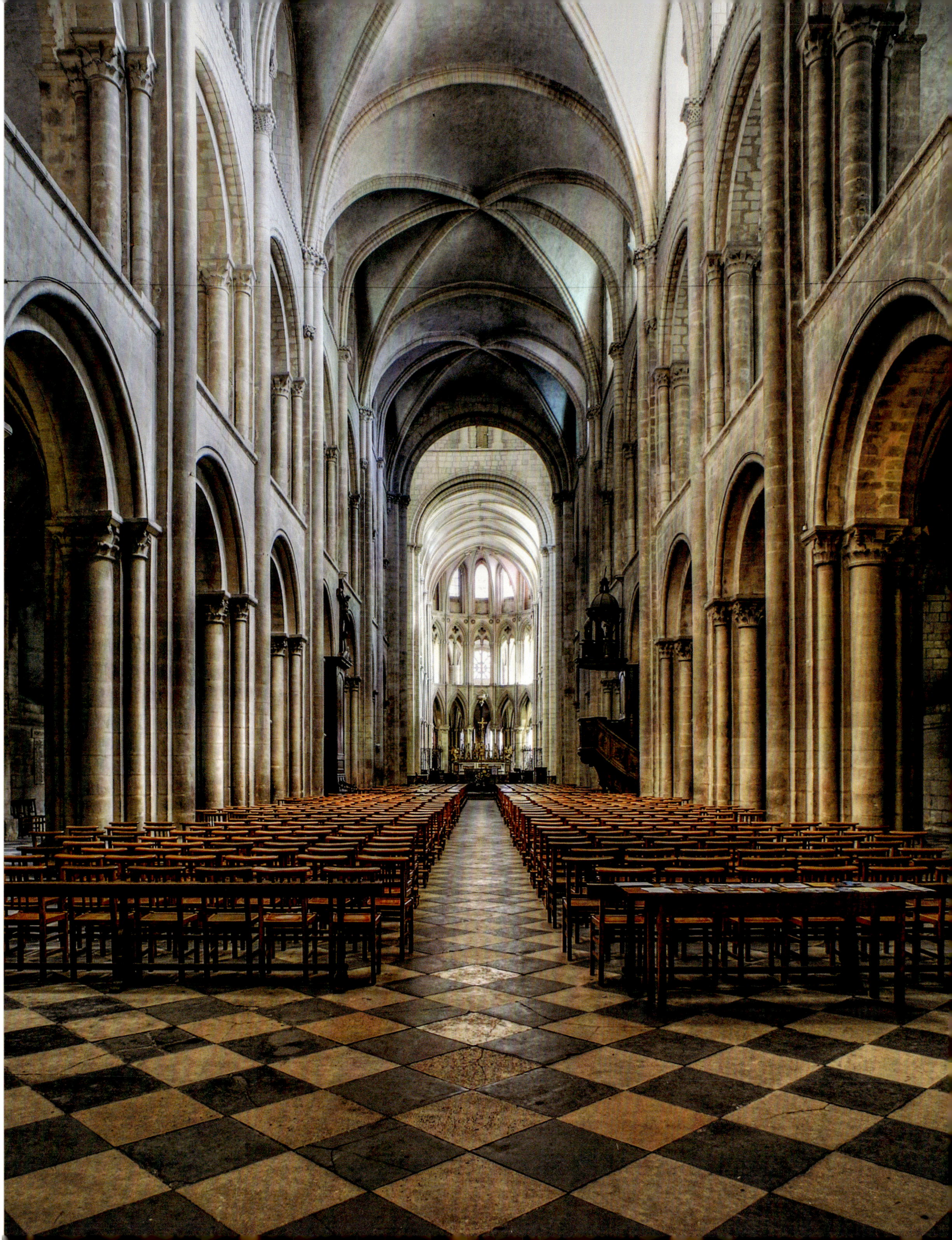

L'église abbatiale Saint-Étienne (L'Abbaye-aux-Hommes)

Caen

생 떼띠엔 수도원 성당 (남성 수도원)

캉

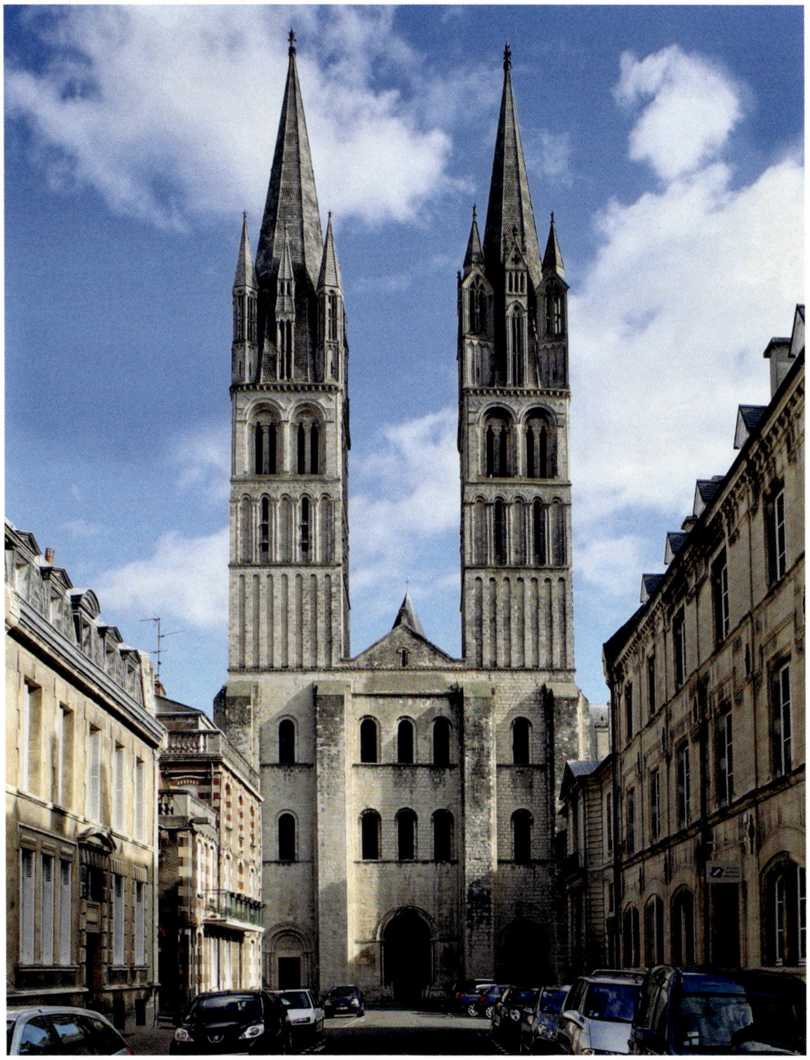

Western façade with Romanesque base and mature Gothic spires

로마네스크 저층부와 원숙기 첨탑을 갖춘 서쪽 정면 모습

Construction of Saint-Étienne, the church connected with William the Conqueror's Benedictine Abbaye-aux-Hommes, and his final resting place in Caen, was begun in 1067. There was a preliminary consecration of the church in 1073, with additional dedications which followed in 1077 and 1081. Although its medieval conventual structure is today only history, Saint-Étienne proudly projects its magnificent silhouette on the outskirts of Caen as befits a definitive example of early Norman style on French soil. Saint-Étienne served as a close model for the later Norman cathedrals of

캉에 있는 정복자 윌리엄의 베네딕토회 남성수도원이자 그의 묘인 생 떼띠엔 (Saint-Étienne) 성당은 1067년에 공사가 시작되어, 1073년에 예비 봉헌 행사가 있었고, 1077년과 1081년에 추가로 봉헌식이 있었다. 오늘날 중세시대의 수도원 시설은 전설에 지나지 않으나, 생 떼띠엔 은 프랑스 땅에 세워진 초기 노르만 (Norman) 양식 건축의 결정적인 작품답게, 캉 구도심 외곽에 그 장대하고 자부심에 가득찬 모습을 투영하고 있다. 생 떼띠엔은 후에 영국에 건설된 일련의 노르만 대성당, 일리 (Ely), 노릿지 (Norwich)와 피터버로 (Peterborough)의 디자인 모델을 제공하였다. 비록 누가 건축가

← View of nave from west

서쪽에서 본 네이브 전경

Ely, Norwich and Peterborough in England. Although there is no record of who the master builder was, Saint-Étienne's noble design and superior craftsmanship make evident that it must have been built by the most highly sought-after architect and building workshops of its day.

The standing church of Saint-Étienne is built on a basilica plan, with a nave of four double bays and aisles, the crossing, a sanctuary of four oblong bays, a semi-circular apse, and an ambulatory with seven chapels joined to, but not radiating from it. At the western entrance, the nave is extended by a square bay which functions as a narthex between two magnificent western towers which were finished with elegant Gothic spires in the 13th century. Today, the church's high altar is placed at the crossing, and there is a lantern with an octopartite rib vault over it. Until some four hundred years ago a high tower had been placed over the lantern, but it collapsed during the Wars of Religion and was never rebuilt. Each adjacent transept arm has an oblong rib-vaulted bay the width of the aisle with two oblong bays joined perpendicularly to the inner oblong bay. The beautiful and characteristically Norman Gothic sanctuary, rebuilt at the dawn of the 13th century, displays a fully developed character, with rib vault with a pointed profile.

였었는지의 기록은 없으나, 고귀한 디자인과 훌륭한 마감 능력으로 미루어 볼 때에, 생 떼띠엔은 당 시대에 제일 추구되었던 건축가와 건설공방에 의하여 지어진 것임에 틀림이 없다.

현존하는 생 떼띠엔 성당은 네개의 이중 베이 (double-bay) 네이브와 아일, 크로싱, 네개의 장방형 베이로 구성된 성단소, 반원형의 앱스, 일곱개의 소예배실이 연결되었으나 방사 방향으로는 배치되지 않은 회랑 (ambulatory)으로 구성된 바실리카형 평면으로 지어졌다. 서쪽 정문쪽에 세개의 작은 공간으로 분할된 정방형 베이가 네이브에 연결되어, 나르텍스 역할을 하며, 그 양 옆으로 대단히 우아한 첨탑으로 마감된 훌륭한 고딕 양식 타워가 13세기에 건설되었다. 오늘날 생 떼띠엔 성당의 주제단은 크로싱에 놓여 있고, 그 크로싱 위에는 팔분 (octopartite) 리브 볼트로 지어진 등루 (lantern)가 얹혀져 있다. 약 사백여년전 까지 크로싱 제일 위에는 높은 등루 (high lantern) 타워가 있었으나, 종교전쟁 때에 붕괴된 후에 다시 복구돼지 않았다. 크로싱의 북쪽, 남쪽으로 연결된 트랜셉트의 날개들은 아일의 폭과 같은 너비의 리브 볼트로 구축된 장방형 베이가 놓여있고, 거기에 두개의 장방형 베이가 안에 있는 장방형 베이에 직각으로 연결되어 있다. 생 떼띠엔의 동쪽을 차지하는 성단소는 13세기 초에 예리한 단면을 갖인 리브 볼트로 아름답고, 완전히 발전된 독특한 노르만 고딕 (Norman Gothic) 양식으로 다시 지어졌다.

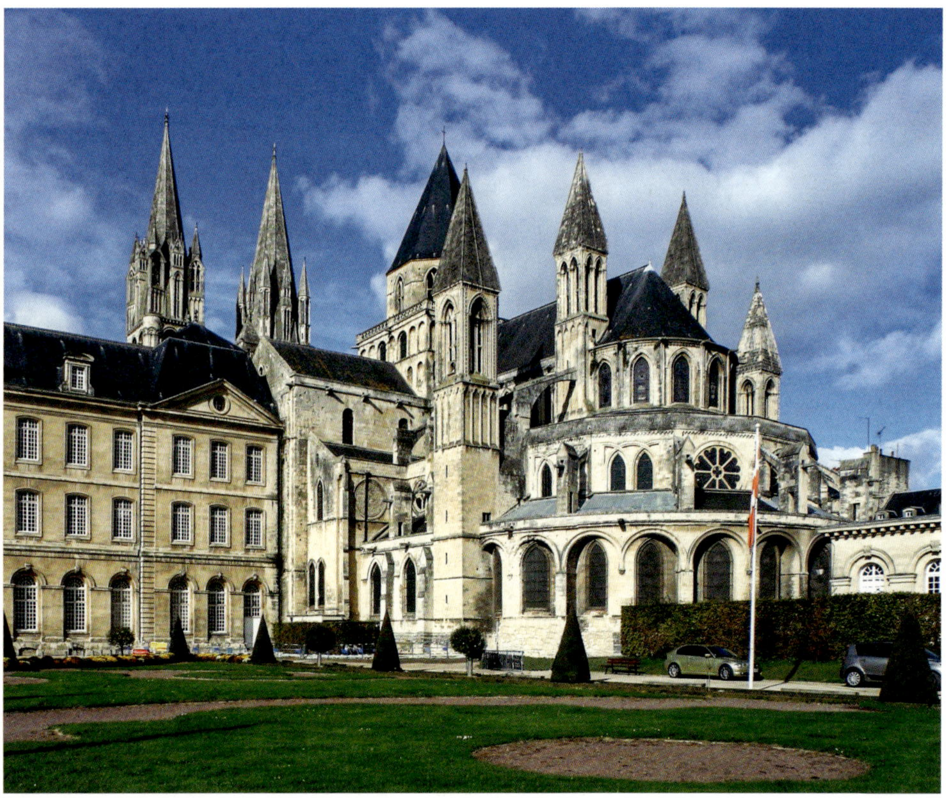

View of *chevet* from southeast with Romanesque ambulatory and mature Gothic Pinnacles

동남쪽에서 본 로마네스크 회랑위에 원숙기 첨탑을 갖춘 슈베 전경

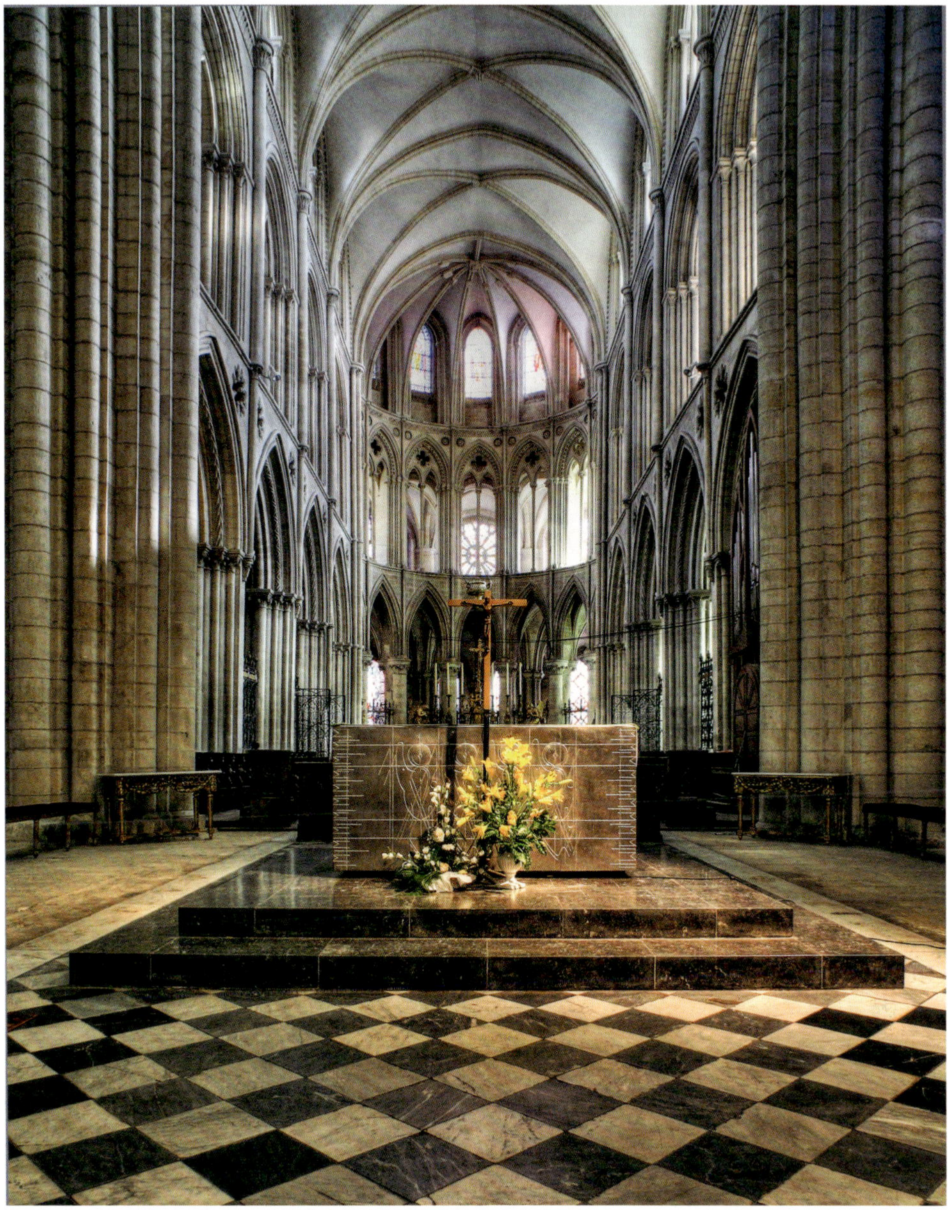

View from west of main altar and chancel beyond

서쪽에서 본 주 제단과 동쪽의 성단소 모습

Upon entering the church from the western portal, a visitor is greatly impressed by the scale and luminosity of Saint-Étienne, with its magnificent long nave, which was planned for wooden roofing, and aisles which are groin-vaulted in square bays with transverse arches. The triforium gallery, whose arches are as wide as the aisle arches, is quadrant-vaulted with transverse arches. The projections on the compound piers, which form the nave, are alternately a half-column with two reinforcing short stubs on either side at the 'major' piers, or a simple half-column at 'minor' piers, which stop below the arcaded passage of the clerestory with simple capitals. Narrow passages are placed between the clerestory arcade and the exterior wall linking the length of the nave.

서쪽 정문으로 성당에 들어서는 순간, 생 떼띠엔 성당의 장대한 스케일과 밝은 공간은 방문객에게 깊은 인상을 남긴다. 그 멋 있는 긴 네이브는 원래 목재 천정으로 덮이도록 계획되었었고, 아일은 횡경 아치로 정방형 베이로 구획되어, 그로인 볼트로 마감되었다. 아일 아치와 같은 너비의, 넓은 아치로 구성된 트리포리움 갤러리 (triforium gallery)는 횡경 아치로 구획되고, 반개돔 볼트로 지어졌다. 네이브를 구성하는 복합 피어의 돌출부는 '큰 피어 (major pier)'의 경우에는 양옆으로 짧은 보강용 토막이 부착된 반기둥 (half-column)이 있고, '작은 피어 (minor pier)'에는 단순히 반기둥이 연결되어 있는데, 이 반기둥은 고창 (clerestory)의 아치로 구성된 통로 아래에서 단출한 주두들로 매듭지어 진다. 이 좁은 통로는 고창 아치와 창이 있는 외벽사이에 네이브의 길이를 모두 연결하고 있다. 생 떼띠엔 성당의

The triforium gallery of Saint-Étienne opens on the nave through wide arches, making the gallery level light and spacious. The arcade of the clerestory has been rebuilt to receive the thrust and support the sexpartite rib vault of the nave, set out in four big double bays.

The Gothic sanctuary of Saint-Étienne, like the archetypal High Gothic nave, is comprised of oblong bays in the sanctuary itself and square bays in the aisles. At Saint-Étienne, it becomes easy to comprehend the difference between the typical Gothic vaulting of the sanctuary and the transitional style of sexpartite vaulting in the nave. The big double nave bays are handsome in their own way, but the sexpartite vaults with their alternating system of support are rather uneasy in design. Due to the prestige of great Norman architecture such as Saint-Étienne, however, the sexpartite vault was widely used in Early Gothic churches of importance: the cathedrals of Sens,

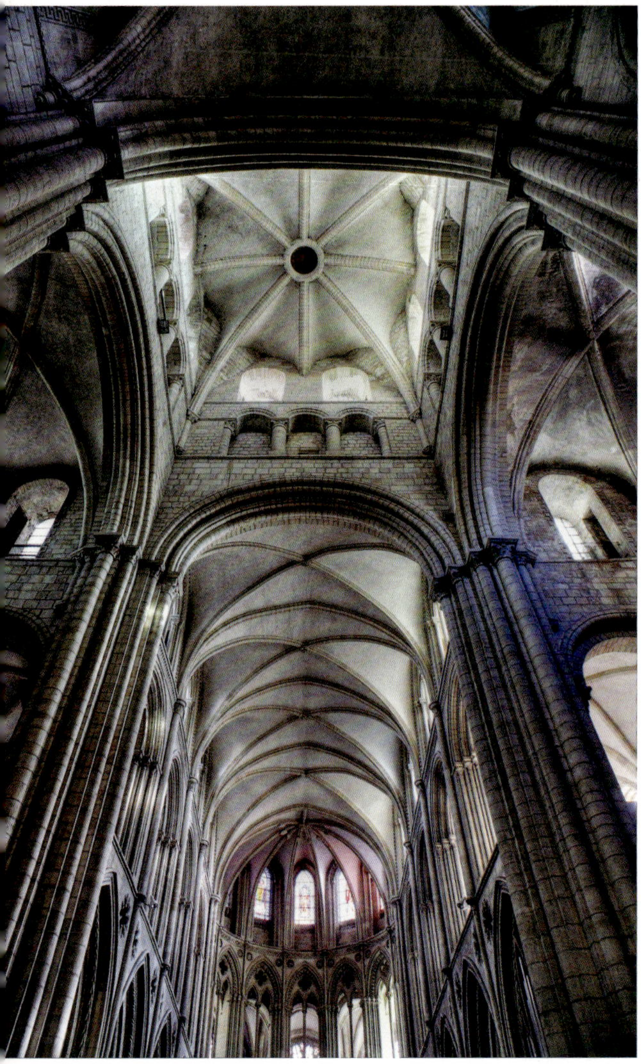

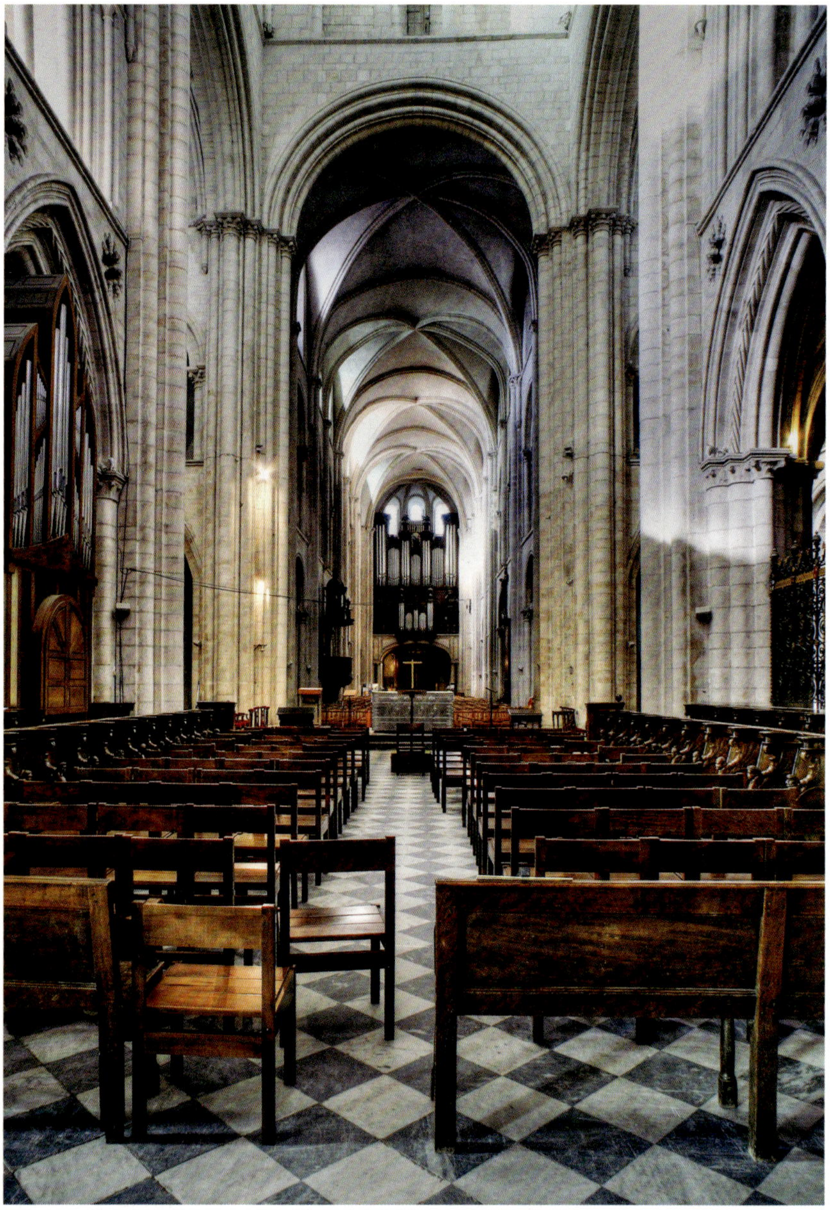

트리포리움 갤러리는 앞서 말했듯 아일 아치와 같은 너비의 아치로 네이브를 향하여 열려있기 때문에, 갤러리 층을 아주 밝고 넓직하게 만든다. 고창층의 아케이드는 네이브의 육분 (sexpartite) 리브 볼트의 횡력을 받아주고, 동시에 하중을 지지하도록 다시 건축되었고, 네이브는 네개의 큰 이중 베이로 계획되었다.

생 떼띠엔 성당의 고딕 양식 성단소는 다른 원숙기 고딕 네이브 처럼, 성단소 자체 천정은 장방형 베이로, 아일은 정방형 베이로 구성 되었다. 생 떼띠엔에서, 성단소의 전형적 고딕 볼팅과 과도기적 네이브 시공기법은 그 차이가 뚜렷하여서, 변천과정을 이해하기 쉬웁다. 장대한 이중 네이브 베이는 나름대로 훌륭하지만, 엇갈리면서 두가지 방법으로 연결되는 육분 볼팅은 디자인에서 어색한 부분이 있다. 하지만, 생 떼띠엔 같은 중요한 노르만

View looking up to crossing vaulting from west (left)

서쪽에서 크로싱 볼팅을 올려다 본 광경

View of choir from east toward western portal (right)

동쪽에서 서쪽 정문을 향하여 본 성가대석 전경

Noyon, Notre-Dame in Paris and Laon, among others, with two square bays of vaulting in each aisle flanking each great sexpartite bay of the high vault. Eventually, the superior 'processional effect' of uniform nave bays set up by columns with colonettes at four faces led to the sexpartite vault being phased out, except at Bourges, where sexpartite bays were built over the nave as late as the 14th century.

건축작품의 품위에 힘 입어, 육분 볼트 구법은 중요한 초기 고딕 건축에서 광범위하게 활용되었다. 즉, 성스(Sens), 놔용 (Noyon), 파리의 노트르담 과 라옹(Laon)의 대성당들은 네이브의 육분 볼트 베이 하나, 하나 마다 두개의 정방형 아일 베이가 연결되어 있다. 결국 네 면에 작은 기둥 (colonette)이 연결되는 똑 같은 기둥들이 구성하는 사분 볼트 네이브 베이가 형성하는 훨씬 더 우수한 '행진하는 효과(processional effect)'가 육분 볼트 기법을 더 이상

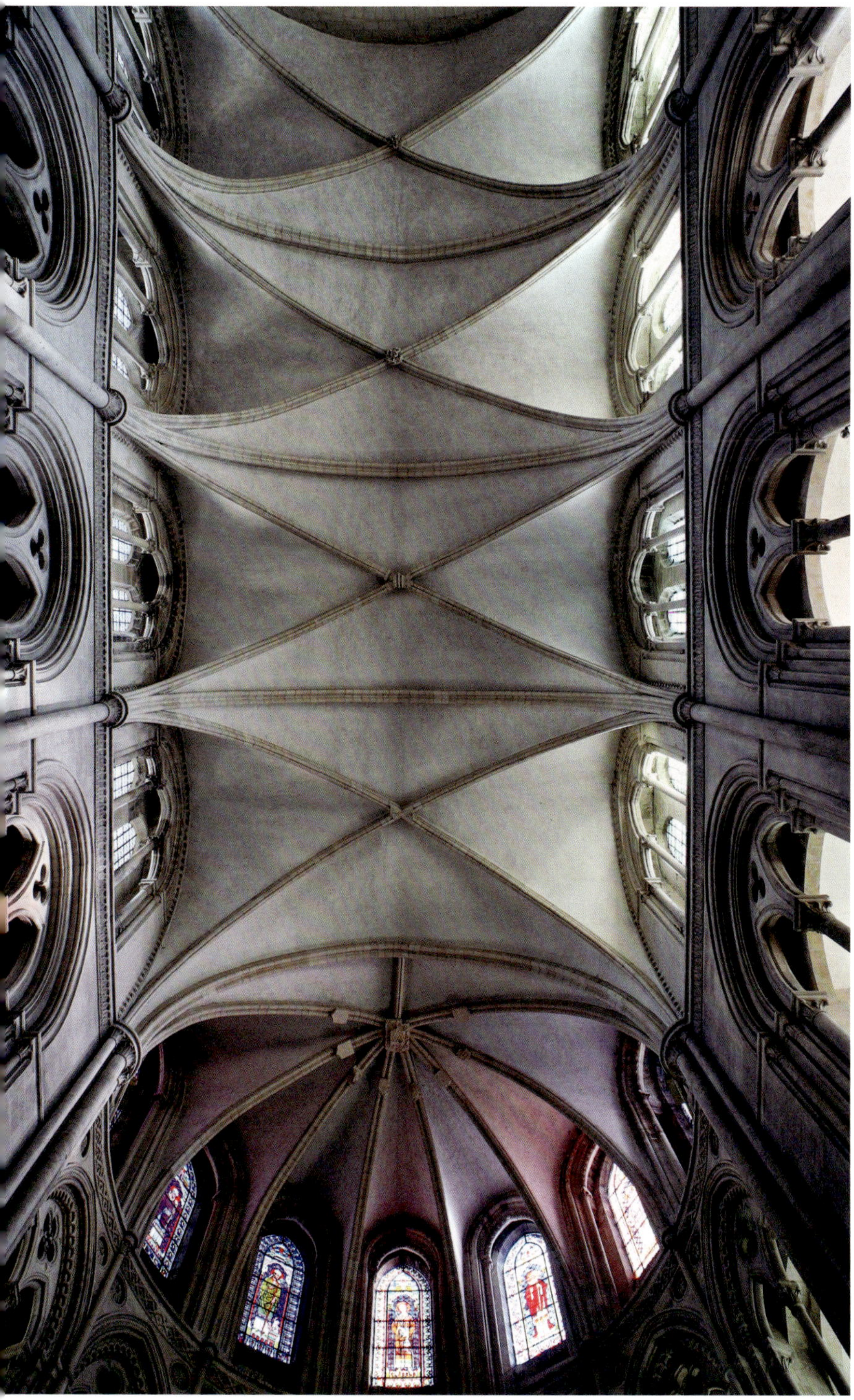

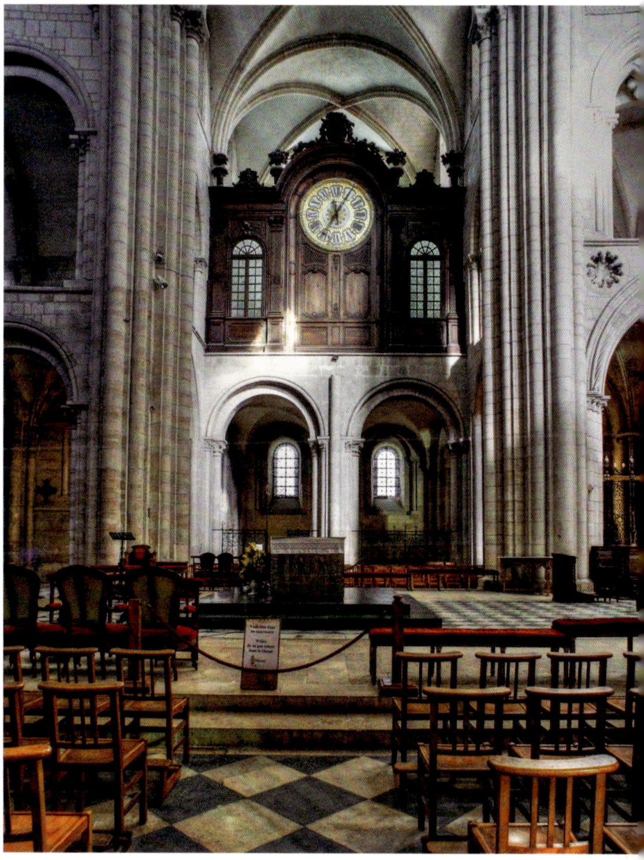

View looking up to quadripartite vaulting of choir and radiating rib vaulting of apse (left)

성가대석의 4분 볼팅과 앱스의 방사방향 립 볼팅을 올려다 보는 광경

View of north transept from south transept (right)

남쪽 트랜셉트에서 본 북쪽 트랜셉트 모습

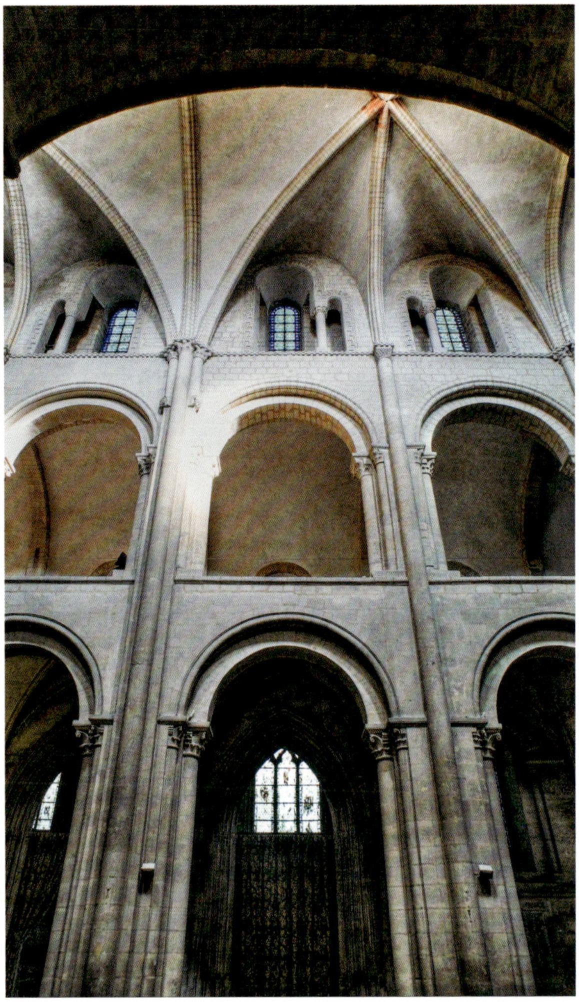

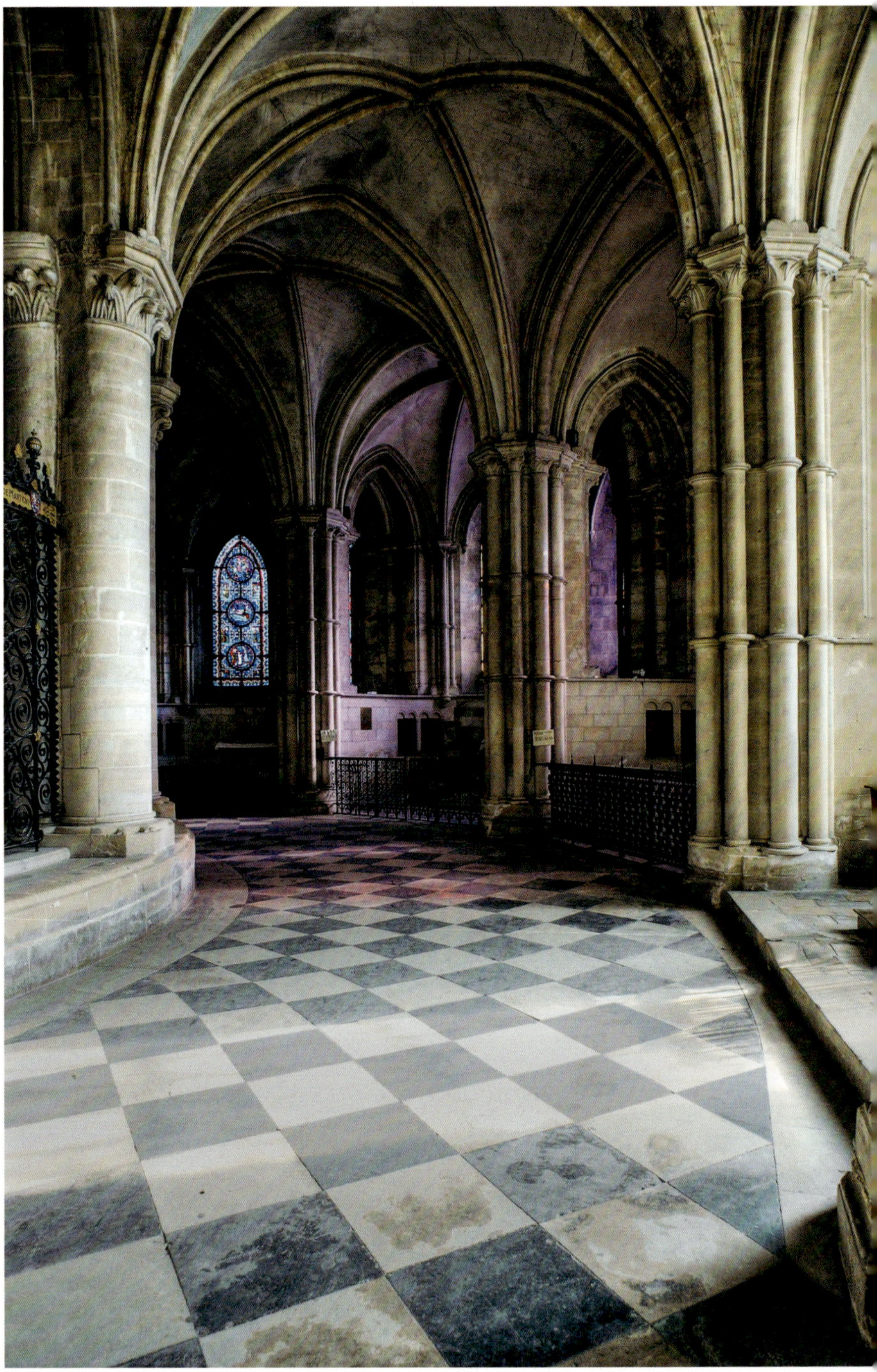

To a visitor moving around the church, the western façade of Saint-Étienne projects an unmistakable Romanesque character, even with its twin Gothic towers, while the *chevet* on the east side is presented as fully developed Gothic architecture. The church is built with ashlar dressing in beige-toned Caen stone. In all, seven towers, including the Gothic western towers, were added in the 13th century.

The Benedictine Abbaye-aux-Hommes was suppressed during the French Revolution, and

쓰여지지 않게 하였으나, 예외로 부르쥬 (Bourges) 대성당에서는 14세기에 가서 육분 볼트가 네이브를 덮는데에 활용되었다.

생 떼띠엔의 서쪽 정면은 쌍둥이 고딕 타워를 갖추었음에도 불구하고, 명백한 로마네스크 건축의 분위기를 띄우는데 반해서, 방문객이 성당 둘레를 돌아서 발견하게 되는 동쪽 슈베 (chevet)는 완전히 발전된 고딕 양식 건축을 보여준다. 성당은 베이지 빛의 캉 (Caen) 석회암 애슐라 공법으로 마감되었으며, 고딕 양식 서쪽 타워를 포함해서 모두 일곱개의 타워가 13세기에 증축되었다.

Nave elevation scheme with sexpartite vaulting (left)

6분 볼팅을 갖춘 네이브 입면 디자인 모습

View of ambulatory from south aisle of choir (right)

성가대석 남쪽 아일에서 본 회랑 모습

the abbey church then became a parish church. For most of the 19th and into the 20th century until 1961, the abbey at Saint-Étienne was home to a prestigious high school, *Lycée Malherbe*. In Caen there also stands the church of Sainte-Trinité, Abbaye-aux-Dames, a former convent for nuns, built a few years earlier than Saint-Étienne under the auspices of Matilda of Flanders, William the Conqueror's queen consort. Matilda is buried in the abbey church of Sainte-Trinité.

베네딕토회 수도원은 프랑스 혁명시절에 폐쇄 되고, 수도원 성당은 교구성당으로 격하 되었었으며, 19세기 내내, 1961년 까지 생 떼띠엔 수도원은 리세 말레르브 (Lycée Malherbe) 라는 명문고등학교의 보금자리였었다. 캉에는 생뜨 뜨리니떼, 라베이 오 담 (Sainte-Trinité, L'Abbaye-aux-Dames) 여성들의 수녀원이 생 떼띠엔 보다 몇 년 앞서서 정복자 윌리엄의 여왕, 플랑드르 (Flanders)의 마띨다 (Matilda)의 후원하에 세워졌고, 마띨다는 생뜨 뜨리니떼에 영면하고 있다.

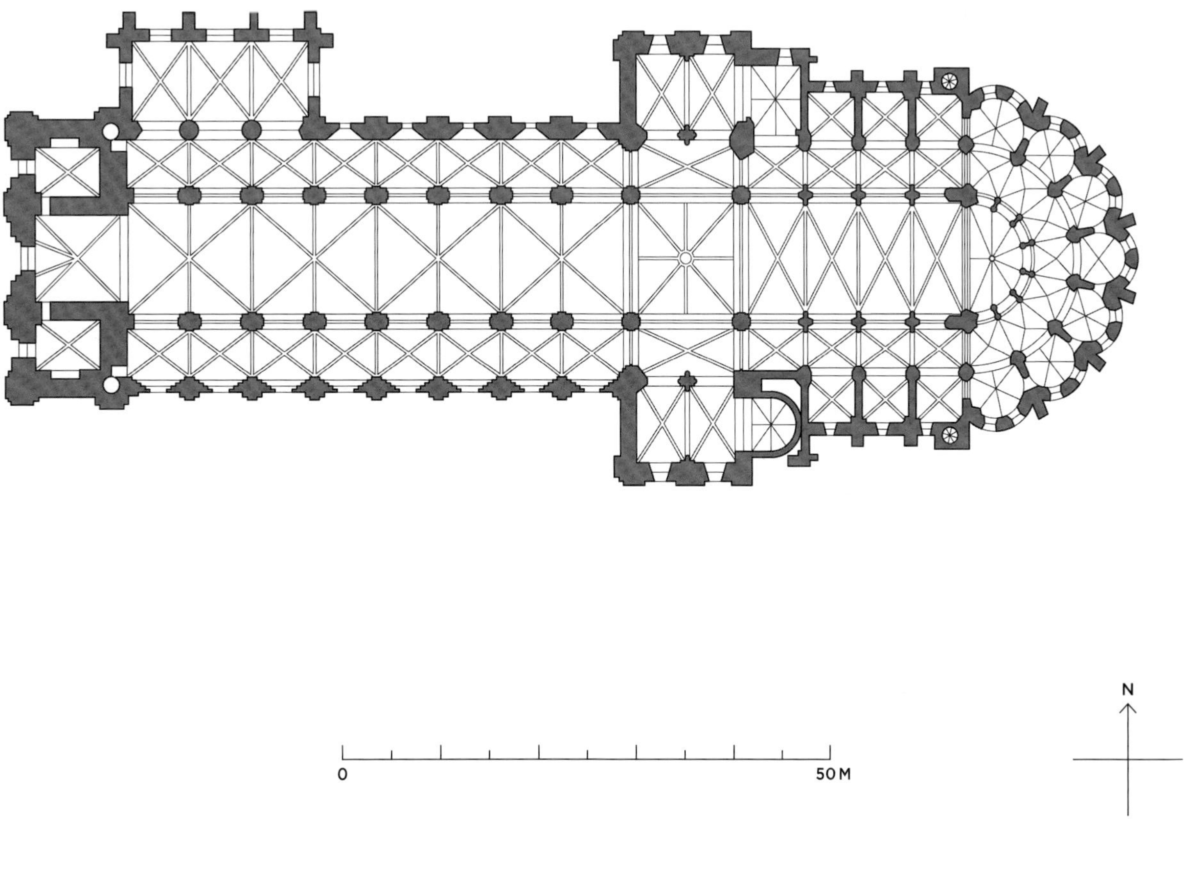

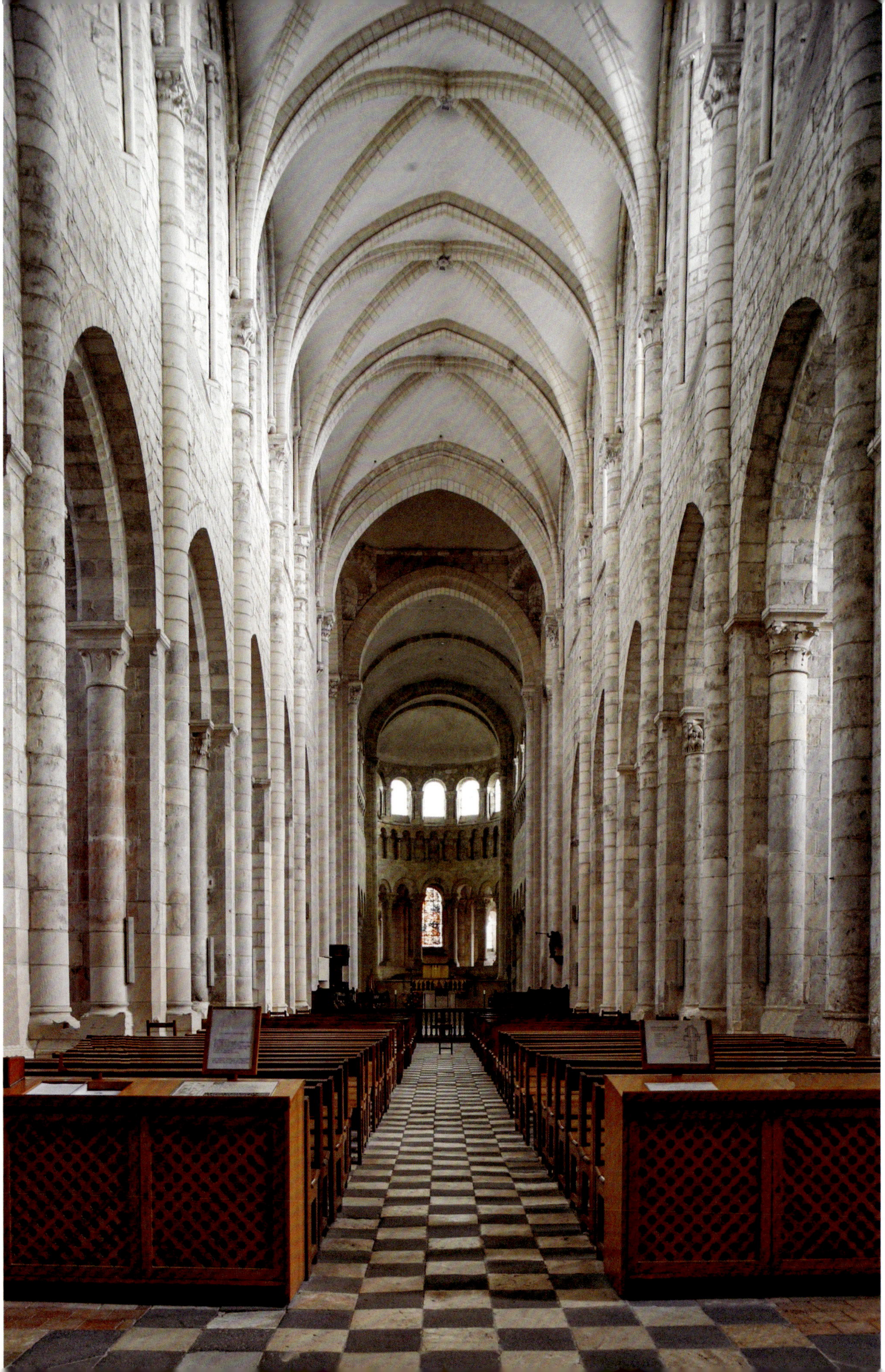

L'Abbaye de Saint-Benoît-sur-Loire

생 브누아 쉬르 루아르 수도원

생 브누아 쉬르 루아르

The Abbey of Saint-Benoît, originally known as *L'Abbaye de Fleury*, is located upstream from Orléans, in the town of Saint-Benoît-sur-Loire. It is the second most important center of Benedictine monasticism after the Abbey of Montecassino in Italy due to the claim that the bones of St. Benedict of Nursia were housed there in the 7th or 8th century. It is said that Mommolin, the second Abbot of Fleury, effected transfer of the relics of St. Benedict and his sister St. Scholastica from Montecassino when that abbey fell into decay after having been ravaged by the Lombards in 580. Saint-Benoît-sur-Loire thereafter became a major pilgrimage destination, bringing the town wealth and fame. In 749, at the request of Pope Zacharias and Pepin the Short, King of the Franks, a small parcel of relics was supposedly returned to Montecassino.

The original Abbey of Fleury was founded around 630—650, but its renown, aside from being the resting place of St. Benedict, was further enhanced by the strong leadership of Abbot Gauzlin, son of Hugh I Capet, King of the Franks, who served between 1004 and 1030. Gauzlin established a prominent abbey school and began construction on a new abbey church. The west tower, still known today as *Tour de Gauzlin*, is said to have been begun in 1020. The abbey as we know it today, however, is documented as having been begun by Guillaume, Abbot from 1067 to 1080. It suffered a fire in 1095, but there was a consecration in 1108 when the essential parts of the building must have been completed, and additional construction continued until about 1130. The street that fronts the church brings visitors to the western tower-porch. It is three bays by three bays, with four interior columns on each level, featuring elaborately sculptured capitals, vaulted in nine compartments. The open ground floor is

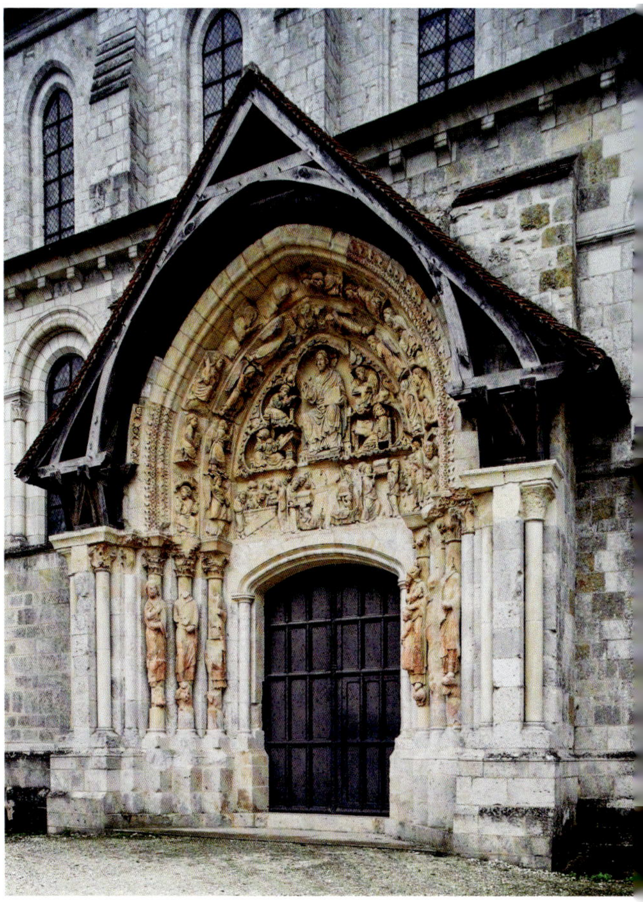

View from northwest of north portal with 13th century tympanum

서북쪽에서 본 13 세기 팀파눔이 놓인 북쪽 정문 모습

← View of nave from west

서쪽에서 본 네이브 전경

오를레앙 (Orléans)에서 루아르 강 상류에 있는 원래 플뢰리 수도원으로 알려졌던 생 브누아 쉬르 루아르 수도원은 베네딕토회 수도원 중에서 이탈리아의 몬테카씨노 (Montecassino) 수도원 다음으로 가장 중요한 수도원인바, 7세기 또는 8 세기에 누르시아의 성 베네딕토 (St. Benedict of Nursia)의 유골이 이리로 옮겨졌다는 주장 때문이다. 플뢰리의 두번째 수도원장 이었던 몸몰린 (Mommolin)이 6세기에서 8세기 사이에, 580년 롬바르디아의 약탈후에 폐허가 되어가던 몬테카씨노 수도원에서 성자 베네딕토와 그의 누이동생 성녀 스콜라스티카 (St. Scholastica)의 유물 이전을 달성 한것으로 전해진다. 부와 명성을

an outdoor narthex sheltering the main entrance portals, and an unused *Chapelle de Saint-Michel* survives on the upper level. This may be the tower which Gauzlin is said to have begun about 1020, which is admirably substantial. It must have been rebuilt, judging by the richer carvings on the ground floor and the figured capitals on the upper level, which seem to belong to the late 11th century.

The standing church, built on a basilica plan, features a nave with a pair of groin-vaulted aisles of Romanesque construction. The nave dates back to the late 12th century, while the present-day Gothic vaulting of the nave, which perhaps replaced an earlier wooden roof, is from the early 13th century. To the east of the nave is a crossing with a tall tower above, very prominent Romanesque transepts to the north and south, and a pair of apsidioles at each arm. The nave elevation scheme reveals a sturdy nave arcade

수반하며 생 브누아 쉬르 루아르로 향하는 큰 순례 행사가 곧 시작되었으며, 749년에 몬테카씨노의 입장을 대변하는 교황 자카리아스 (Zacharias)와 프랑크 왕 난쟁이 페핀 (Pepin the Short)의 요구에 의하여 적은 분량의 유골은 결국 반환된것으로 전해진다.

생 브누아 쉬르 루아르의 플뢰리 수도원은 약 630-50년에 창건되었으며, 성 베네딕토의 안식처란 것 이외에, 1004년에서 1030년 까지 수도원을 이끈 프랑크 왕 위 1세 왕 (Hugh I Capet, King of the Franks)의 아들 고슬랭 (Gauzlin) 원장의 유능한 지도력에 힘입어 수도원의 명성이 더욱 증대되었다. 그는 큰 영향력을 발휘한 수도원 학교를 설립하였고, 새 수도원 성당의 건설을 시작하였다. 지금도 뚜르 드 고즐랭 (Tour de Gauzlin)으로 알려진 서쪽 타워는 1020년에 지어지기 시작했다. 중세의 수도원 시설들은 다른 건물로 재건된지 오래 되나, 수도원 성당 자체는 16세기에 3층이 멸실 훼손된 서쪽 타워를 제외하고는 지금도 훌륭한 상태로 건재하다.

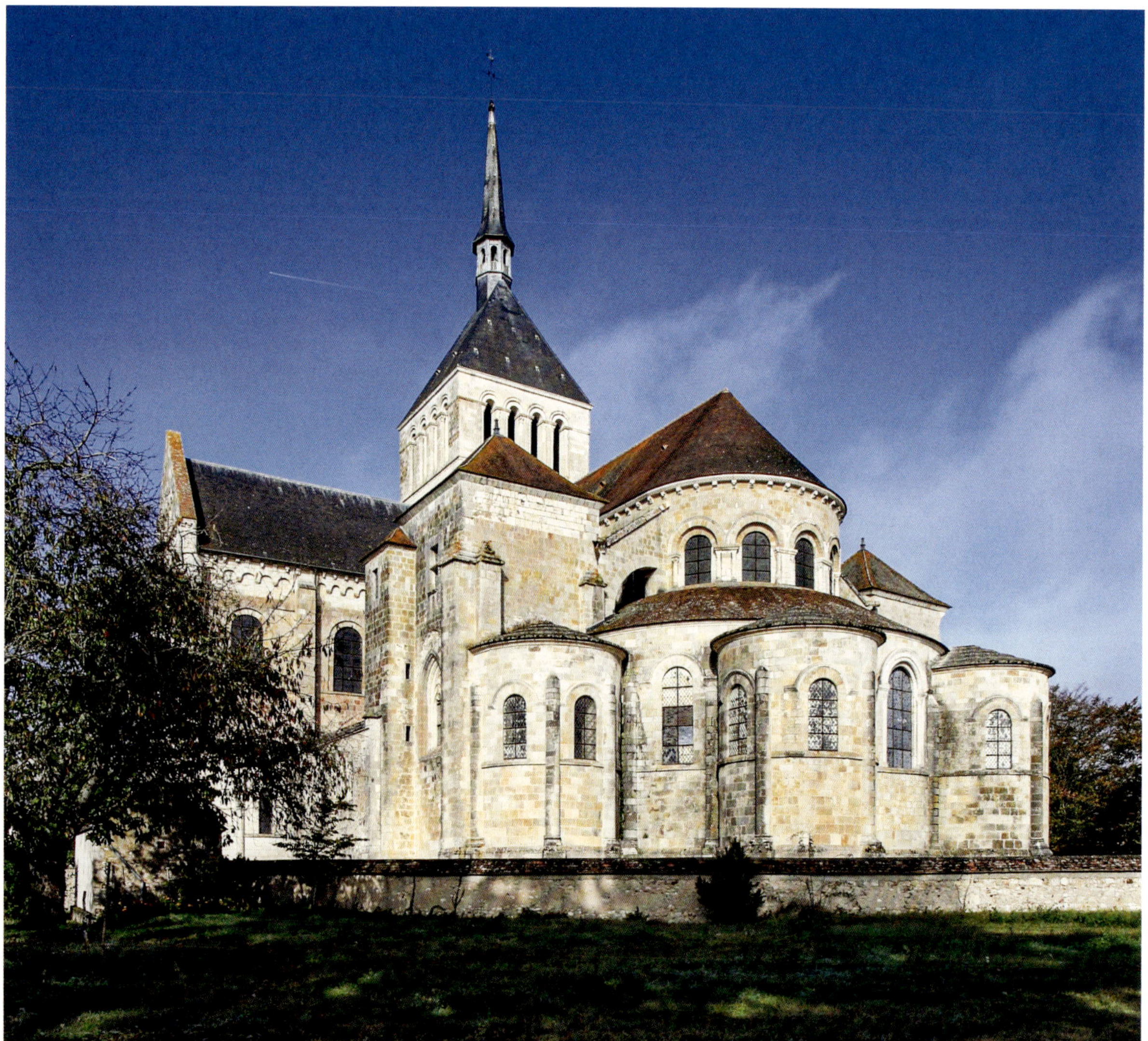

View of elegant *chevet* and crossing tower from southeast

동남쪽에서 본 아름다운 슈베와 크로싱 타워 전경

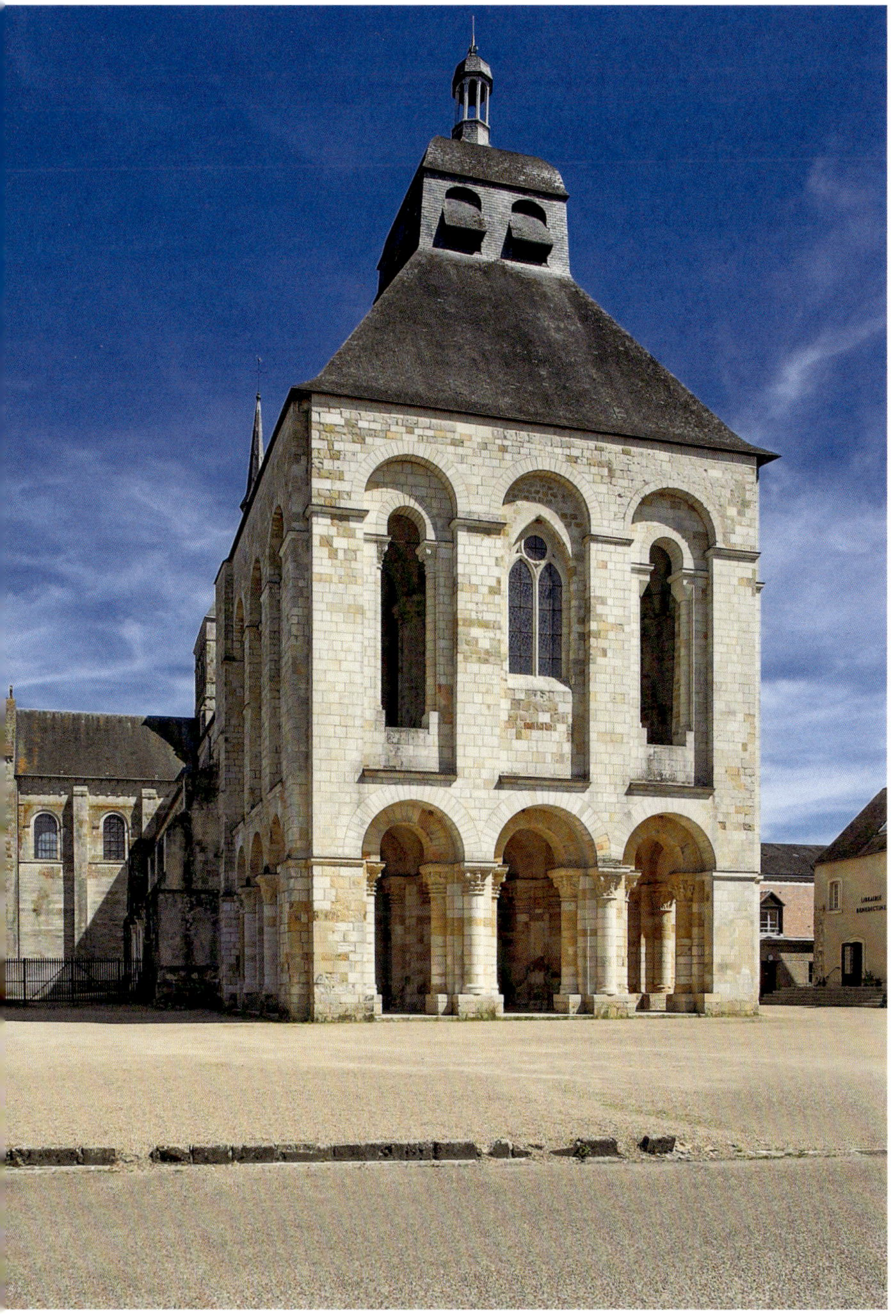

생 브누아 쉬르 루아르 수도원은 1067년에서 1080년 까지 수도원장으로 재직한 기욤 (Guillaume) 원장이 건설사업을 시작한것으로 기록되어 있으며, 1095년에 화재로 인하여 손상을 입었었으나, 건물의 주요부분이 완공됐다고 추정되는 1108년에 봉헌행사가 있었으며, 약 1130년 까지 공사는 계속되었다. 방문객들은 전면도로에 면한 서쪽 타워 포치로 접근하게 되는데, 그 포치는 세 베이 x 세 베이로 구성되었고, 아래, 윗층에 정교하게 조각된 주두가 얹혀진 네개의 기둥들이 베이를 구획하여 모두 아홉개의 베이가 그로인 볼트로 덮여 있다. 개방된 1층은 주 현관과 정문을 보호하는 옥외 나르텍스이고, 윗층은 현재 사용되지 않는 성 미하엘 소예배실 *(La chapelle de Saint-Michel)* 이다. 이것이 고슬랭 (Gauzlin)이 약 1020년에 짓기 시작했다고 전해지는 타워일수 있는데, 감탄할만치 견고하다. 11세기 말의 솜씨로 보이는 정교한 1층의 조각과 윗층 주두들의 인물조각으로 미루어 보아 이 부분은 다시 건축되었다.

현존하는 성당은 네이브와, 로마네스크 양식 그로인 볼트 천정이 덮인 두개의 아일을 갖춘 바실리카 모양 평면으로 건설되었다. 네이브는 12 세기 후반으로 시기가 추정되는 반면, 먼저 있던 목재 천정을 대치했을것이라 짐작할수 있는, 현재 있는 네이브의 고딕 볼팅은 13 세기 초로 유추된다. 네이브의 동쪽으로 타워가 위에 놓인 크로싱과, 그 남북으로 길고 훌륭한 로마네스크 트랜셉트가 지어졌고, 트랜셉트의 양쪽 날개에는 한쌍의 소예배실 (absidiole)이 배치되어 있다. 그 동쪽으로 수려한 비례의 성단소 베이가 양쪽 두줄의 기둥들로 구획되어, 양쪽으로 아일이 배치되어 있고, 모두 턴넬 볼트로 덮여있으며, 성단소는 특별히 넓고 U 자 모양의 높은 성가대석으로 둘려쌓여

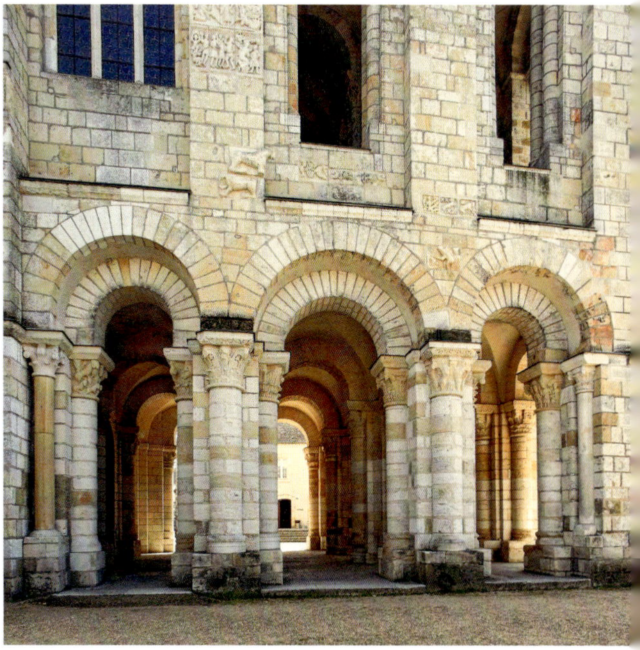

View of west tower known as *Tour de Gauzelin* from northwest (left)

동북쪽에서 본 고즐랭의 탑 (Tour de Gauzelin) 이라 알려진 서쪽 탑 모습

Detail of open narthex at ground floor of west tower (right)

서쪽 타워 1층의 열린 나르텍스 상세

formed by slightly pointed arches springing from compound piers, a blind-arcaded triforium, and a clerestory which spans the entire arcade. A handsome, exceptionally spacious sanctuary, or chancel, is framed by a row of columns and an aisle on each side. It is covered by tunnel vaulting, well lit, and has blind arcades with baluster columns as a decorative frieze above the main arcade. The sanctuary floor is paved with an intricate Roman mosaic in polychrome marble dating from the 4th or 5th century, which had been installed in the previous abbey church around 1000 and preserved in the current building.

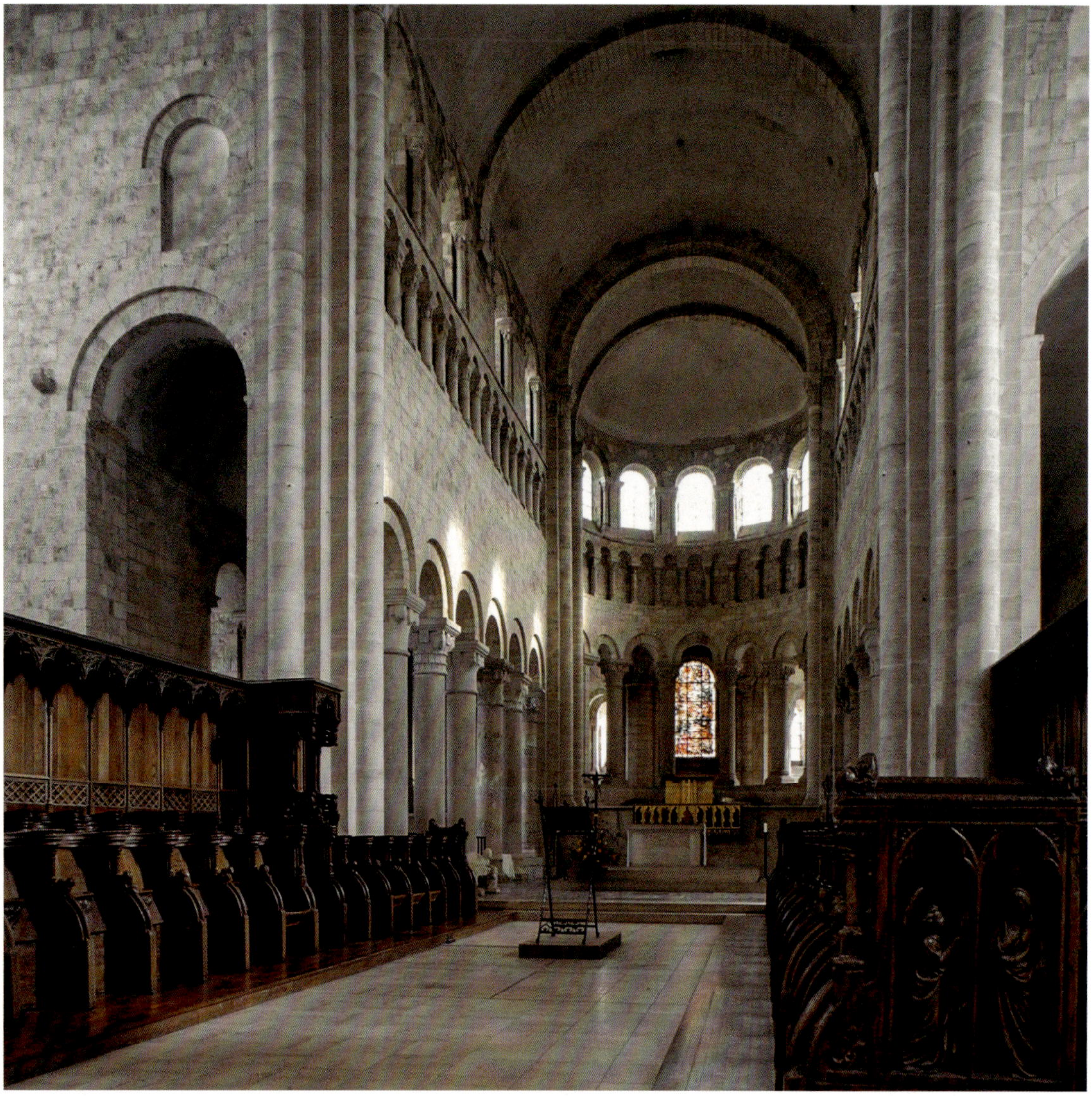

View of choir and chancel beyond from southwest

남서쪽에서 본 성가대석과 그 뒤에 있는 성단소 전경

A spacious apse with ambulatory and four chapels can be found further east of the sanctuary, with its chord on the east line of a dwarf transept marked by two engaging dwarf towers. These chapels are unusual in that the two inner ones are radiating, whereas the outer two lie on an east-west axis at right angles to the chord. Based on the observations that the crypt is extended to the west side of the straight bay of the apse and that the transverse arch on the west side of the bay is much wider than that on the chord, it appears that the master builder planned to extend the apse one bay further west. The choir contains the effigy tomb of King Philip I of France, a benefactor of the abbey, who was buried there in 1108, only a few months after the consecration of the church.

있다. 성단소의 바닥은 4세기, 또는 5세기의 여러 빛깔 (polychrome) 대리석으로 꾸며진 로마시대 모자익으로 마감되었는데, 이것은 약 1000년경의 먼저 수도원 성당에 있던 것이 보존된 것이다.

성단소 보다 더 동쪽으로, 아담한 난쟁이 타워 (dwarf tower)를 갖춘 난쟁이 트랜셉트 (dwarf transept)의 동쪽 선을 현으로 하는 넓은 앱스와 그곳에 연결되는 회랑과 네개의 소예배실이 있다. 이 소예배실들이 좀 특수한데, 두개의 안쪽 소예배실은 방사방향으로 배치된 반면, 두개의 바깥쪽 소예배실은 현에 대해서 직각으로 동서축으로 배치되었다. 크립트가 앱스의 직각 베이의 서쪽으로 더 연장된 것으로 미루어 보아, 그리고 그 직각 베이 서쪽의 횡경 아치가 현 위에 놓인 횡경 아치보다 폭이 넓은것으로 보아, 건축가는 앱스를 서쪽으로 한 베이 더 건설하려고 계획했던 것 같다. 성당의 성가대석에는 수도원의 후원자였던 프랑스 왕, 필립 1세 (Philip I)의 조상 (effigy)이 놓인 묘가 있는데, 그는 1108년, 성당 봉헌 수개월후에 이곳에 안장되었다.

A conflict between an abbot and the monks in the 16th century altered the originally intended exterior of the church: the third level of the western tower-porch was destroyed, resulting in a truncated tower. An unusually shaped belfry and ornamental top, which still exist, were built in the 17th century. A more pointed Gothic arch embellishes the central bay of the upper level, while the outer bays incorporate somewhat moderately pointed arches. A mature Gothic portal with an

네이브 입면 디자인을 보면, 든든한 비례의 약간 뾰족한 아치로 형성된 네이브 아케이드들이 복합 피어 위에 놓여 있고, 블라인드 아케이드 (blind arcade)로 구성된 트리포리움, 그 위로 고창 (clerestory)들이 길이방향에 같은 간격으로 놓여있는 것을 볼수 있다. 양쪽에 기둥으로 형성되는 성단소는 다소 넓고, 턴넬 볼트로 덮여있고, 채광이 잘 되어있으며, 주 아케이드 위에 장식적 프리즈 (frieze)로 난간 기둥 (baluster column) 사이에 아담한 블라인드 아케이드가 놓여 있는것을 볼수 있다.

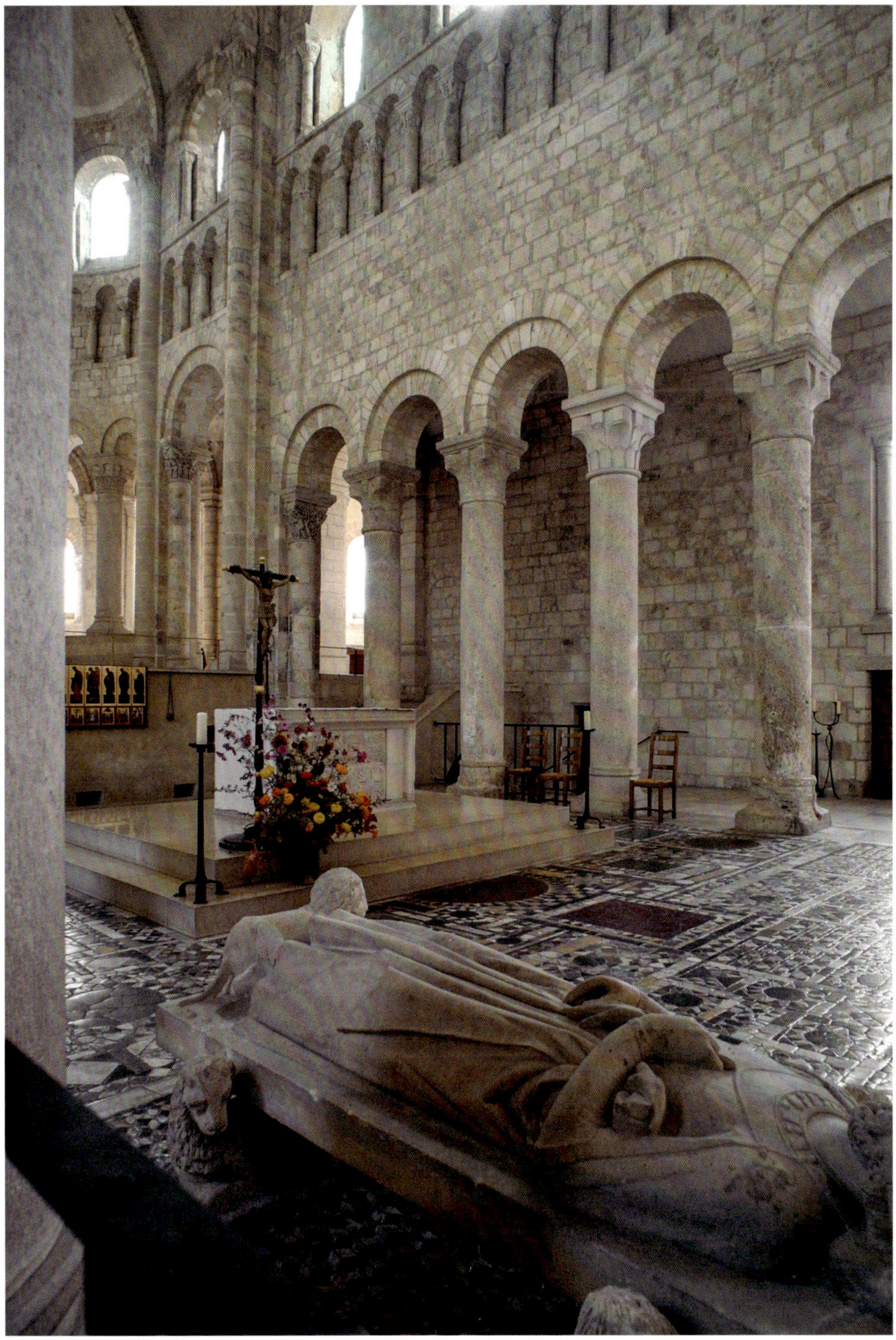

Oblique view of chancel with effigy tomb of King Philip I of France from northwest

서북쪽에서 본 프랑스 왕 필립 1세의 조상 묘 (effigy tomb)가 놓인 성단소 모습

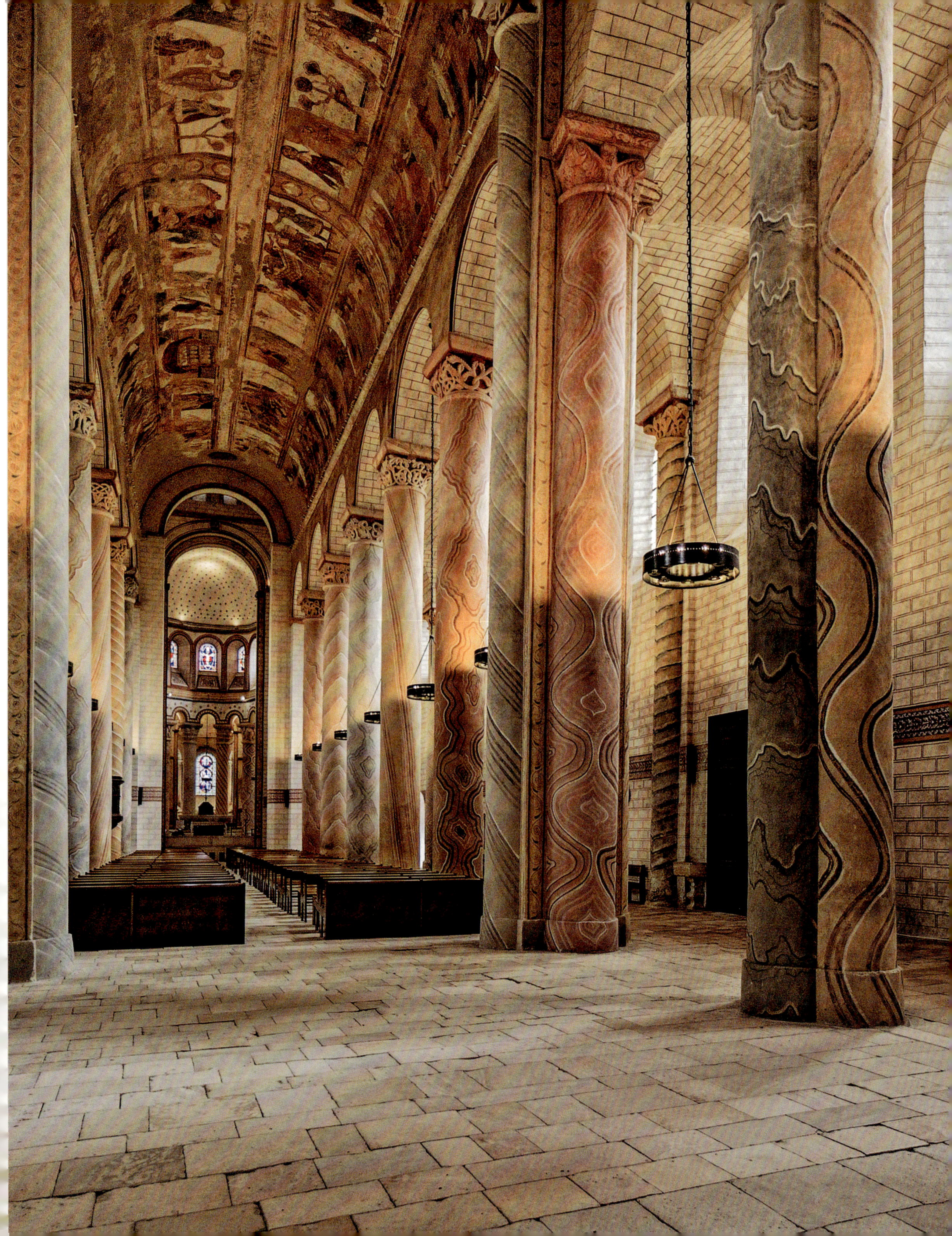

L'Abbaye de Saint-Savin-sur-Gartempe

생 사뱅 쉬르 가르떵쁘 수도원 성당

생 사뱅 쉬르 가르떵쁘

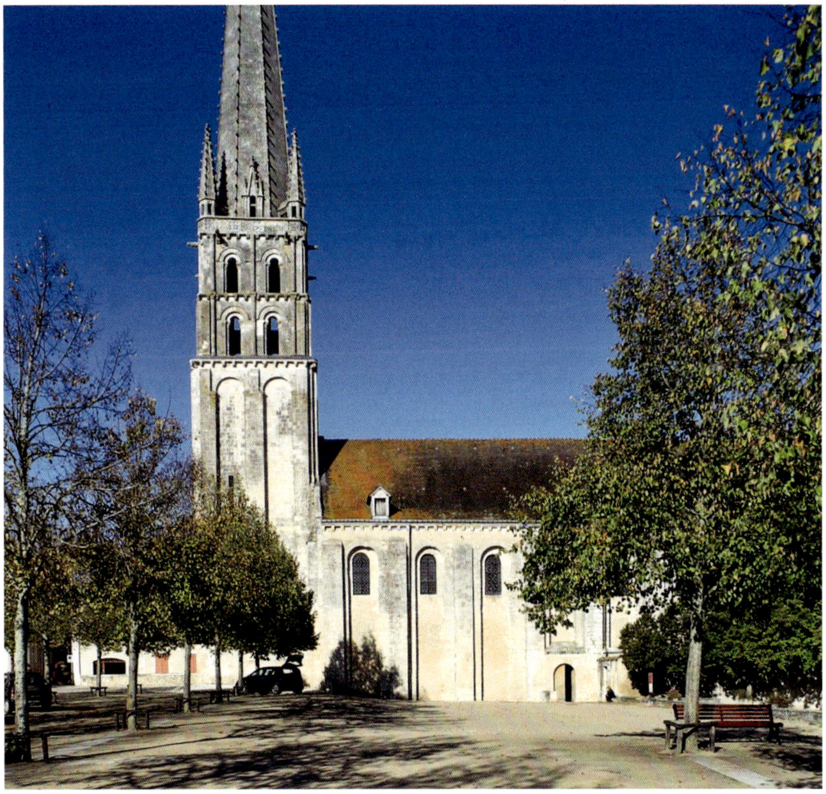

View of south elevation with Romanesque exterior and Gothic spire

로마네스크 외관과 고딕 첨탑이 융합된 남쪽 입면 모습

← View of nave from northwest

서북쪽에서 본 네이브 전경

As the original charter of the Abbey of Saint-Savin-sur-Gartempe, located in the region of Poitou-Charentes, was lost during the French Wars of Religion in the 16th century, the precise year of its founding is unclear. It is known, however, that a cleric in Charlemagne's court had come upon the relics of the 5th-century brothers Savinius and Cyprianus, who had fled their homeland in Macedonia to avoid persecution but were martyred near the present town of Saint-Savin by the Gartempe river, and a Benedictine abbey was founded in their honor in the early decades of the 9th century with the blessing of Charlemagne. The standing abbey was established in 1010 when Aumode de Gévaudan, Countess of Poitou and

뿌와뚜 샤랑뜨 (Poitou-Charente) 지역에 있는 생 사뱅 쉬르 가르떵쁘 수도원 창립문서는 16세기 프랑스의 종교전쟁 때에 멸실되었기 때문에 정확한 창립연도는 분명하지 않지만, 샤를마뉴의 조정의 한 성직자가, 5세기에 박해를 피하여 고향 마케도니아 (Macedonia)를 떠나서 도피하다가 가르떵쁘 (Gartempe) 강변의 현재 생 사뱅 (Saint-Savin) 근처에서 순교한 형제 사비니우스 (Savinius)와 시쁘리아누스 (Cyprianus)를 기리기 위하여 9세기초에 샤를마뉴의 승인하에 베네딕토회 수도원을 설립하였다고 전해진다. 현존하는 수도원은 1010년에 오모드 제보당(Aumode de Gévaudan) 쁘와뚜 와 아끼뗀 (Poitou et Aquitaine) 여백작 (countess)이 수도원 건설을 위하여 상당한 가치의 재산을 기부하면서 설립되었다. 1040년 ~1090년 사이에 오동 2세

Aquitaine, made a sizable donation for its construction. Bishops Odon II and Gervais undertook the building campaign for the abbey church of Saint-Savin-sur-Gartempe between 1040 and 1090. The large convent to the south of the abbey church was built in the 13th century under the patronage of Count Alphonse of Poitiers, brother of King Louis IX of France.

(Odon II)와 제르배 (Gervais) 두 주교가 건설공사를 주관하였고, 수도원 성당 남쪽에 자리잡은 큰 규모의 수도원 건물은 13세기에 프랑스 루이 9세 (Louis IX, St. Louis) 왕의 동생, 쁘와띠에의 알퐁스 (Alphonse de Poitiers) 백작이 기부한 재원으로 지어졌다.

생 사뱅 수도원 성당은 라틴 십자가 모양 평면으로 건설되었으며, 서쪽 부터 동쪽으로, 성당은 아름다운 비례의 첨탑이 위에 놓인 정방형 나르텍스

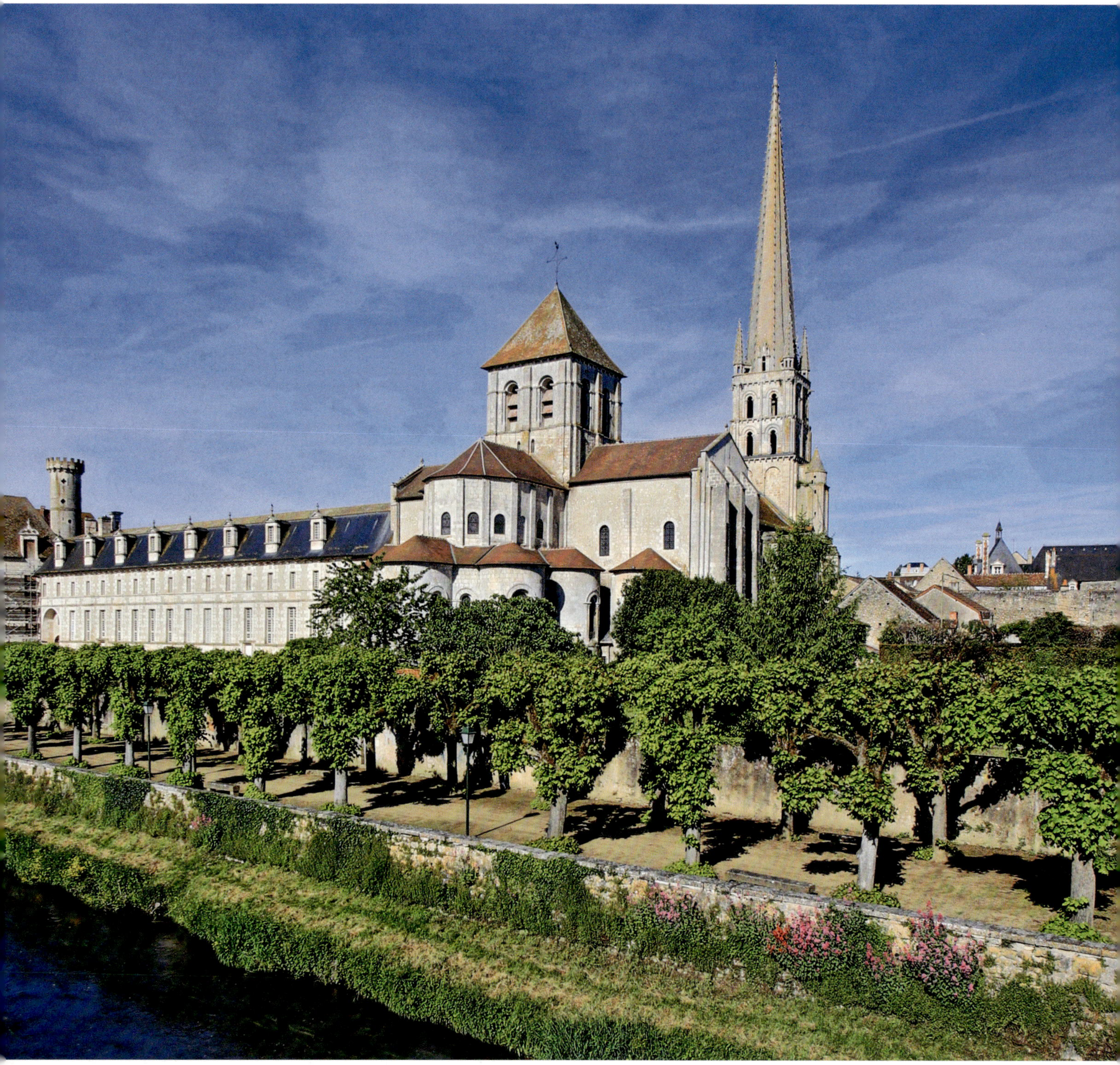

View from northeast of abbey ensemble with church in foreground

동북쪽에서 본 수도원 성당이 앞에 놓인 수도원 전경

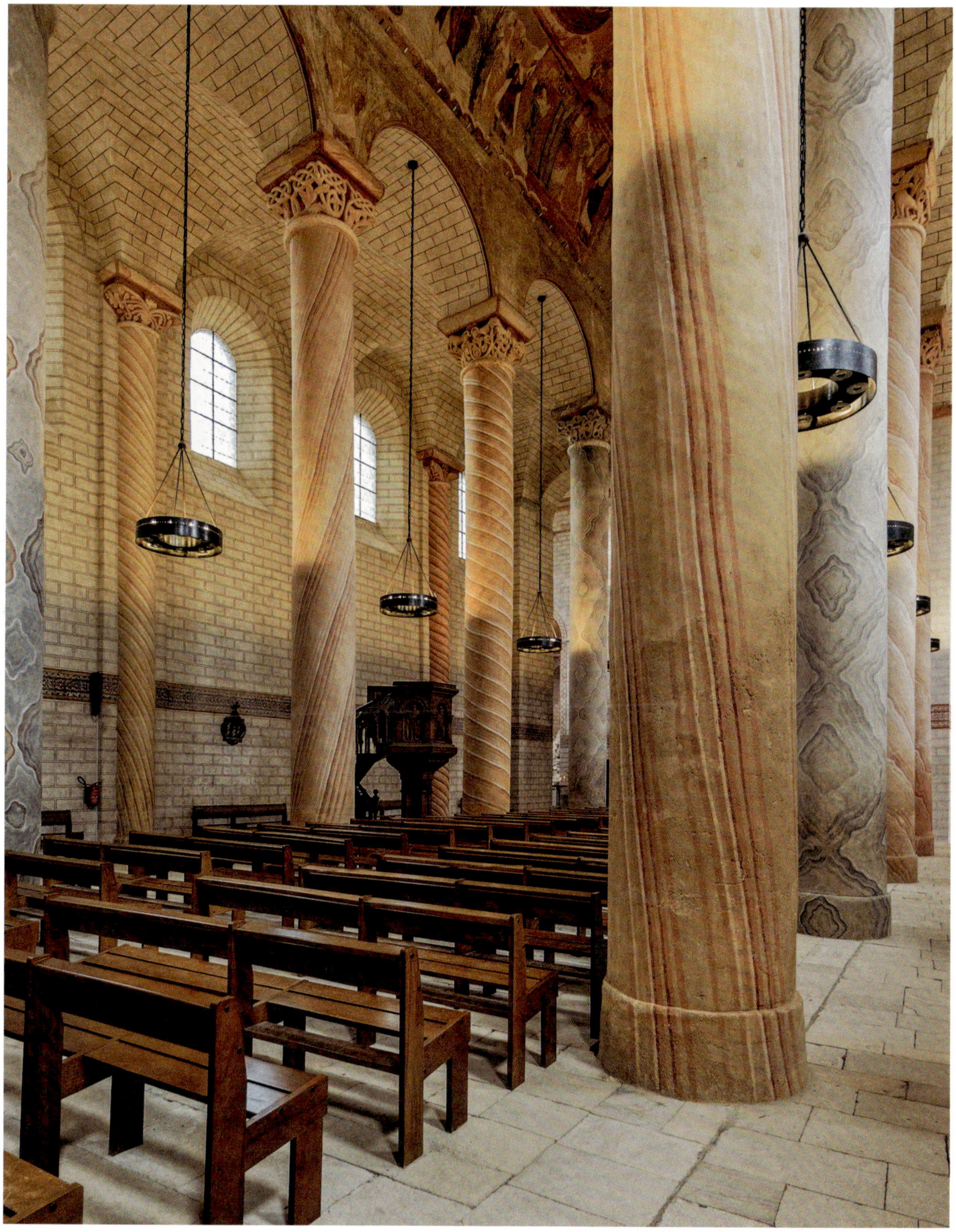

Oblique view of nave from south aisle toward north aisle

남쪽 아일에서 북쪽 아일을 향해서 대각방향으로 본 네이브 모습

The abbey church of Saint-Savin is built on a Latin cross plan. It consists, from west to east, of a square narthex with a finely proportioned spire above; a three-bay nave with half-round transverse arches and barrel vault supported by compound piers; six bays, also with a barrel vault, but without transverse arches; a square crossing with a tower above; transept arms to the north and south; a deep choir/chancel with a 2 meter-wide ambulatory; and five radiating chapels. The nine bays of the nave measure 42 meters long, 6 me-

(narthex), 세 베이의 복합 피어로 지지되는 반원 횡경 아치와 배럴 볼트로 지어진 네이브, 여섯 베이의 역시 배럴 볼트로 지어졌지만 횡경 아치가 없는 네이브, 타워가 위에 놓인 정방형 크로싱, 북쪽과 남쪽의 트랜셉트 날개, 깊이가 깊은 성가대석/성단소와, 2 미터 폭의 회랑 (ambulatory)과 그 곳에 연결된 다섯개의 방사형 소예배실로 구성되었다. 아홉 베이의 네이브는 길이 42 미터, 너비 6 미터, 바렐 볼트의 정점 높이가 18 미터이며, 네이브 볼팅의 표면적은 412 제곱 미터이다. 네이브의 바닥은 동쪽으로 약간 경사져서 올라가기 때문에, 서쪽에서

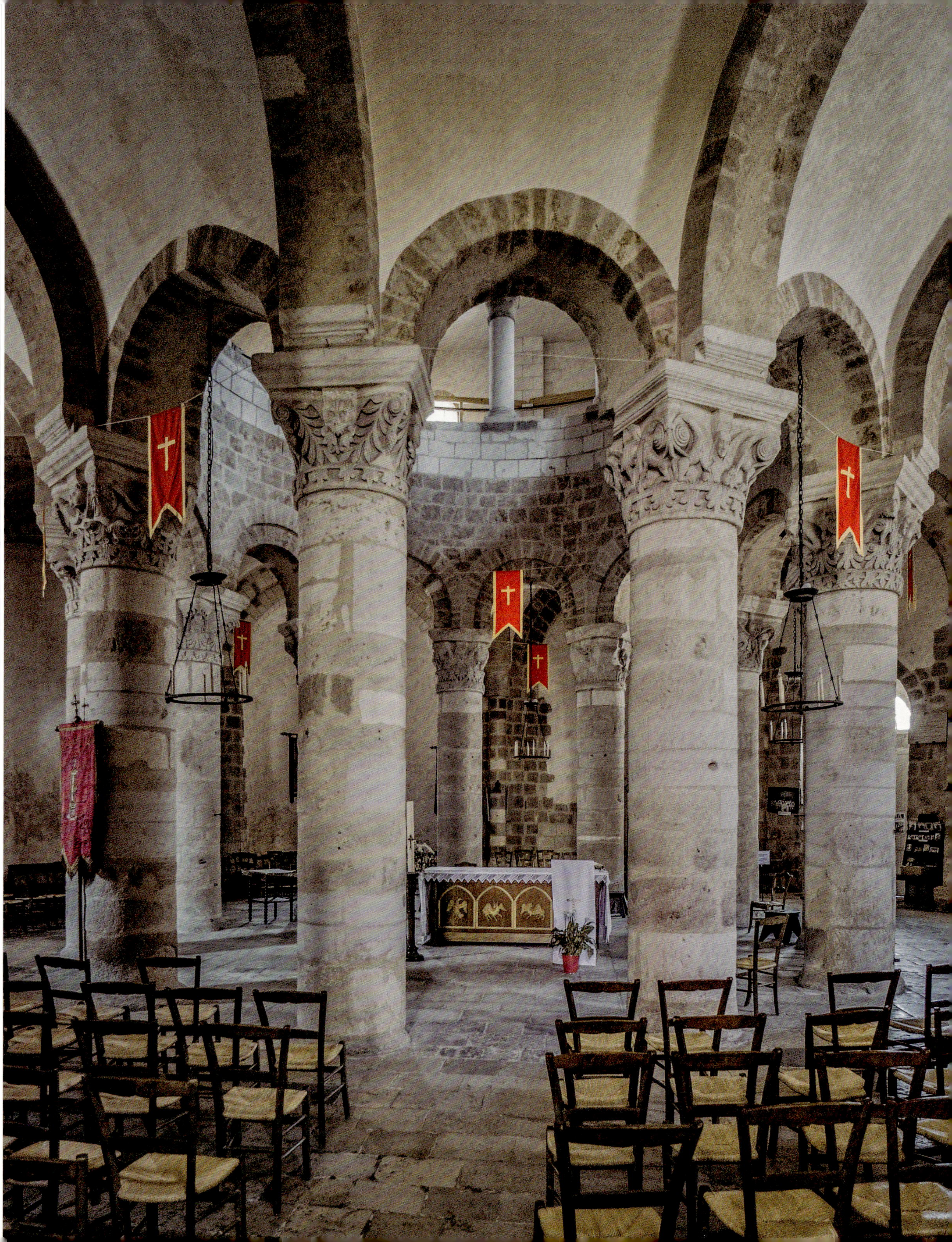

La collégiale Saint-Étienne de Neuvy-Saint-Sépulchre

라 꼴레지알 생 떼띠엔 교우회 성당
뇌비 생 세뿔끄르

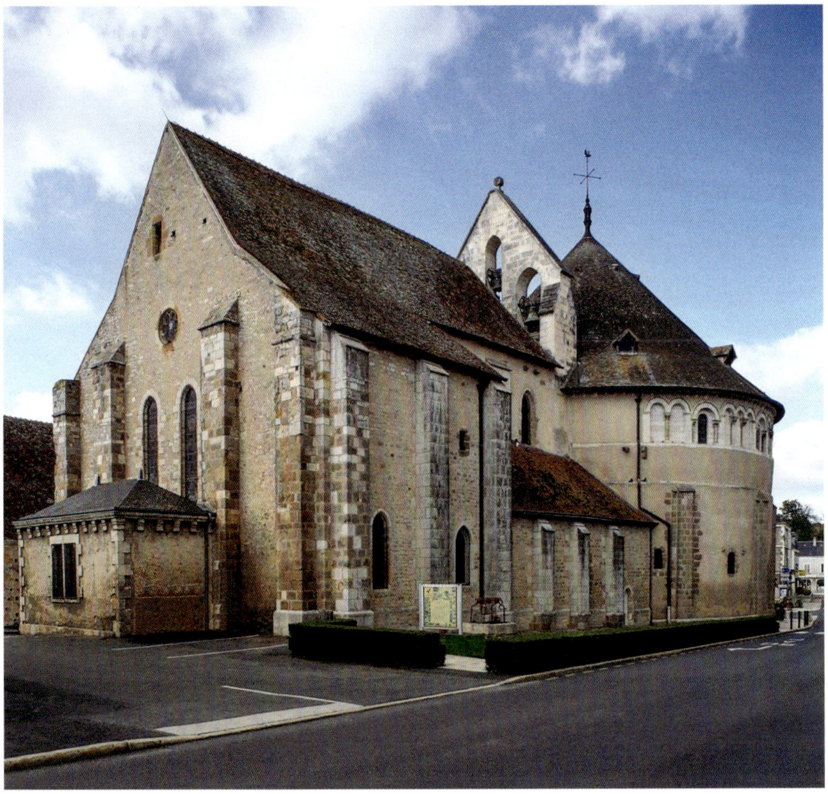

Exterior view from northeast of *la basilique* with rotunda church beyond

동북쪽에서 본 *라 바실리끄* 외관과 서쪽의 로턴다 성당 모습

← View from northwest of rotunda toward altar

서북쪽에서 제단을 향해서 본 로턴다 성당 내부 모습

Documents show that in the town of Neuvy, located in the Indre *département*, there were two churches dating back to the 7th century, one dedicated to St. Peter and the other to St. Stephen *(Saint-Étienne)*. The standing church of Saint-Étienne in Neuvy-Saint-Sépulchre may be named after the town's historical church of the same patrocinium. The geographical name of the town, giving prominence to the *Saint Sépulcre*, that is the Church of the Holy Sepulcher, the iconic rotunda church in Jerusalem, was created during the Middle Ages after another church had been built in Neuvy, this one based on the model of that imposing structure in Jerusalem. The name is written with an "h" in *"sépulchre"*, that is report-

기록에 의하면 앵드르 (Indres) 데빠르뜨멍 *(département)*, 뇌비 (Neuvy) 시에 7세기로 거슬러 올라가는 성당 두곳이 있었는데 하나는 생 삐에르 (Saint-Pierre)에게, 다른 하나는 생 떼띠엔 (Saint-Étienne)에게 봉헌되었다. 뇌비 생 세뿔끄르에 있는 생 떼띠엔 교우회 성당은 같은 이름의 역사적 성당을 따라서 이름지어졌을수 있다. 예루살렘에 있는 유명한 성당 이름의 '거룩한 무덤'을 부각시키는 도시의 지리명은 중세 시대에 뇌비 (Neuvy)의 성당이 완공된 후에 지어졌다. 도시 이름이 'sépulchre'에 'h' 자를 넣어서 특별한 이름이 되었는데, 이것은 일설에 의하면 중세시대의 한 수사가 성당의 아름다움을 강조하기 위하여, 'sepulcrum (무덤)'과 'pulcher (아름다운)'를 합성한 이름이라고 전해진다. 성당은 실물의 충실한 복제 건축으로 간주되는 몇 안 되는 건물중 하나이며 실로 오랫동안 이 독특한 기념물에 관한 연구가 진행되었다. 2004년에 국립 예방고고학 연구소 (Institut National de Recherches Archéologiques Préventives: INRAP)의 사이먼 브라이언트 (Simon Bryant)가 주관한 고고학적 탐사와, 프랑스 중부 고고학지 <Revue Archéologique du Centre de la France>에 실린 논문에 의해 현존 성당의 주요 건설순서와 연대기는 다음과 같이 정리되었다.

뇌비에 있는 성당의 창립은 예루살렘에 있는 성묘 (거룩한 무덤 Holy Sepulchre) 교회가 파괴되어 폐허로 남아있던 1042년이었다. 그러나 그 유명한 성당은 문서와 순례자들을 통하여 잘 알려져 있었다. 성당을 창건한 성직자나 건축가에 관한 기록은 없으나, 뇌비의 성당 건설은 1040년대 중반에 바실리카 형태 네이브로부터 시작되었다. 11개 중앙 기둥이 유물함 (reliquary)을 에워싸고 있는 로턴다 (rotunda)가 곧 바실리카 모양 성당의 서쪽에 1040년대 말 까지 증축되었다. 이 시점이 1042년에서 1045년 사이의 정확한 역사적 순간, 콘스탄틴 9세 모노마호스 (Constantine IX Monomachos) 비잔틴 황제 (1042-1055년 재위)가 예루살렘의 본래 성묘교회를 재건하도록 재원을 쾌척한지 수년 후인 점을 주목할 만하다. 뇌비의 성당은 1049년에 완공되어, 그 당시에 위대한 사도 야고보 *(Saint-*

edly the work of medieval monks, who sought to underscore the splendor of the tomb of Christ by combining the words *"sepulcrum"* (tomb) and *"pulcher"* (beautiful). The collegiate church in Neuvy is indeed one of the few existing architectural works aspiring to be a faithful copy of the original in Jerusalem and, over the years, there have been many studies of this unusual monument. An archaeological investigation led by Simon Bryant of INRAP *(Institut National de Recherches Archéologiques Préventives)* in 2004, and a paper he subsequently authored and published in *Revue Archéologique du Centre de la France* have established the main sequence and chronology of the standing church.

The church at Neuvy was founded in 1042, when the Church of the Holy Sepulcher in Jerusalem was in ruins. The iconic building, however, was

Jacques-le-Majeur, St. James the Greater) 에게 봉헌되었다.

정수의 각도로 나뉘어 지지 않기 때문에 기하학적으로 비대칭이 되는 열하나를 기둥의 수로 선택한것은 12 사도 사이에서 유다가 예수 그리스도를 배반하고 이탈한 것을 상징하기 위함이었다고 전해진다. 로턴다의 약 8 미터 직경을 조금 넘는 원의 중심 둘레로, 건축가는 애슐러 마감의 11개의 듬직한 돌기둥들을 배치하였고, 기둥들 위에는 사람의 머리, 식물, 그리고 동물의 모양들을 조각한 주두가 얹혀졌으나 성경의 얘기를 묘사하는 주두는 없다. 반면, 기둥들은 원호 곡면의 아치들을 지지하는 동시에 바깥 방향으로 사다리 모양의 베이를 구획하는 횡경 아치와 그로인 볼트들을 지지한다. 로턴다의 원통형 외벽은 둘레 전체에 오목 패임 (niche)이 있고, 1층 바닥에서 약 9 미터 위에 로턴다의 트리뷴 (tribune) 층이 있는데, 중앙의 원형 개구부는 14개의 기둥이 곡면으로 된 아케이드를 지지한다. 트리뷴층

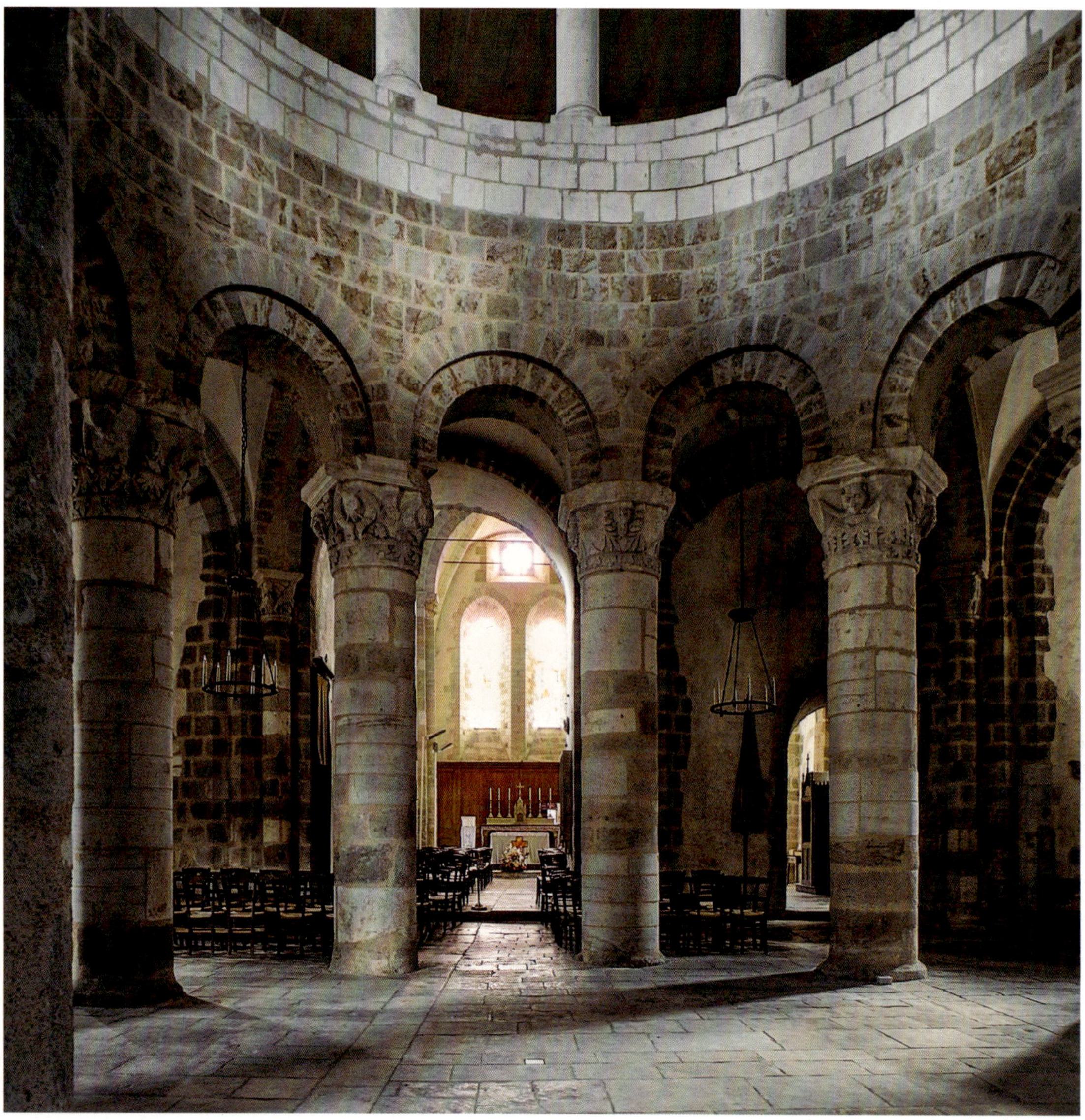

View from center of rotunda toward nave of *la basilique* at northeast

로턴다 성당 중앙에서 북동쪽으로 *라 바실리끄* 의 네이브를 본 모습

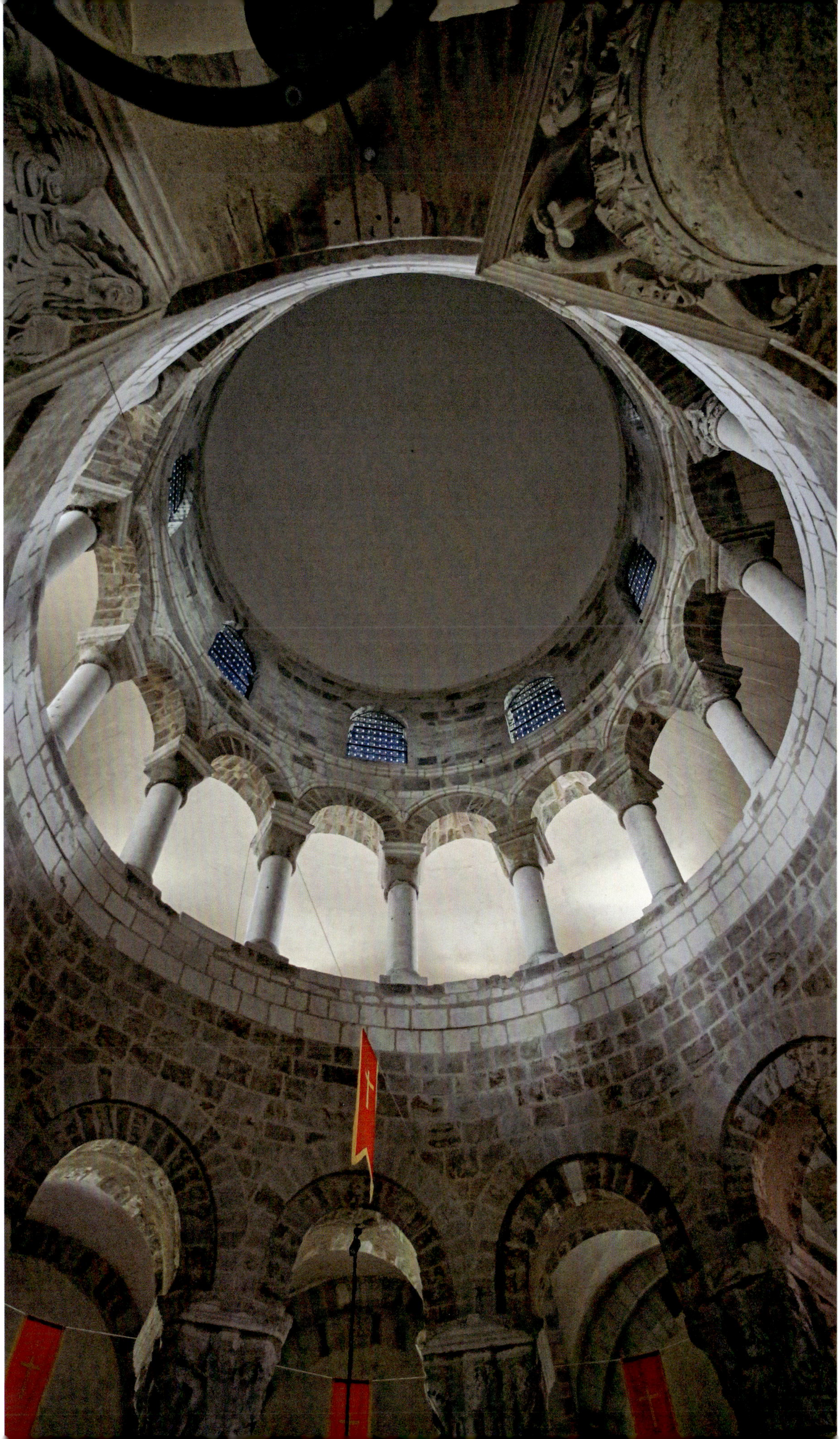

View looking up toward upper level and dome of rotunda

로턴다 성당의 윗층과 돔을 올려다 본 모습

known through manuscripts and word of mouth by the pilgrims. There is no record of the patron or the master builder, but construction of the church in Neuvy started first with the nave, in basilica form, in the mid-1040s. The rotunda, with eleven central columns placed around the reliquary monument, was added soon thereafter onto the west end of the basilica church during that same decade. It is worth noting that this was only a few years after the historical moment, when Constantine IX Monomachos, Byzantine Emperor from 1042 to 1055, funded rebuilding of the original Church of the Holy Sepulcher in Jerusalem between 1042 and 1045. The church in Neuvy was completed in 1049 and was first dedicated to St. James the Greater *(Saint-Jacques-le-Majeur)*.

The choice of constructing eleven columns, resulting in an asymmetrical geometry, not divisible into angles of a whole number of degrees, is said to symbolize the betrayal and departure of Judas from among the twelve disciples. Around the central circle of the rotunda, which is just over 8 meters in diameter, the master builder positioned eleven sturdy columns built of ashlar masonry with sculpted capitals depicting human heads, vegetation, and animal figures, but no biblical stories. The columns, in turn, support the arches on the curving plane, the transverse arches to the outer wall, and the groin vaulting of trapezoid-shaped bays. The circular outer wall of the rotunda has concave niches all around, and the rotunda has a tribune level, about 9 meters above the ground floor, where the round opening is encircled by fourteen columns supporting the curved arcade. The tribune itself is built as two stories: the first level, about 5 meters high consisting of fourteen arcades, is joined to the second level, or the drum, which is about 3.8 meters high, with nine clerestory windows, above which the dome is finally placed to complete the design. The tribune of the rotunda was not finished until the early 12th century.

The unknown master builder must have worked hard not only to reconcile the geometry of the lower rotunda with its eleven columns and the tribune level with fourteen columns, but also the conjunction of the basilica and one section of the circular rotunda. The basilica portion of the collegiate church was extensively rebuilt during the latter half of the 12th century by replacing the original tunnel vault with three bays of ribbed vaulting. The apse end, presumed to have existed

자체가 두개층으로 구성되어서, 약 5 미터 높이의 14개 아케이드로 지어진 1층 위에 약 3.8 미터 높이의 2층, 즉 원통 드럼 (drum)에 9개의 고창 (clerestory)이 뚫려있고, 마지막으로 위에 놓인 돔이 디자인을 매듭지어준다. 로턴다의 이 상층부는 12 세기 초까지 미완성으로 남아있었다.

무명의 건축가는 11개의 기둥으로 구성되는 로턴다의 아랫층과 14개의 기둥으로 지어진 트리뷴층

View from west of parochial church nave at junction of rotunda toward altar

로턴다 성당의 경계에서 동쪽 제단쪽으로 본 교구성당 네이브 광경

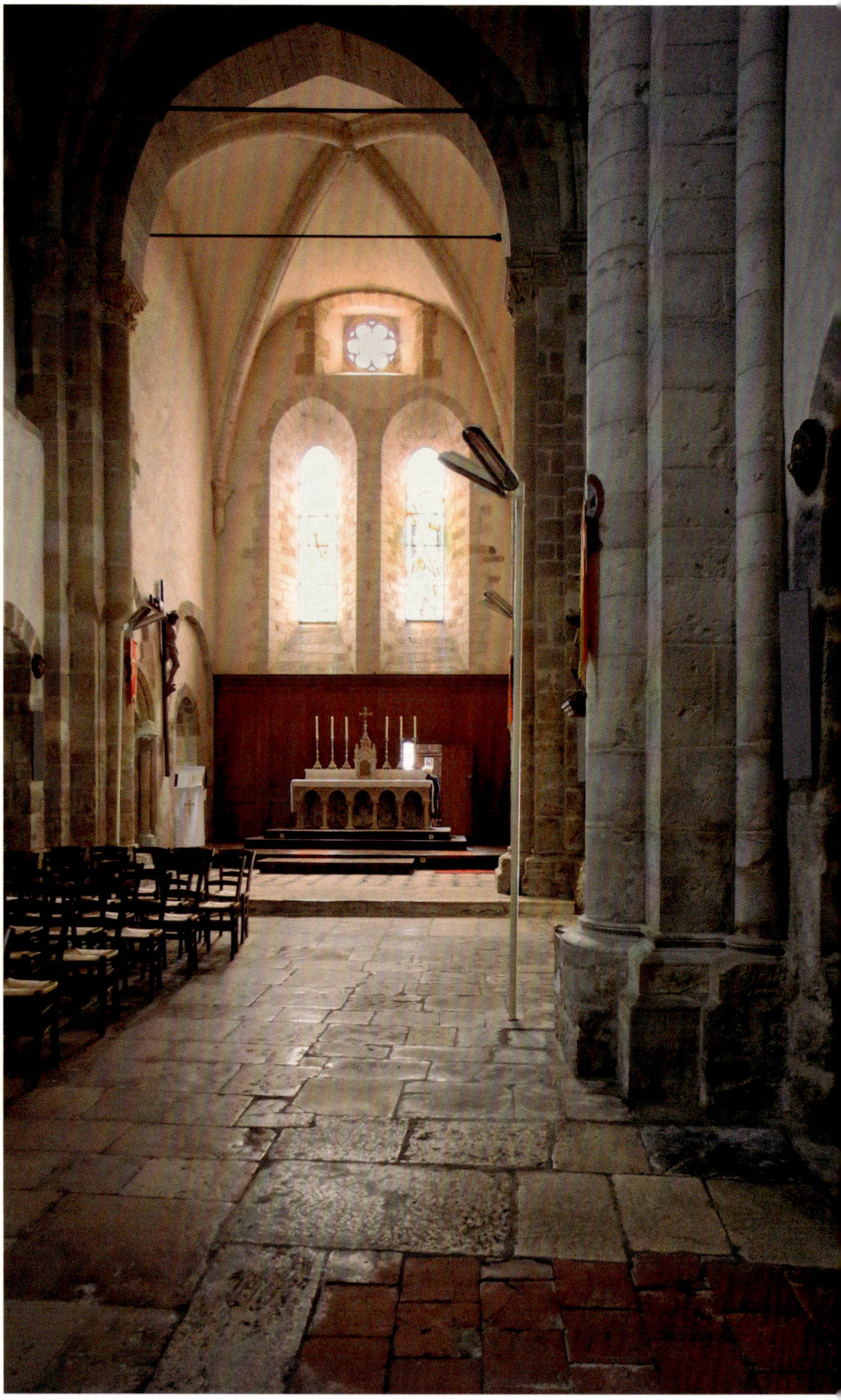

at one time but had been subsequently demolished, was replaced by a simple *chevet*, shortening the nave and aisles. On the exterior, the rotunda portion of the church presents itself as a circular structure, approximately 20 meters in diameter, crowned with a cone-shaped roof 16 meters high, while the basilica portion is about 21 meters long showing a gable wall with buttresses

사이의 기하학을 조정하기 위해, 또한 바실리카 형태 성당과 원형 로턴다의 부채꼴 한 부분의 디자인 연결을 위해 상당한 노력을 기울였을 것이다. 교우회 성당의 바실리카 형태 부분은 12세기 후반에 먼저 있던 턴넬 볼트(tunnel vault)를 세 베이의 립 볼팅(rib vaulting)으로 대체하여 지붕이 다시 지어졌다. 원래 있었을것으로 추정되나, 철거된 앱스 단부는 단순한 슈베 (chevet)로 바뀌어 네이브와 아일들은

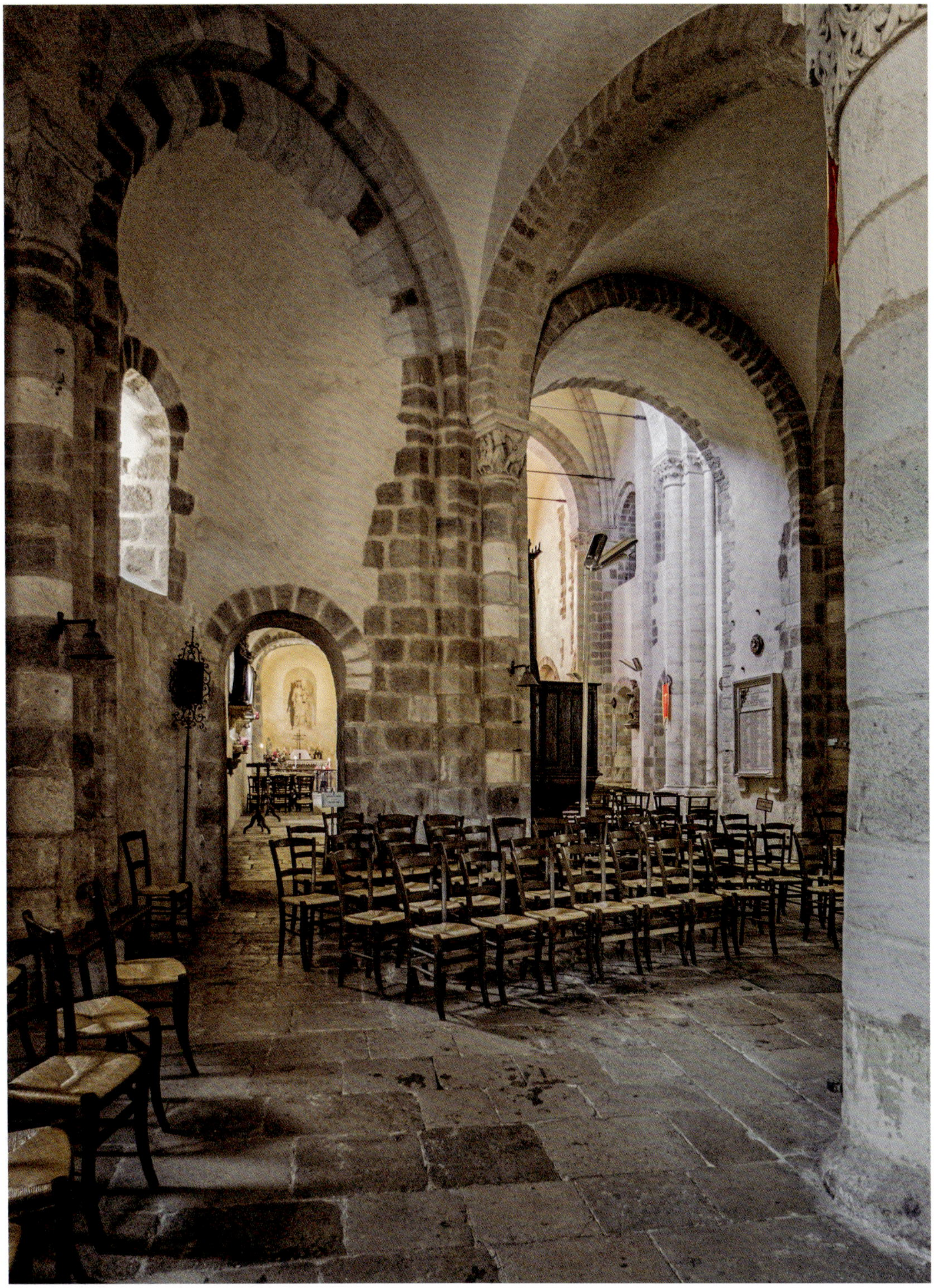

View of northeast junction of rotunda with *la basilique*

로턴다 성당과 *라 바실리끄* 와의 서북 연결부 모습

on the east side and a tall masonry wall extending above the roof at the intersection with the rotunda, which incorporates a modest belfry. The south wall is flat masonry with buttresses going up to the roof cornice enclosing the south aisle, while the north wall is split between full height and lower-set sections as the roof at the west end over the north aisle is built lower.

The church was used as a refuge during the Hundred Years' War, which caused some damage, particularly to the north aisle. Despite the interruptions in construction that led to an irregularly shaped building, Mr. Bryant writes that the church at Neuvy-Saint-Sépulchre is indeed the product of a coherent and original architectural project aimed at creating a faithful copy of the Church of the Holy Sepulcher in Jerusalem.

짧아졌다. 성당 외관에서 로턴다 부분은 16미터 높이의 원추 모양 지붕으로 마감된 약 20 미터 직경의 원형구조물로 보이는 반면, 바실리카 부분은 약 21 미터 길이에 동쪽면은 버트레스가 돌출하는 박공지붕으로 마감되었고, 로턴다와의 경계에 그리 크지 않은 종탑을 갖춘 수직 석조벽이 지붕위로 돌출한다. 남쪽 벽은 남쪽 아일의 지붕 처마 돌림띠 (cornice) 까지 버트레스들이 올라가고, 북쪽 벽은 높은 벽과 낮은 벽으로 층이 지는데, 이것은 북쪽 아일의 지붕이 낮게 지어졌기 때문이다.

백년전쟁 (Hundred Years War) 기간에 성당이 피난처로 쓰이면서 북쪽 아일 부분이 파손되었다. 공사의 중단으로 인한 불규칙한 형태의 건축에도 불구하고 사이먼 브라이언트는 "뇌비 생 세뿔끄르가 예루살렘의 성묘교회 (Church of Holy Sepulchre)의 충실한 복제를 위해 일관되고 창의적인 건축설계를 보여주고 있다"고 서술하고 있다.

View from west of north aisle, *la basilique* (left)

서쪽에서 본 *라 바실리끄* 의 북쪽 아일 모습

View of nave to west of *la basilique* (right)

서쪽으로 본 *라 바실리끄* 네이브 전경

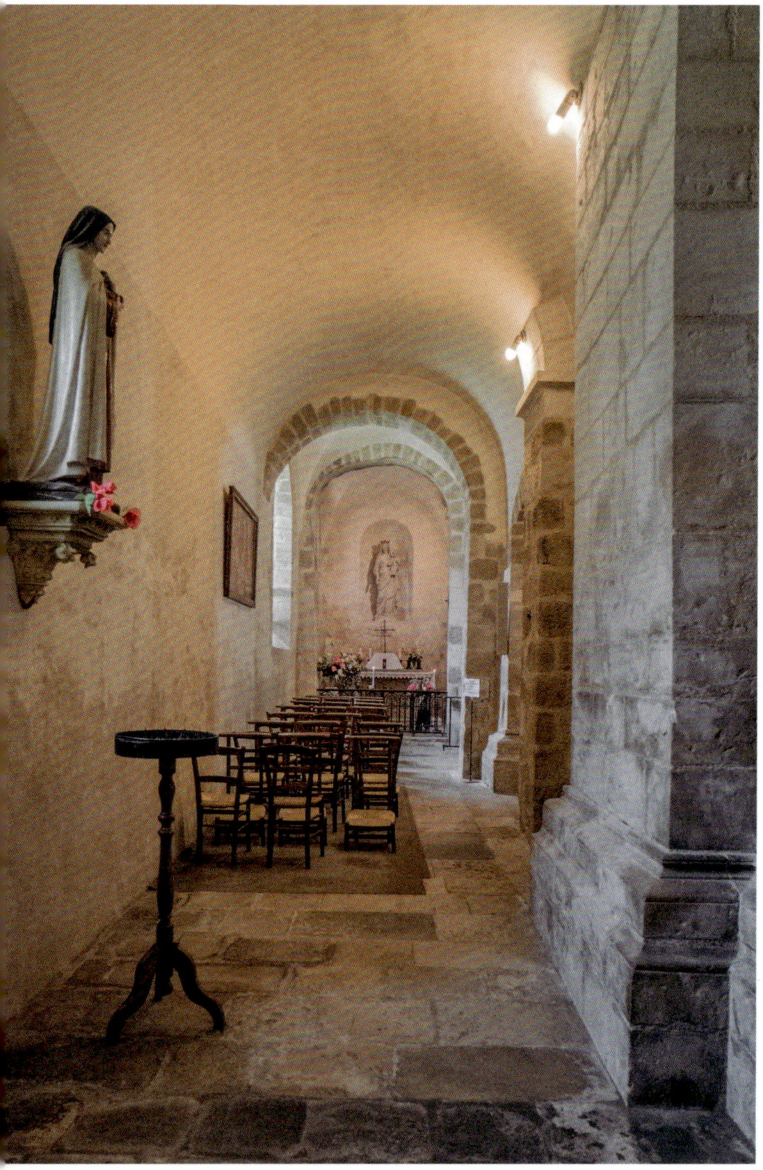

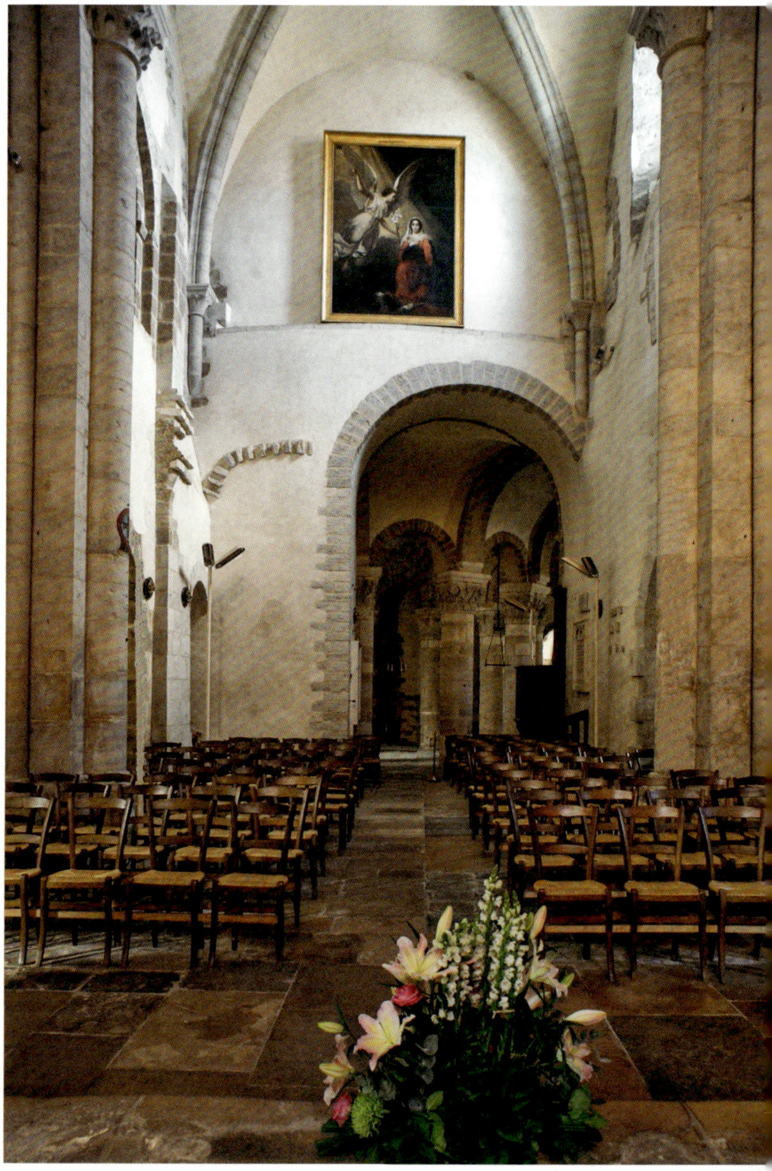

La collégiale Saint-Étienne, after a major restoration supervised by Eugène Viollet-le-Duc in the mid-19th century, was classified as *monument historique* in 1840. The church was elevated to the status of a basilica minor in 1910 and registered on the UNESCO World Cultural Heritage list as part of the pilgrimage route to Santiago de Compostela in France in 1998.

Today the rotunda of Saint-Étienne is referred to as *"collégiale"* and the rectangular part as *"basilique"*, which is now used as a parochial church under the Archdiocese of Bourges.

19세기 중반에 외젠-엠마뉘엘 비올레-르-뒤끄 (Eugène-Emmanuelle Viollet-le-Duc)의 감독하에 이뤄진 대규모 복원사업 후에 라 꼴레지알 생떼띠엔 성당은 1840년에 문화재 *(monument historique)*로 인정되었다. 1910년에 성당은 소 바실리카 (Basilica minor) 로 등급이 올라갔고, 1998년 유네스코 (UNESCO) 세계문화유산 목록에 '산티아고 데 콤포스텔라 순례 루트 (Route to Santiago de Compostela in France)'의 일부분으로 등재되었다. 오늘날 로턴다는 교우회 성당 (collégiale) 이라 불리고, 직각 모양 바실리끄 (basilique)는 부르즈 (Bourge) 대주교구 관할하의 한 교구성당이다.

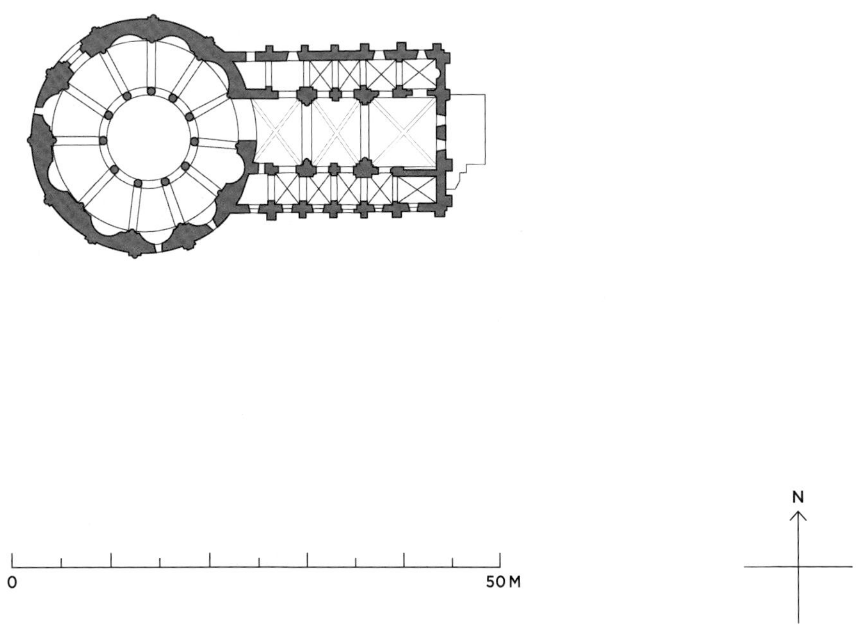

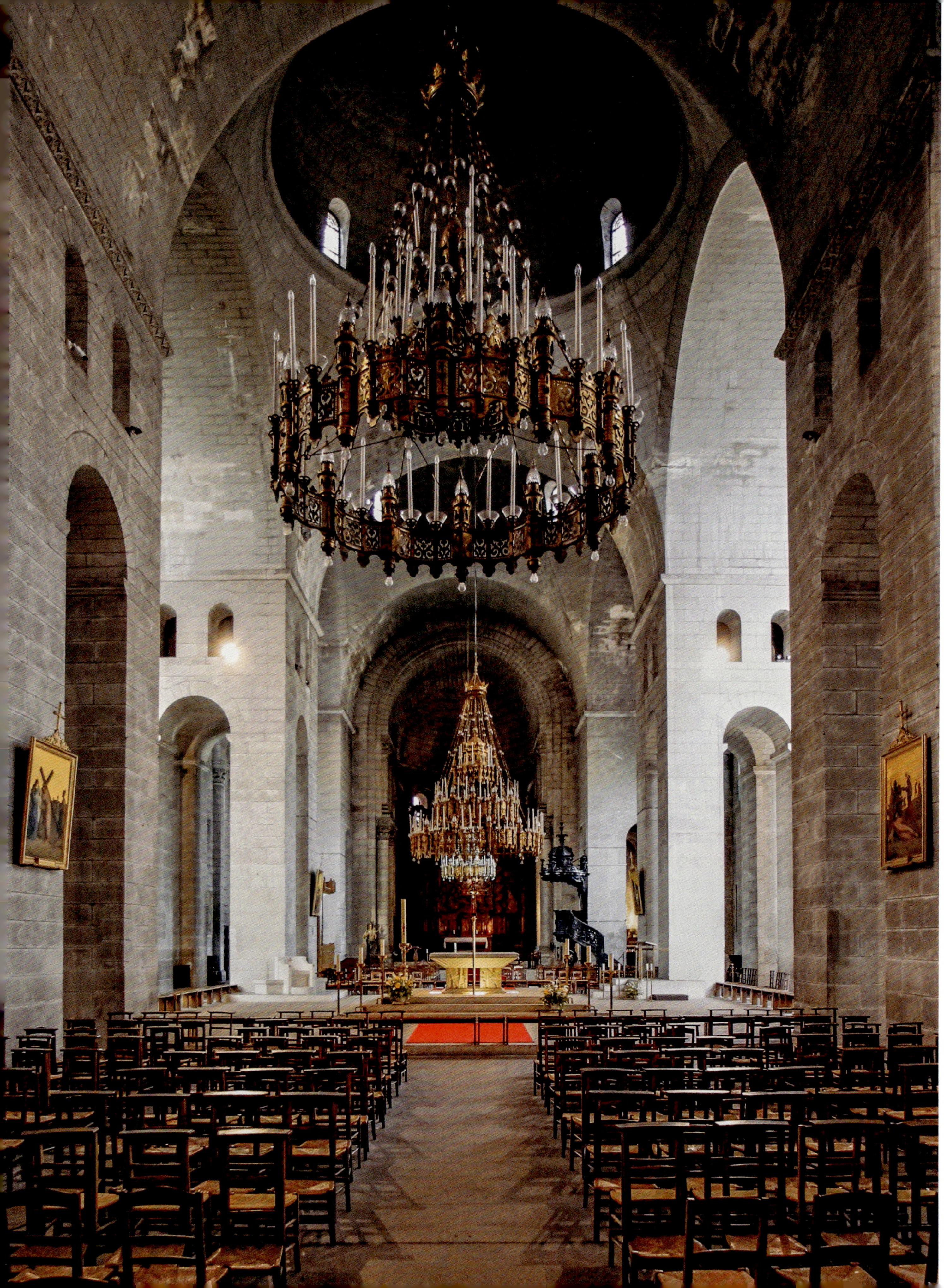

La Cathédrale Saint-Front de Périgueux

라 까떼드랄 생 프롱 드 뻬리궤
뻬리궤

The Cathedral of Saint-Front in Périgueux (derived from the Latin name *Petrocorium*) is named after the patron saint and first bishop of Périgueux. Its status in the Middle Ages stemmed from the belief that St. Fronto was ordained in Rome by St. Peter himself, who sent him to convert the populace of the region. The church has been designated as a cathedral since the mid-17th century and is an episcopal seat of the diocese of Périgueux and Sarlat.

In the 4th and 5th centuries a church containing the tomb of St. Fronto stood there. Near the end of the 10th century Bishop Frotaire had the Abbey of Saint-Front constructed on the site of this church, and it was consecrated in 1047. Its vaulted choir housed the tomb of the patron saint, for which a remarkable shrine was sculpted in 1077 by Guinamundus, a monk of the abbey of La Chaise-Dieu. Aymeric Picaud, the 12th-century monk and scholar and thought to be the writer of the celebrated *Pilgrim's Guide to Santiago de Compostela*, saw and admired the abbey church and refers to it in his manuscript. Accordingly, as early as 1077 an impressive and workable pilgrimage church with a domed sanctuary existed here.

A fire in 1120 necessitated the rebuilding of the abbey church. The patrons for the rebuilding campaign sought to model the new church on St. Mark's Basilica in Venice, built between 1063 and 1094, whose own prototype was thought to be Justinian's Church of the Holy Apostles in Constantinople. The Basilica of St. Mark at that time was still unsheathed with marble and mosaic and, although built in brick, was more like Aquitanian churches with their bare stonework than is the case at present. Thus, a church based on a Greek cross plan with five domes came to be built in Périgueux. The high altar was transferred to the easternmost dome. It is quite possible that domed

생 프롱 대성당은 뻬리궤의 수호성인이자 초대주교를 기려서 명명되었다. 중세시대의 대성당의 위상은, 성자 프론토 (Fronto)가 로마에서 사도 바울 자신에게서 서품을 받아 이 지역에 포교하기 위하여 파견됐다는 사람들의 믿음으로 가늠할수 있다. 지리명은 로마시대 페트로코리움 (Petrocorium) 에서 비롯된다. 17세기 중반부터 대성당인 생 프롱은 뻬리궤와 사를라 (Péigueux et Sarlat) 주교구의 본부 대성당이다.

4세기와 5세기에 성자 프론토의 묘가 안치된 성당이 서 있었으며, 10세기 말에 프로때르 (Frotaire) 주교가 원래 성당 자리에 생 프롱 수도원의 건설을 시작하여, 1047년에 봉헌되었다. 수도원 성당의 돌 볼팅으로 지어진 성가대석에 수호 성인의 묘가 놓였고, 1077년에 라 셰즈 디웨 (La Chaise-Dieu) 수도원의 수사였던 기나문두스 (Guinamundus)가 훌륭한 영묘 (shrine)를 조각하였다. 유명한 12세기

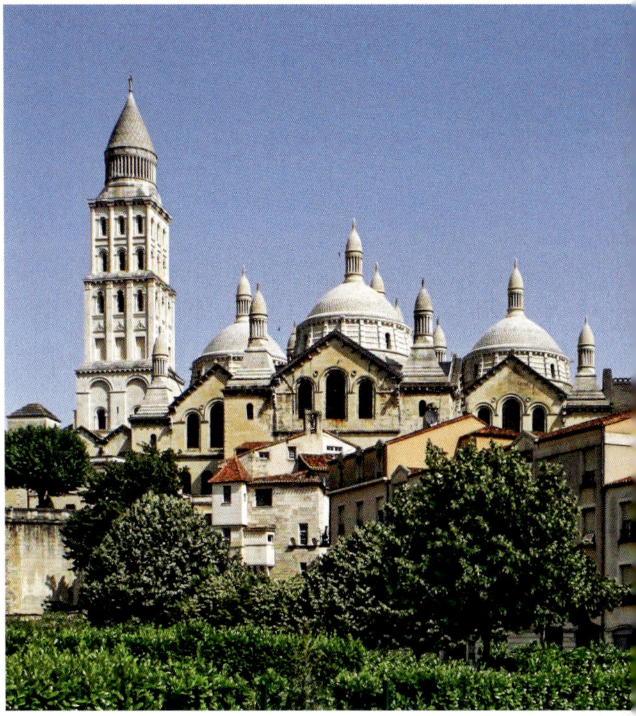

← Axial view from west of nave toward chancel at center

서쪽에서 중앙에 놓인 성단소를 향해서 본 네이브의 정면 모습

Exterior view from southeast

동남쪽에서 본 대성당 외관

churches originated in the Périgord: l'église Saint-Étienne-de-la-Cité, which likely pre-dates the 12th-century rebuilding of Saint-Front and preceded it as the cathedral of Périgueux, also features domes, albeit more primitive ones compared to those of Saint-Front; additionally, half of the sixty surviving domed churches in southwestern France are located in the historical Périgord region.

The Cathedral of Saint-Front as it stands today is largely from the rebuilding of the early 12th century. The main entrance of the cathedral was and still is located on the west side, but its former

"산티아고 데 콤포스텔라 순례자의 지침"을 저술한 에이므릭 삐꼬(Aymeric Picaud)가 이것을 보고 높이 평가하였다고 전해진다. 이렇듯 1077년에 돔으로 지붕이 이루어진 성단소를 갖춘 훌륭하고 기능적인 순례자 성당이 이미 존재하였다.

1120년에 화재로 인하여 수도원 성당을 다시 짓게 되었는데, 재건축 사업의 후원자들은 새 성당을 1063-94년에 지어진 베니스의 산 마르코 (San Marco) 바실리카, 또는 그의 원천인 콘스탄티노플의 유스티니아누스 (Justinian) 황제의 신성사도 (Holy Apostles) 성당을 본따서 짓는 것이 타당하다고 판단 한것으로 보인다. 당시에 산 마르코 바실리카는

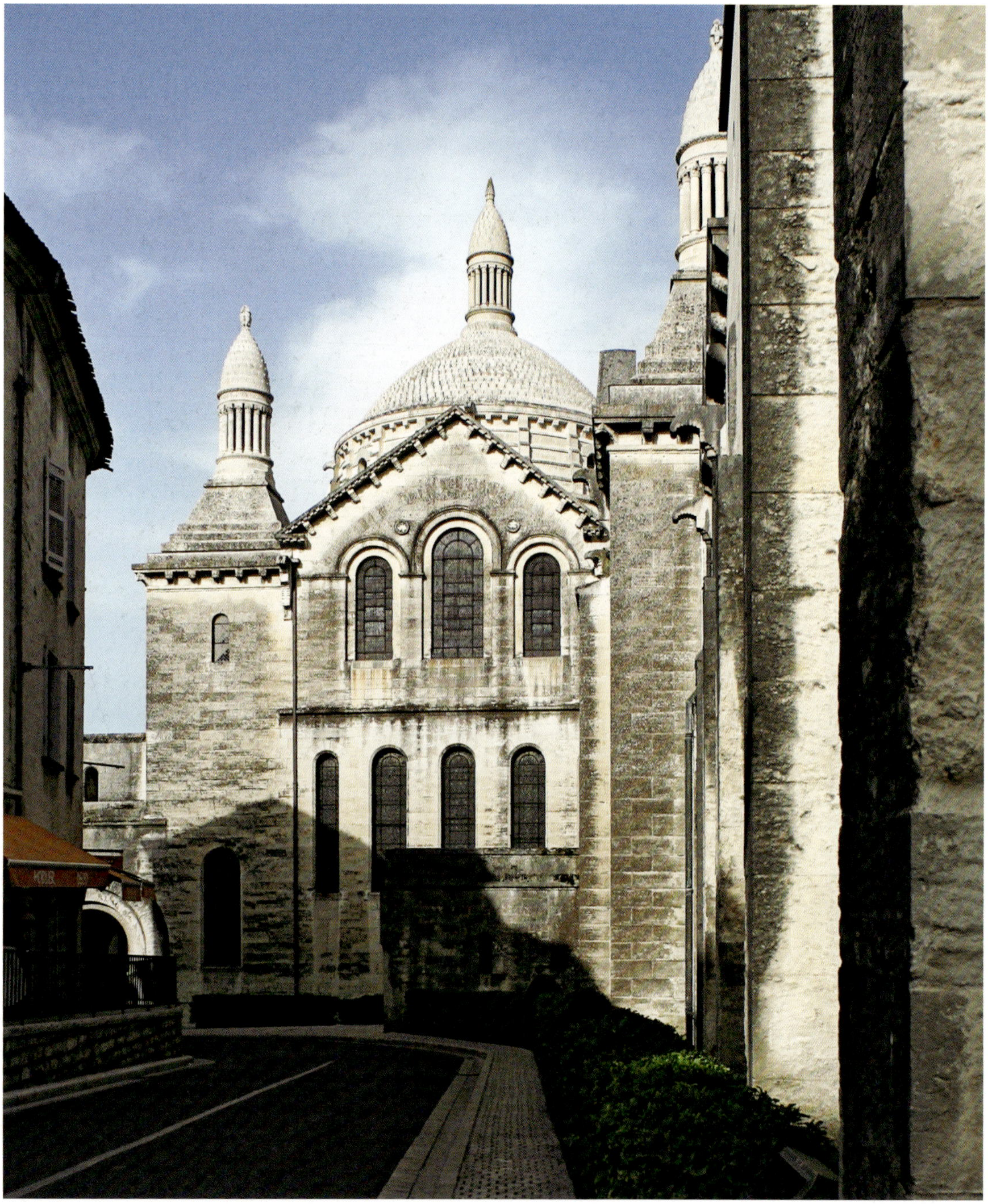

Close-up view of north transept from *rue Denfert Rochereau* on west

서쪽의 *덩페르 로슈로* 거리에서 본 북쪽 트랜셉트의 근거리 모습

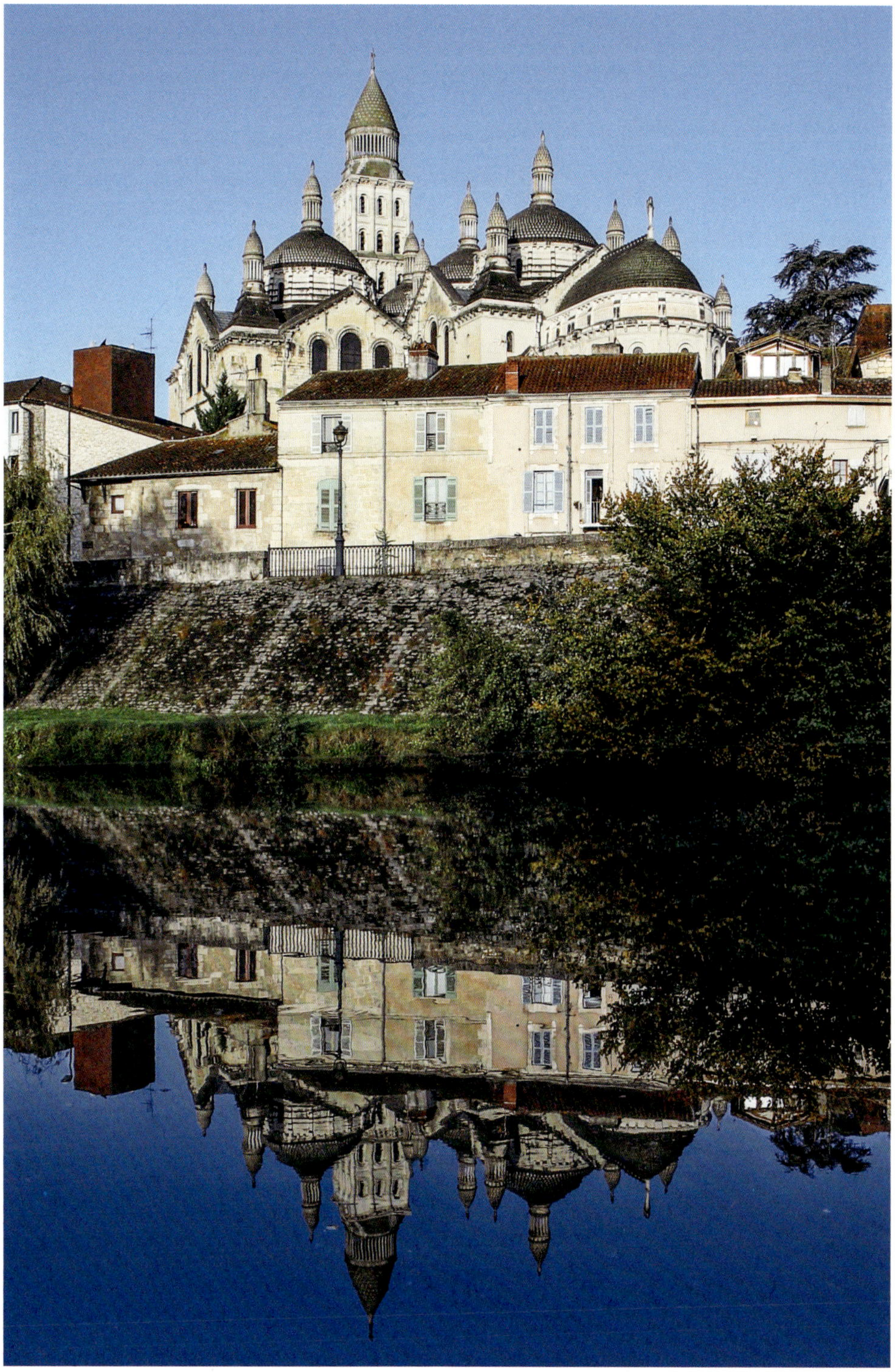

Exterior view from southeast across the river *L'isle*

릴 (L'isle) 강 건너 동남쪽에서 본 대성당 외관 전경

nave, after the fire, was roofless and is now a forecourt, or atrium. Piers were built in the four corners of the atrium space, anticipating a dome, but it was never built. Instead, these piers were turned into pylons, two of which flank the entrance to the atrium, while the others flank the entrance to the church beneath a 62-meter-high Romanesque bell tower of classical form, built up in stages with setbacks and ornamented with pilaster and pedi-

대리석과 모자익으로 장식되기 전이었었고, 벽돌로 지어졌으나, 현재보다는 민둥 돌 표면을 한 아끼뗀 (Aquitaine) 지역 건축 비슷하였을 것이다. 이리하여 다섯개의 돔이 얹힌 그리스 십자가 모양 평면 (Greek cross plan) 성당이 뻬리궤에 태어나게 되었고, 주 제단 (high altar)은 제일 동쪽 돔 밑으로 옮겨졌다. 돔으로 지붕이 형성되는 성당 타이프가 뻬리고르 (Périgord)에서 시작되었다고 유추할수 있는데, 그 이유는 생 프롱 보다 앞서서 뻬리궤의 대성당으로

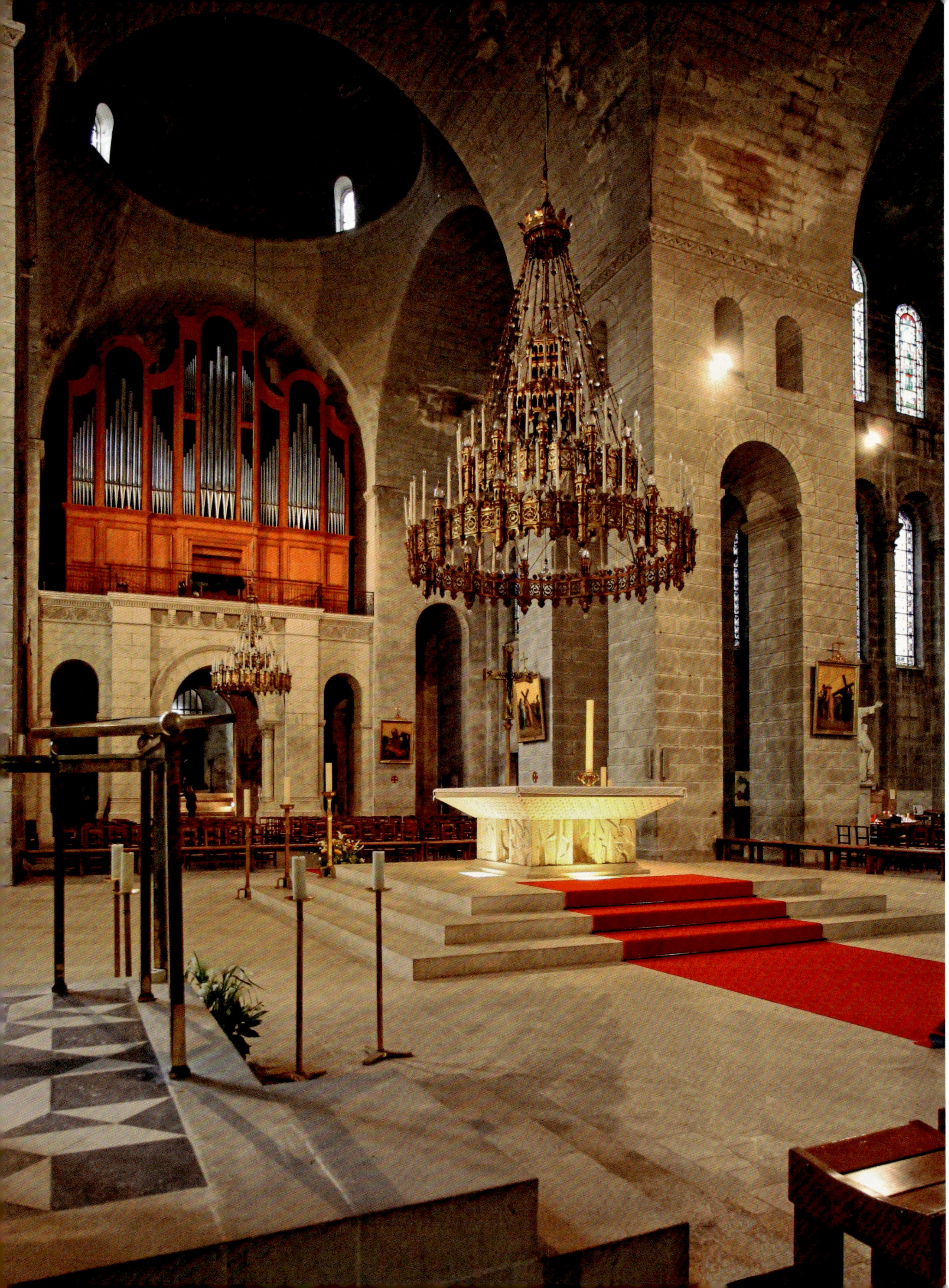

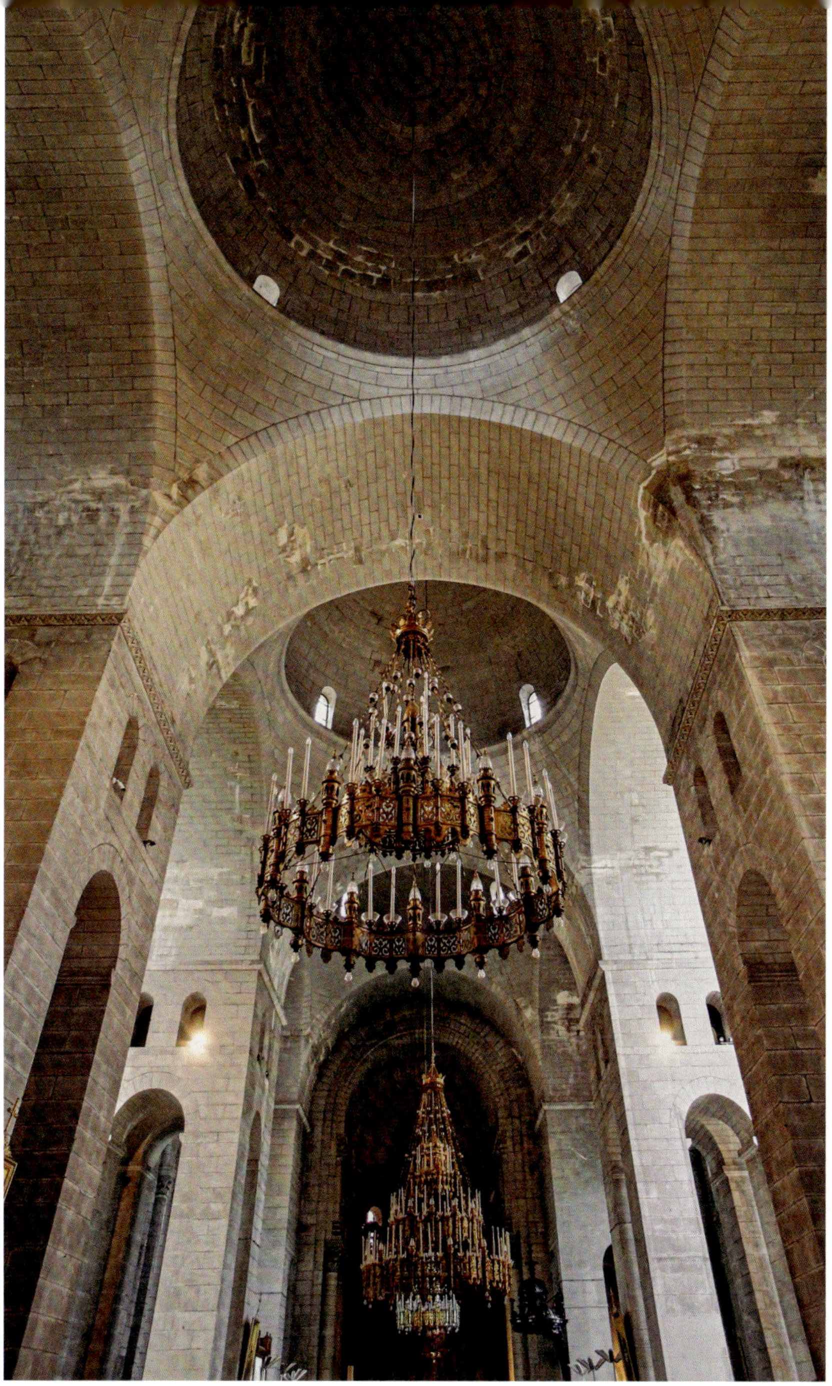

View looking up to crossing dome toward eastern apse

동쪽 앱스를 향해서 크로싱 돔을 올려다 본 모습

← View from southeast of main altar at crossing with organ loft beyond

동남쪽에서 본 크로싱에 놓인 주제단과 뒤의 오르간 로프트 모습

ment motifs. The tower terminates in a tremendous drum of columns covered by a conical roof sheathed in thin stone tiles.

Once past this extraordinary tower-porch, a visitor finds oneself under the spacious westernmost dome of the main church. The high altar is now situated under the central dome, but closer to the eastern edge. Having been constructed according to a Greek cross plan, with its double symmetry, the space inside Saint-Front exudes an overwhelming sense of majesty, in contrast to the progression from west to east which is felt in a church based on a basilica plan. The sturdy wall piers define five joined squares for the domes,

쓰였던 생 떼띠엔 (L'église Saint-Étienne-de-la-Cité) 성당의 아마도 이른 연대로 미루어 보아, 또한 프랑스 서남부에 남아있는 60여개의 돔으로 건설된 성당의 반이 역사적인 뻬리고르 백작령 (Périgord county)에 있는 것으로 미루어 보아서 그렇게 추정할수 있다.

현존하는 생 프롱 대성당은 대부분 12세기 초의 재건축 공사에서 비롯된다. 대성당의 주 현관은 재건축 당시나, 현재나, 서쪽에 배치되어 있으나, 화재후에 원래 네이브는 지붕이 멸실되어, 오늘날 하나의 전정, 또는 아트리움 (atrium)이 되었다. 뻬리궤의 아트리움 공간의 네 모서리에는 돔을 건설할 준비로 피어가 세워졌었으나, 돔은 지어지지 않았고, 대신에 피어들은 파일런 (pylon)으로 보강되어, 두개는 아트리움의 입구 양쪽에, 다른 두개는 대성당의 입구 양쪽에 놓여서 입구를 부각시키며, 그 위로 고전적 (Classical) 형태의, 여러개의 단으로 후퇴하며, 필라스터와 박공벽 장식으로 이루어진, 62 미터 높이의 로마네스크 종탑이 건설되었다. 이 종탑은 기둥들이 묶여서 형성하는 대단히 큰 원통위에 얇은 돌 타일로 덮인 원추 모양의 지붕으로 매듭지어졌다.

이 아주 특이한 타워 포치를 지나서, 방문객은 대성당의 제일 서쪽 돔 아래에 들어서게 된다. 오늘날 주제단은 동쪽에 조금 치우쳐서 중앙 돔 아래에 놓여 있다. 그리스 십자가 모양의 이중 대칭의 생 프롱 대성당의 공간은, 바실리카 모양 평면으로 구성된 성당의 서쪽에서 동쪽으로 진입하는 움직임의

and arcades on all sides of each dome are built precisely to the width of the piers. The space inside Saint-Front epitomizes the classic expression of Romanesque clarity and determination. To quote the eminent historian Sir Nikolaus Pevsner: "There is even something strikingly Roman in the bareness of Périgueux." Though it may have been inspired by St. Mark's in Venice, Saint-Front in Périgueux evolved into Romanesque architecture, decidedly physical and solid in feeling, in contrast to the former, which metamorphosed into a more spiritual and 'immaterial' Byzantine space after acquiring its mosaic and marble sheathing.

느낌 대신, 압도적인 장엄함을 느끼게 한다. 두터운 벽 피어들이 돔들이 연결되는 다섯개의 정방형을 형성하며, 돔 하나, 하나의 네 방향의 아일은 정확히 피어들의 폭과 똑 같게 지어졌다. 생 프롱의 내부 공간은 로마네스크 건축의 명료함과 확고함의 전형적 표현이다. 저명한 건축사가 니콜라우스 펩스너 경 (Sir Nikolaus Pevsner)은 이렇게 서술하였다: "뻬리궤의 민 낯은 두드러지게 로마적인 느낌마저 자아낸다". 비록 베니스의 산 마르코 성당에서 영감을 받았을지라도, 뻬리궤의 생 프롱은 로마네스크 건축으로 발전한것과 대조적으로, 산 마르코 자체는 대리석 마감과 모자익이 첨가된 후에 '비물질적 (immaterial)' 비잔틴 공간으로 변화하였다.

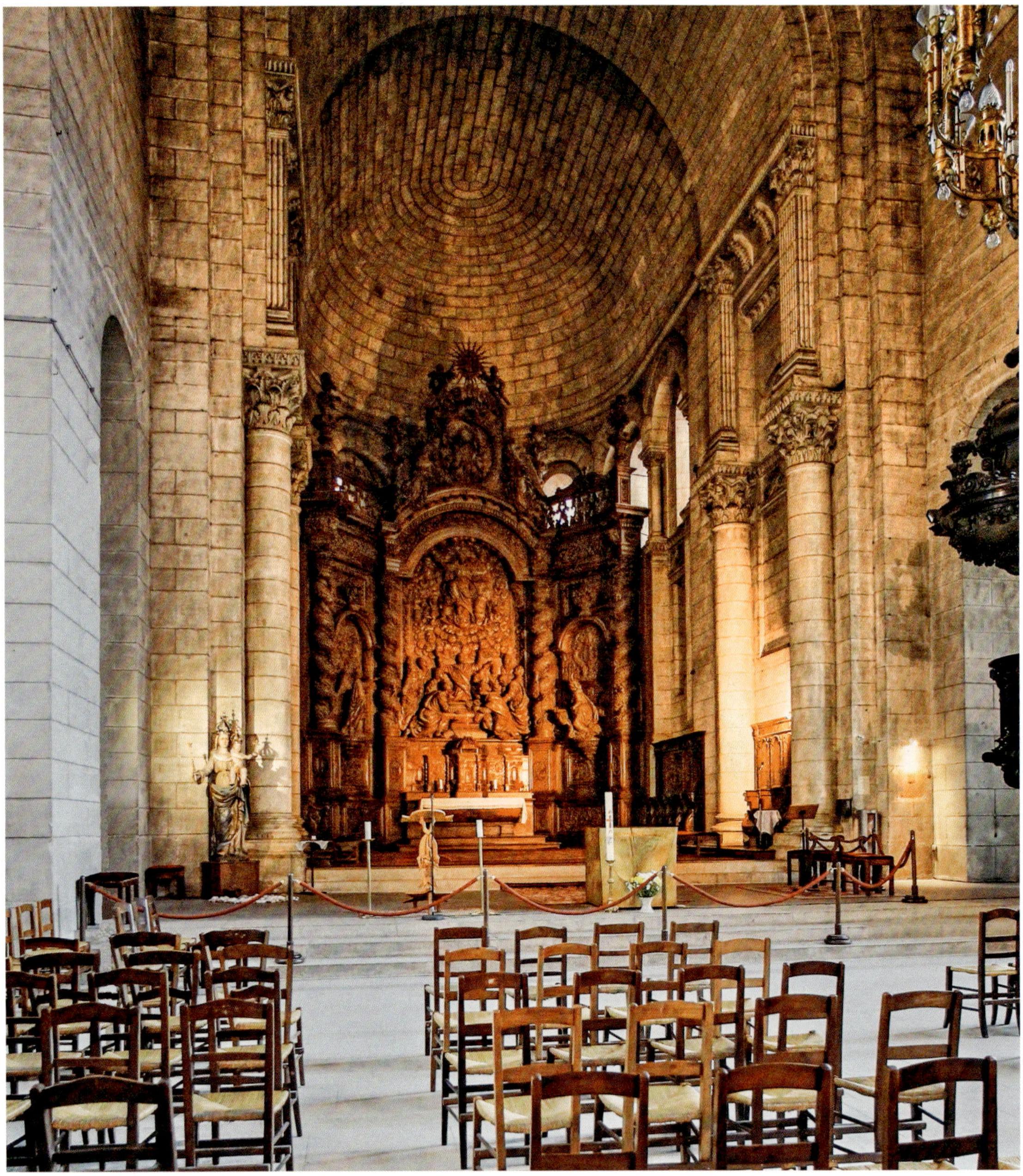

View of apsidal chapel at east

동쪽 앱스에 있는 소예배실 광경

The exterior design of Saint-Front as Romanesque architecture may best be appreciated when looking from the west on the winding *Rue Denfert Rochereau*, which makes a turn around the northwest corner of the north transept, offering a close-up view of one of the main façades of the church. On the other hand, the distant view from across the river *L'Isle* unfortunately highlights the Moorish elements, which Paul Abadie grafted onto the cathedral in a misguided rebuilding task he undertook as state architect in the latter half of the 19th century. La Cathédrale Saint-Front de Périgueux has been classified as a *monument historique* since 1840 receiving in 1897 the title of a papal basilica minor by Pope Leo XIII. In 1998 the cathedral was added to the list of UNESCO World Heritage Sites as part of the pilgrimage route to Santiago de Compostela in France.

로마네스크 건축으로서의 생 프롱의 외관 디자인은 북쪽 트랜셉트의 서북 모서리를 직각으로 돌아가는 덩페르 로슈로 *(rue Denfert Rochereau)* 거리의 서쪽에서 볼때에 가장 잘 음미할 수가 있는데, 거기에서 대성당의 주요입면의 하나를 가까이 볼수 있기 때문이다. 반면, 릴 *(L'isle)* 강 건너에서 보는 원경은, 불행하게도 19세기 말엽에 복구사업의 일환으로 정부건축가 뽈 아바디 (Paul Abadie)가 수행한, 대성당에 모슬렘 요소들을 이식한 것을 부각시킨다. 라 까떼드랄 생 프롱 드 뻬리궤는 1840년에 문화재 *(Monument Historique)* 로 분류되었고, 1897년에 교황 레오 13세 (Pope Leo XIII)로 부터 교황 소 바실리카 (papal basilica minor) 등급을 받았다. 1998년에 대성당은 UNESCO 세계문화유산 목록에 '프랑스 내의 산티아고 데 콤포스텔라 순례 노정 (The Pilgrimage Route for Santiago de Compostela in France)의 하나로 등재되었다.

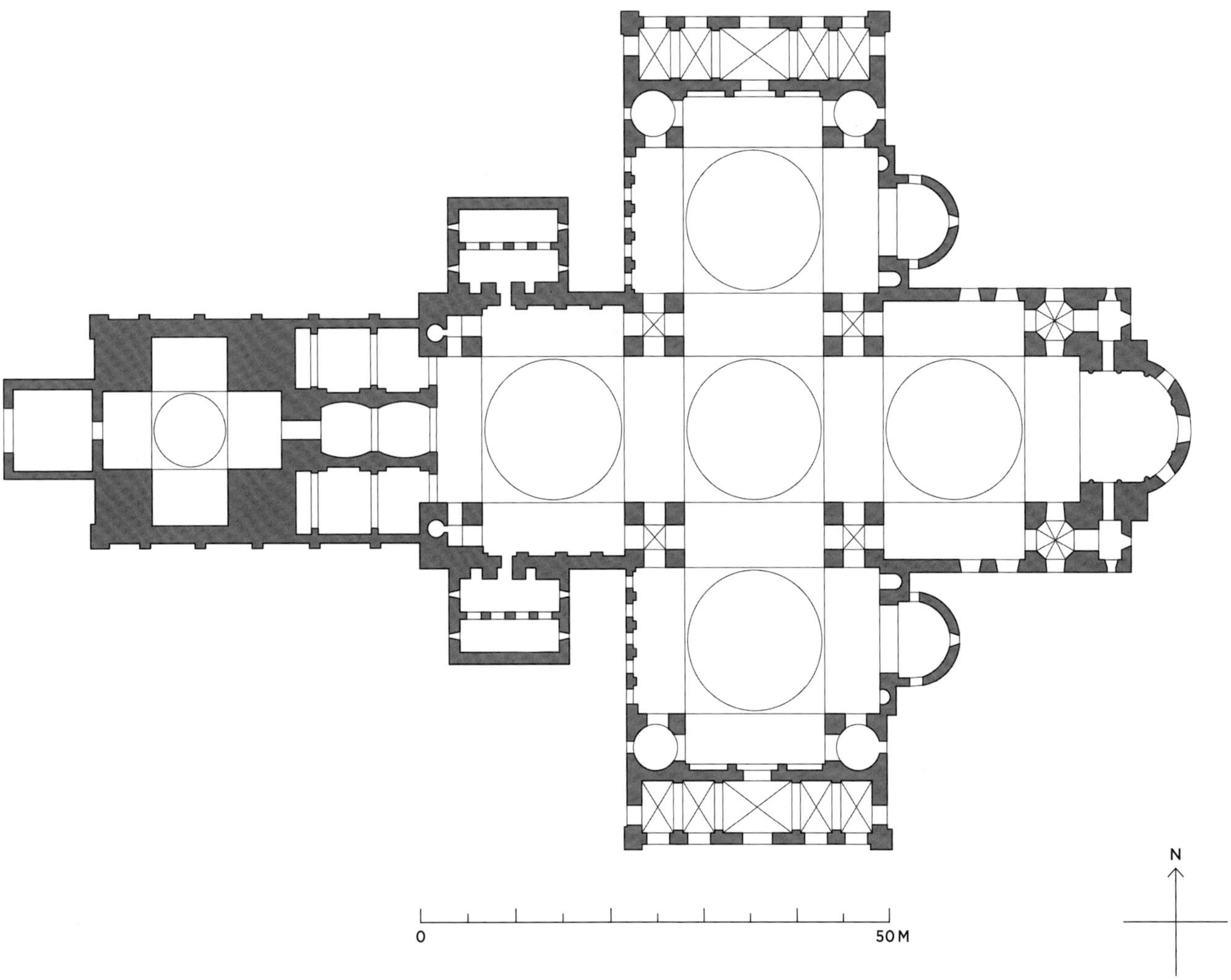

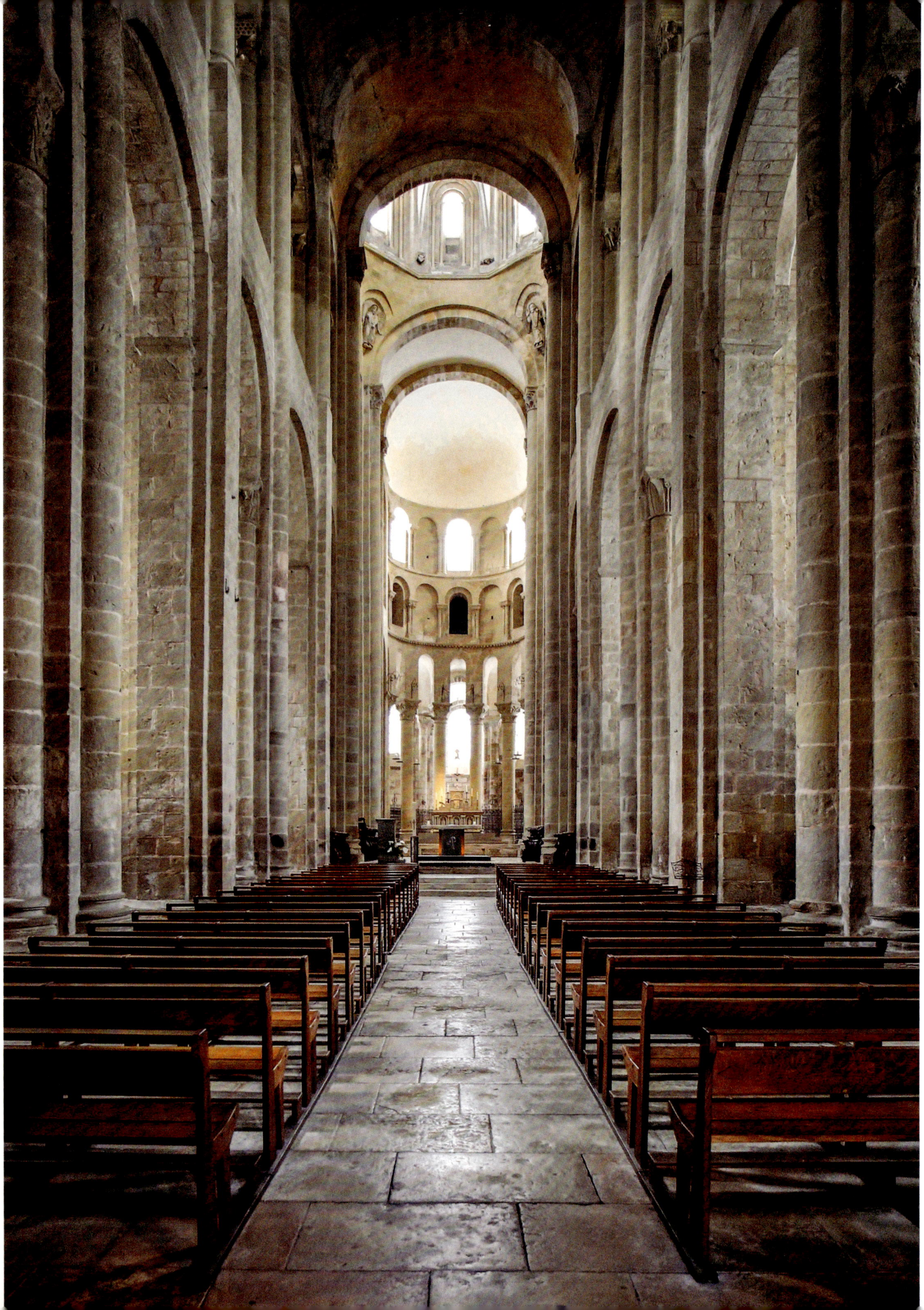

L'Abbaye de Sainte-Foy de Conques

라베이 드 생뜨 프와 수도원

꽁끄

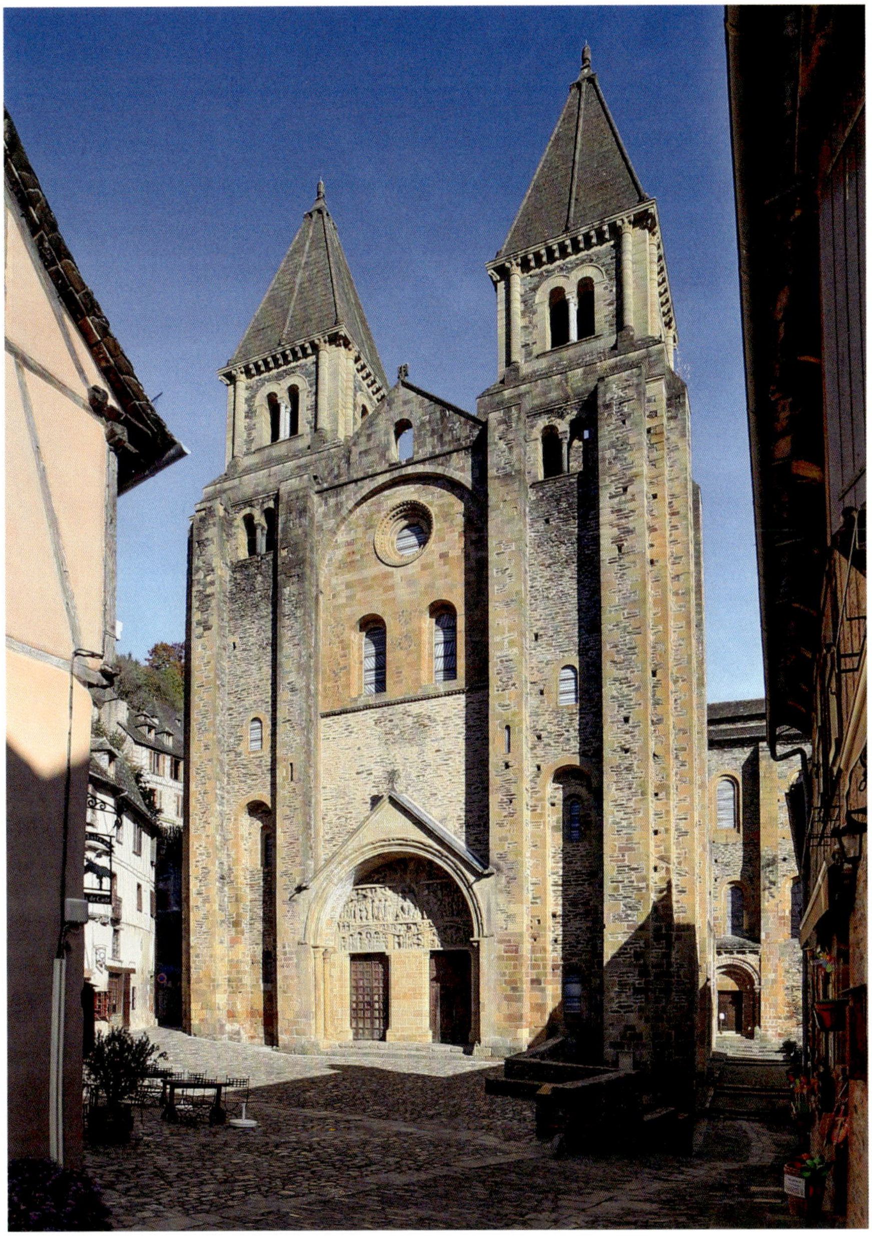

View of western façade from southwest

남서쪽에서 본 서쪽 정면 모습

← View of nave from west

서쪽에서 본 네이브 전경

The abbey church of Sainte-Foy, in medieval times connected to a Benedictine monastery, is nestled on a rugged slope in the village of Conques, in the Aveyron region north of Toulouse. It is the resting place of the early 4th-century martyr St. Faith of Agen *(Sainte-Foy)*, who became the patron saint of prisoners. According to le-

생뜨 프와 (Sainte-Foy) 수도원 성당은 뚤루즈 (Toulouse) 북쪽 아베이롱 (Aveyron) 지방의 꽁끄 (Conques) 마을의 가파른 경사지에 자리잡고 있다. 이곳은 4세기 초 여성 순교자로서 죄수와 포로들의 수호성인이 된 아장 (Agen)의 생뜨 프와의 영원한 안식처이다. 생뜨 프와의 유물은 9세기 말 아장의 수도원으로부터 '신성한 절도행위 *(furtum sacrum)*'

gend, the relics of *Sainte-Foy* were transferred in the late 9th century through a *furtum sacrum*, or holy theft, from Agen to Conques. As a result, Conques became an important stop for the pilgrimage route which would originate in Le Puy, then move west through Conques, Cahors and Moissac before crossing the Pyrenees towards Santiago de Compostela.

The present church was slowly and progressively built to replace an older structure as demand arose for a more spacious church for pilgrims after the acquisition of the relics of *Sainte-Foy*. While no document mentions the master builder's identity, according to a chronicle written by Bégon III, who served as Abbot from 1087 to 1107, and given the dates of similar and equally developed buildings such as Saint-Sernin in Toulouse, it is reasonable to assume that construction of the church as it stands began motion

를 통해 꽁끄로 옮겨졌다. 이후 꽁끄는 중세시대에 산티아고 데 콤포스텔라 (Santiago de Compostela)로 향하는 순례길 중 중요한 기착지가 되었다. 이 순례길은 르 쀠이 (Le Puy)에서 시작해서 꽁끄, 까오르 (Cahors), 똬싹 (Moissac)을 지나 서쪽으로 피레네 산맥을 넘는 길이었다.

현존하는 성당은 생뜨 프와의 유물을 취득한 이후 순례자들을 위해 더 넓은 성당이 필요해지게 되면서 기존 구조물을 대체하기 위해 오랜 시간에 걸쳐 세워졌다. 건축가가 누구였는지를 밝히는 문서는 남아있지 않다. 그러나 1087~1107년 수도원장을 지냈던 베곤 3세 (Bégon III)의 연대기와 뚤루즈 (Toulouse)의 생 세르냉 (Saint-Sernin) 바실리카 등 비슷한 수준으로 '발전된' 구조물들의 연대에 비춰볼 때 성당의 공사는 11세기 중반 오돌릭 (Odolric) 수도원장 시절에 시작되어 11세기 후반에 대부분의 공사가 진행되었다고 추정할수 있다. 학계 전문가들은 생뜨 프와 수도원 성당이 12세기 초에 완공되었다는 데에는 의견을 함께 하고 있다.

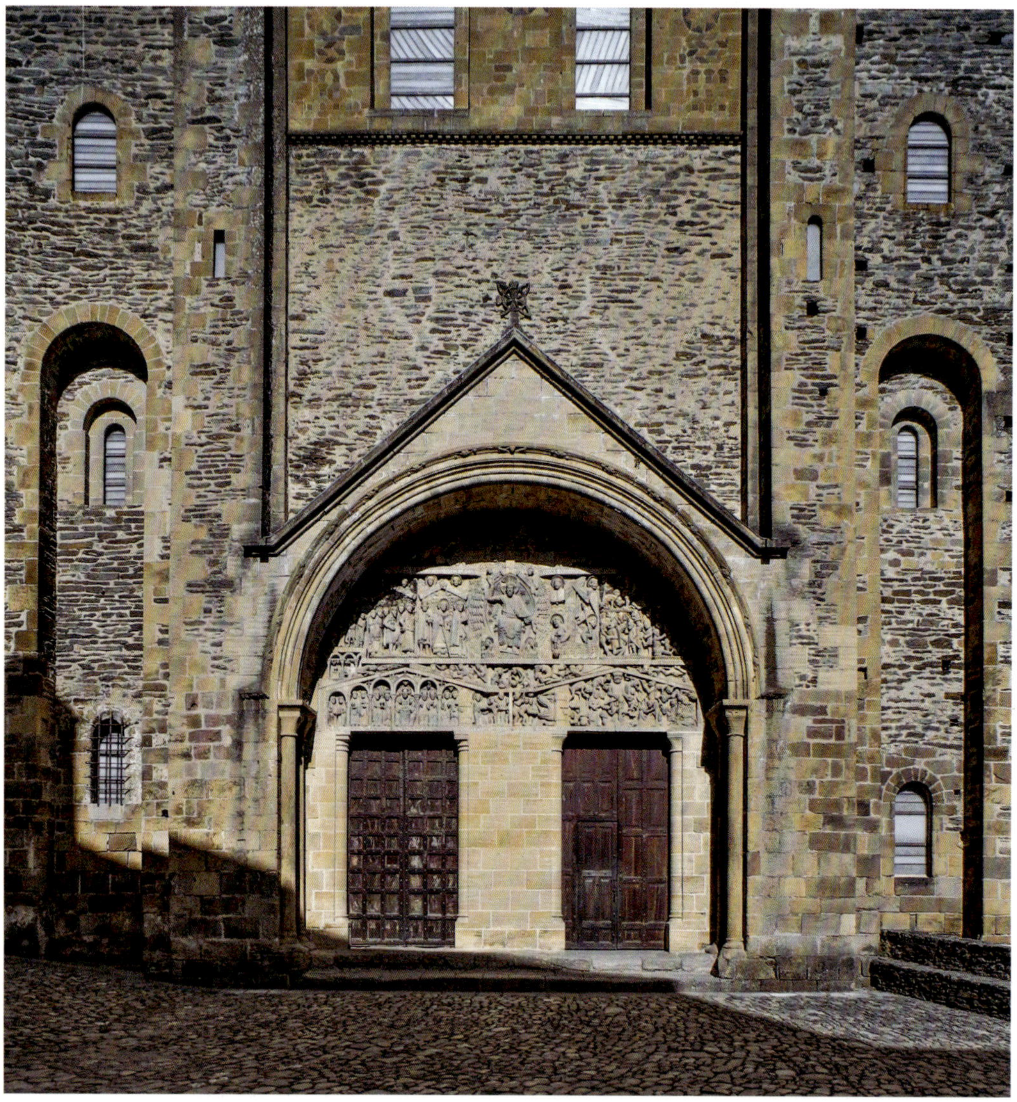

Axial view of western portal with highly regarded tympanum sculpture

팀파늄 조각으로 높이 평가 받는 서쪽 정문의 근거리 모습

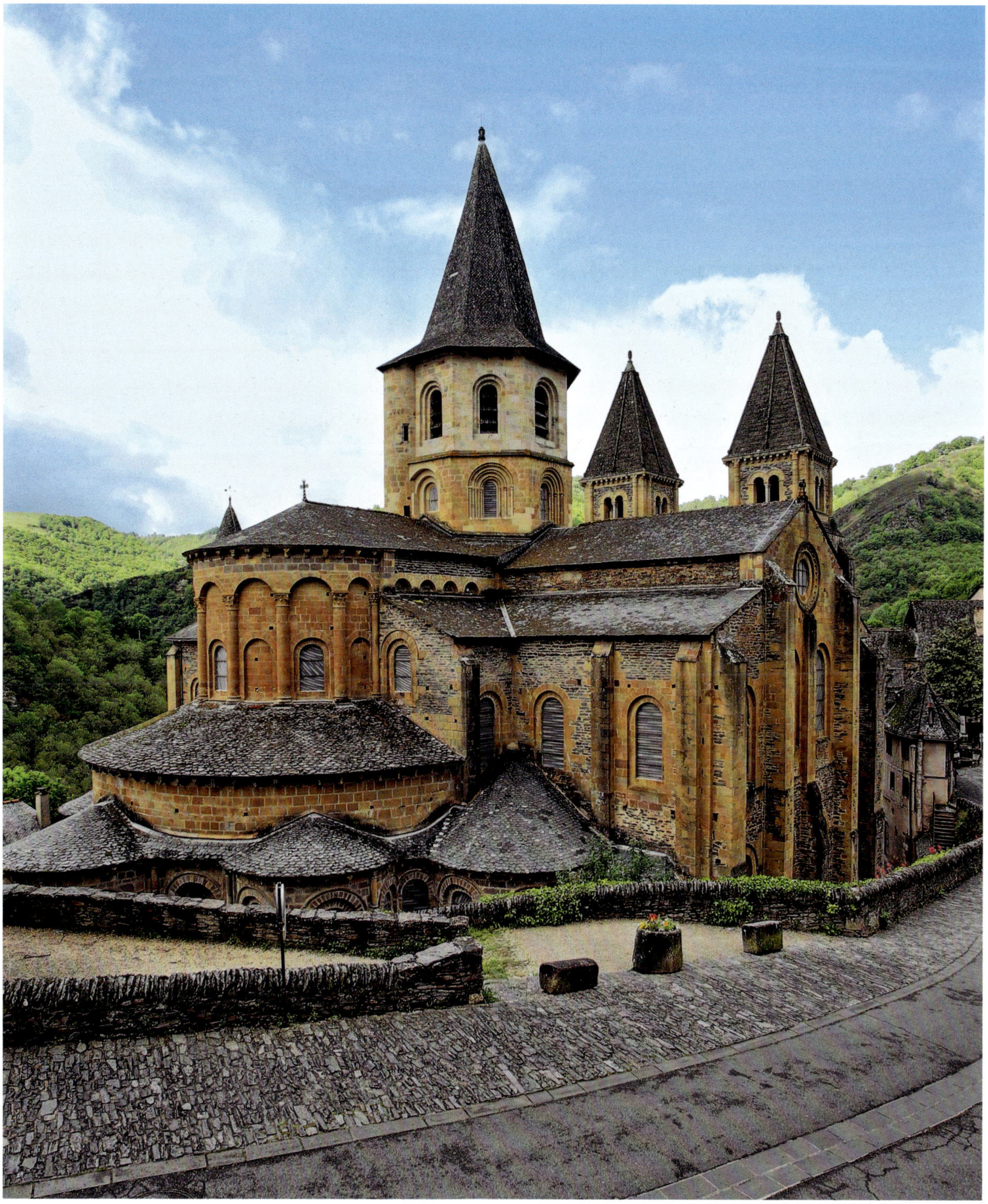

View of harmonious *chevet* with radiating chapels from northeast

동북쪽에서 본 방사방향으로 배치된 소예배실을 갖춘 조화로운 슈베 모습

during the time of Odolric, the abbey's first Abbot, about mid-11th century, and much of it was done during the latter half of the 11th century. Scholarly opinions agree that the church must have been mostly finished in the early 12th century.

The standing church is built on a Latin cross plan, with a relatively short nave and aisles, a square crossing with an octagonal belfry tower above, and transept arms, also with aisles. There

현존하는 성당은 비교적 짧은 네이브와 아일, 팔각형 종탑이 위에 놓인 정방형 크로싱, 그리고 트랜셉트 날개와 아일을 갖춘 라틴 십자형 평면으로 지어졌다. 성당에는 세 방향의 방사형으로 배치된 소예배실이 연결된 회랑 (ambulatory)이 있다. 두개의 소예배실은 회랑에 연결되지 않고 회랑에 연결된 트랜셉트 아일과 이어져 있다. 앱스를 둘러싸는 회랑은 여섯개의 원주로 조금 높은 위치에 놓인 성단소와 구획되어 있다.

is an ambulatory with three radiating chapels as well as two additional chapels, not radiating from the ambulatory, but joined to the transept aisles which are joined to the ambulatory. The ambulatory around the apse is separated by six pillars from the sanctuary, placed at a higher level.

Differences in the masonry in different parts of the church suggest that the ambulatory with lower roof, where the walls are built of rubble stone with sandstone ashlar dressings, was built first. The next phase of construction, which may have been completed by the end of the 11th century, included the building of the five chapels, the choir and the nave without the galleries, and the crossing. The last phase of construction, which was completed early in the 12th century, was inspired by the churches of Saint-Sernin in Toulouse and Santiago de Compostela. It entailed adding galleries over the aisles, enabling the nave to acquire a triforium level. The roof over the transept arms and the choir was raised and a gallery floor built, enabling worshipers to circulate at the gallery level.

The relics of *Sainte-Foy* had been encased in an imposing gold reliquary statue studded with precious gems. The figure was seated on a throne, symbol of the saint's role as judge over human affairs. It was kept on the high altar and was protected by a wrought iron grille forged from the chains and manacles of prisoners released from captivity by the saint's intercession. They then came to Conques to offer the instruments of their oppression as ex-votos.

On entering the church, visitors are greatly impressed by the beautifully proportioned and immensely soaring space of the nave, which is 20.7 meters high and has a bold proportion of 1:2.5. The first bay at the western entrance is wider, a sort of indoor narthex, which would have allowed pilgrims to circulate more comfortably. Then there are three typical bays, a wider bay before the crossing, then the square crossing. Above the crossing is a ribbed octagonal dome on squinches set in the square bay, with the 26.4-meter-high 12th-century belfry tower over it. There are over two hundred columns in Sainte-Foy, with sculpted capitals with a variety of motifs including palm leaves, symbols, biblical monsters and scenes from the life of *Sainte-Foy*. The interior length of the church is 56 meters.

The nave elevation scheme is comprised of exceptionally high half-round arcades, each surmounted by a triforium arch which embraces two

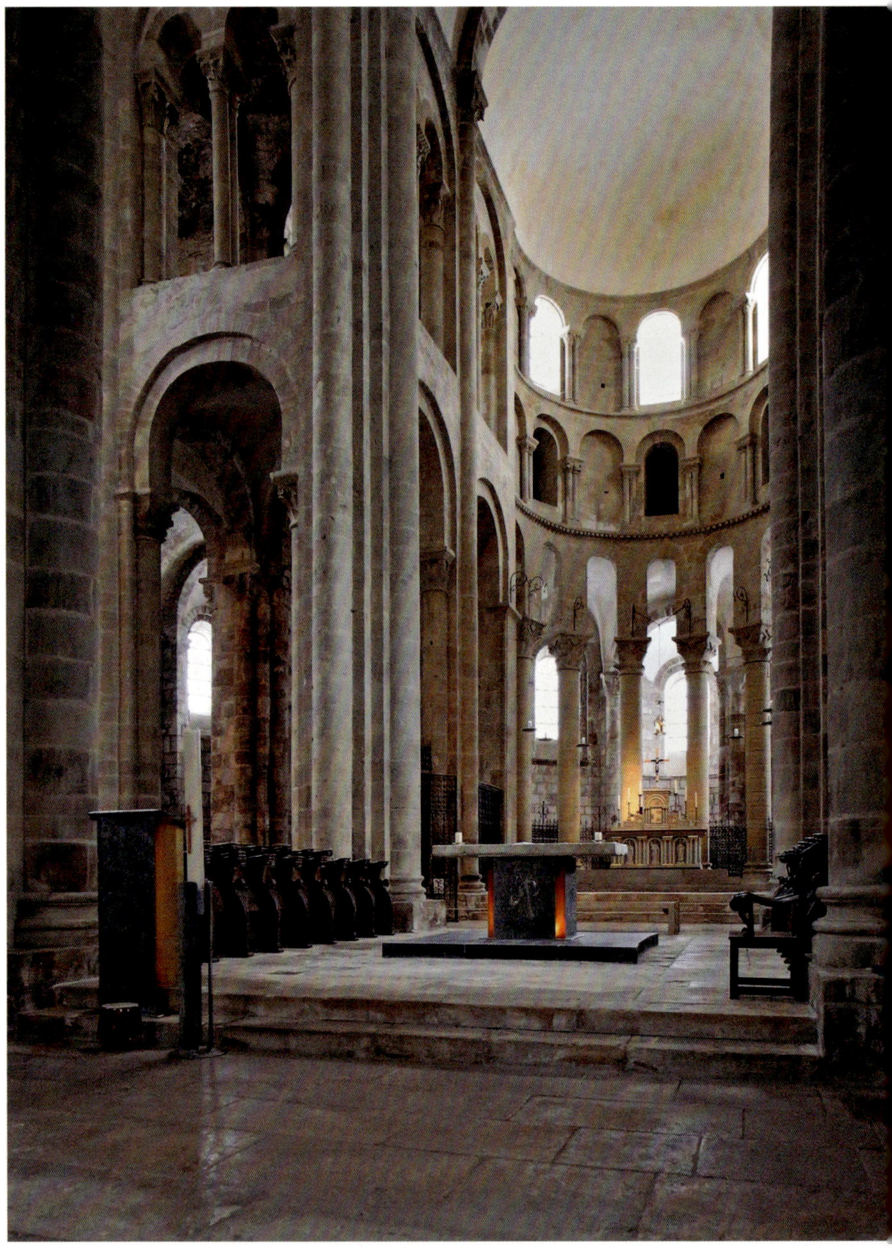

View of slightly raised chancel from southwest

남서쪽에서 본 약간 높게 배치된 성단소 모습

석조작업의 종류와 기술적 차이 등으로 유추해볼 때 잡석과 석회암 애슐라 (ashlar) 마감 벽면으로 이뤄진 낮은 지붕의 회랑이 가장 먼저 지어졌을 것으로 추정된다. 11세기 말까지 완성되었을 것으로 추정되는 다음 단계 공사에는 다섯개의 소예배실, 성가대석, 트리포리움 갤러리 (triforium gallery) 없는 네이브와 크로싱이 포함되었다. 12세기 초 완공된 마지막 단계 공사는 뚤루즈의 생 세르냉 (Saint-Sernin)과 산티아고 데 콤포스텔라 에서 영감을 받았다고 할수 있는데 이 공사단계에서 아일 상부에 갤러리를 증축함으로서, 네이브 입면에 트리포리움층이 새로이 추가되었다. 트랜셉트 날개와 성가대석 위의 지붕 레벨이 높여지고, 트랜셉트에도 갤러리층이 건설되어 신도들이 이용할 수 있게 되었다.

smaller arches supported by a slender middle column. The nave arcades are defined by compound piers which have, alternating on four faces, half-round pilasters or square-edged piers. The nave is covered with barrel vaults of 60-centimeter thick masonry, articulated by transverse arches at each bay, while the relatively low aisle spaces are roofed with groin vaults. The outward thrust of the barrel vault of the nave roof is countered by a quarter-round barrel vault at the triforium level.

Looking at the exterior composition of Sainte-Foy, the west façade has a 19th-century addition of symmetrical towers, mostly built of rubble

View looking up from south aisle to nave and triforium at north wall

남쪽 아일에서 네이브와 북쪽 벽위의 트리포리움을 올려다 본 광경

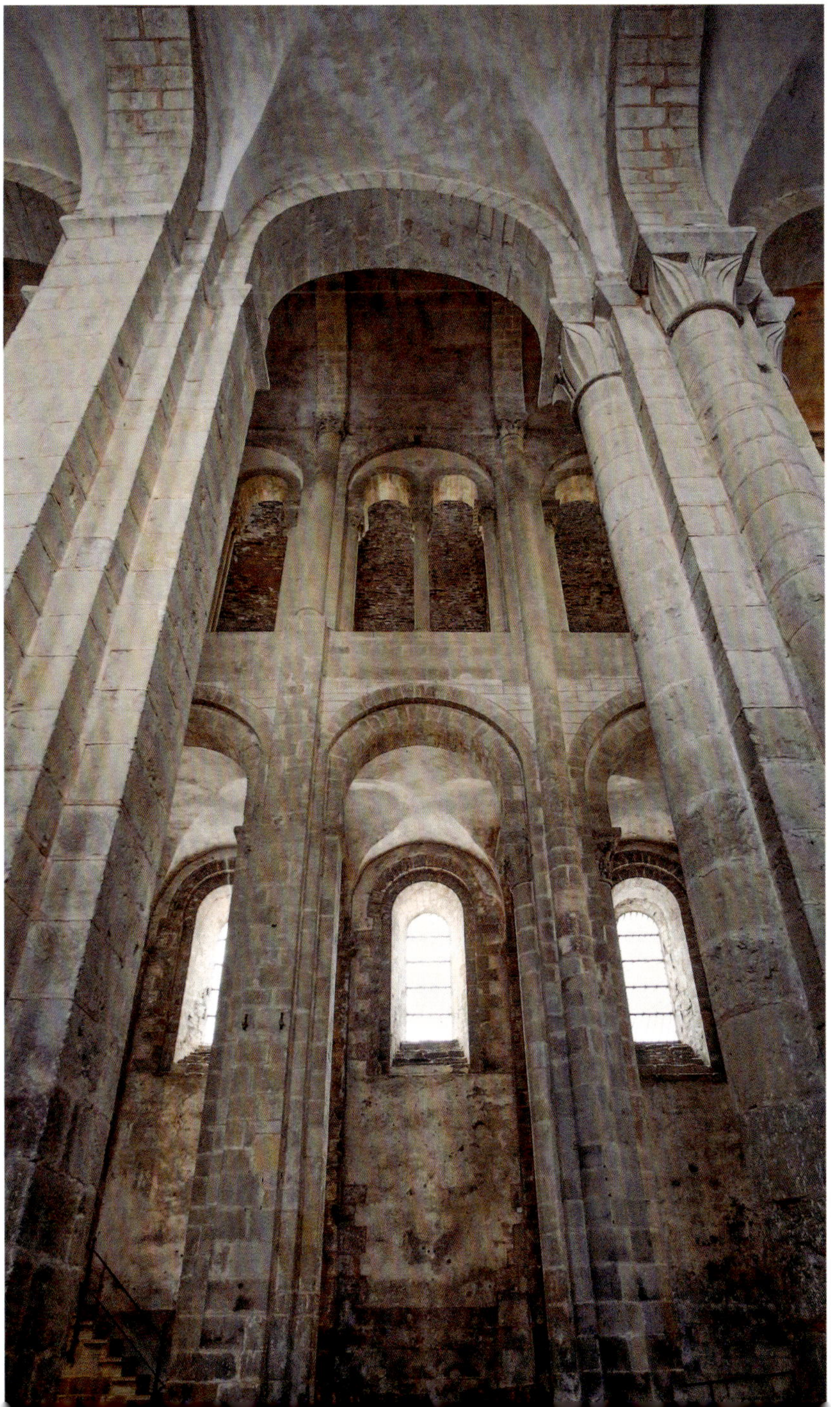

생뜨 프와의 유물은 보석으로 장식된 훌륭한 황금 유물함에 보관되었는데, 성녀 프와는 인간세상의 사안을 판별하는 성자의 상징으로 왕좌에 앉어 있다. 그 유물함은 높은 성단소에 안치되었고, 성녀의 은총으로 해방된 포로들의 쇠사슬을 녹여 만든 주철 철책으로 둘러 쌓여있다. 그들은 꽁끄로 와서 억압의 도구였던 쇠사슬을 은혜에 보답으로 받친것이다.

성당에 들어서면서 방문객들은 아름다운 비례를 갖고 높이 솟아오르는 네이브 공간을 맞 닥뜨리게 된다. 네이브 천정 높이는 20.7 미터이고, 너비와 높이의 비례는 과감하게도 1대 2.5 에 이르고 있다. 서쪽 정문에서 첫번째 베이는 실내 나르텍스로서 순례자들의 이동을 편하게 하기 위해 조금 넓게 디자인되었다. 이어서 세 개의 똑 같은 베이가 있고 다음에 조금 넓은 베이, 그리고 정사각형 크로싱이 있다. 크로싱 위에는 정사각형 베이 안에 리브 볼트로 덮인 팔각형 돔이 스퀸취 (squinch) 위에 놓여있고, 그 위를 26.4 미터 높이의 12세기 종탑으로 매듭짓고 있다. 꽁끄 성당 내부에는 200개가 넘는 조각된 주두들이 기둥을 장식하고 있으며, 종려잎, 기독교 심볼, 성경 속의 괴물들, 성녀 프와의 일대기 등 다양한 주제가 조각되어있다. 성당의 내부 길이는 총 56 미터이다.

네이브 입면 디자인은 매우 높은 반원 아케이드 위로 각각 트리포리움 아치가 놓이고, 기둥으로 지지되는 두개의 작고 갸날픈 아치로 다시 나뉘어진다. 네이브 아케이드는 복합 피어로 구성되며, 네 면에는 반원통 필라스터 (half round pilaster)와 각이 진 피어가 번갈아가며 접합되어 있다. 네이브는 각 베이마다 횡경 아치가 구획하는, 60 센티미터 두께의 석조 배럴 볼트로 건축되었고, 비교적 낮은 아일 공간의 천정은 그로인 볼트로 마감되었다. 네이브 지붕의 배럴 볼트의 횡력은 트리포리움 레벨의 반개 돔 배럴 볼트가 받아준다.

생뜨 프와 수도원 성당의 외관 디자인을 분석해 보면, 서쪽 정면은 19세기에 대부분 잔 돌로 증축된 대칭의 타워로 이뤄져 있는 것을 알 수 있다. 성당 증축 전에는 롬바르디아 (Lombard) 성당처럼 중앙에 경사지붕이 놓이고 양옆이 밖으로 경사지는 정면을 우리에게 보여주었을 것이다. 서쪽 정면을 제외한 성당의 나머지 입면은 대부분 석회암 애슐라 (ashlar) 마감으로 지어졌고, 잔돌 쌓기는 거의 활용되지 않았다. 성당의 외부 길이는 59 미터이다. 생뜨 프와 성당의 자랑인 '최후의 심판' 팀파눔 (tympanum)은 정문 위에 비바람을 막아주는 깊은 아치 속에 보호된 채로 조각되어 있다. 팀파눔은 죽은 자들의 영혼을 심판하는 장엄 예수를 묘사하고 있으며, 두개의 박공 지붕 모양의 상인방이 천국의 입구를 상징하고 있다. 왼쪽 아래에는 하느님이 손을 뻗어 무릎꿇고 기도하는 성녀 프와를 가리키는 모습이 조각되어 있다. 팀파눔의 조각상은 전체가 채색되었었으며 이는 '채색된 책 (illuminated manuscript)'에서 영감을 얻은 것이다.

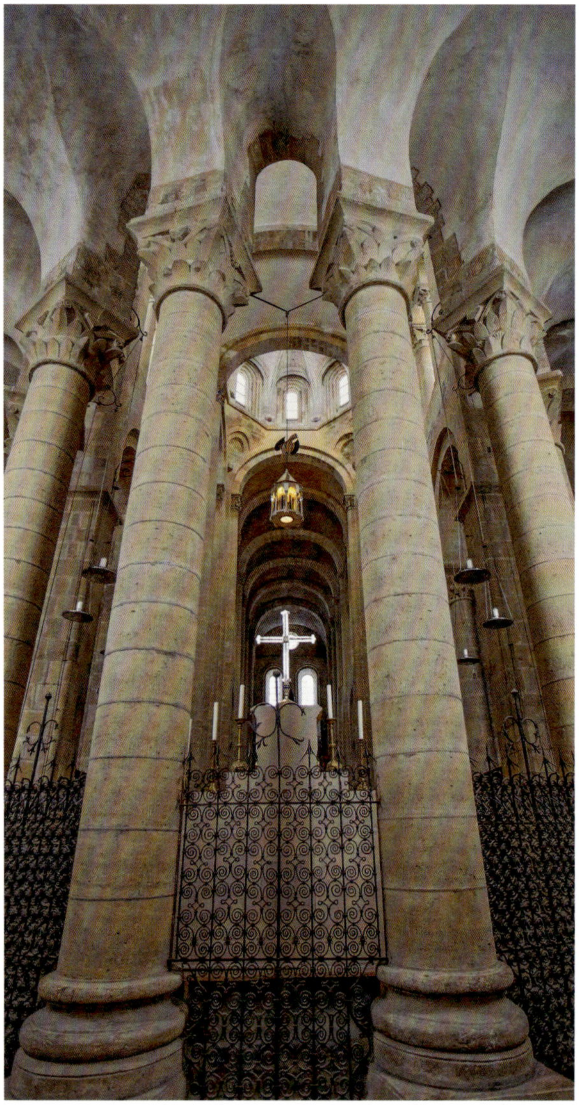

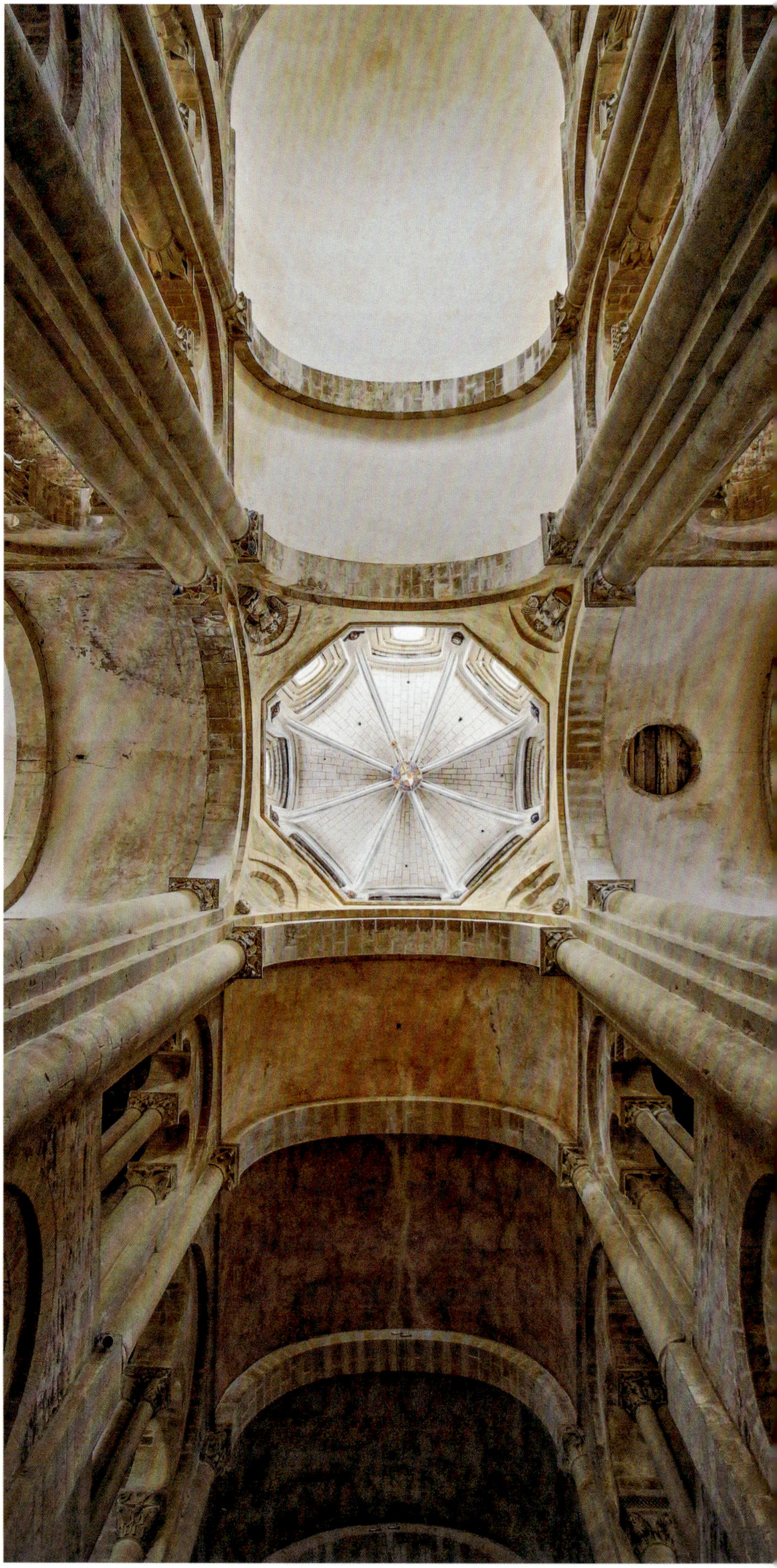

stone. Before the addition, Sainte-Foy would have presented a façade with a central gable with lower sloping roofs on either flank like a Lombard church. Nearly all the rest of the church is of limestone ashlar with little visible rubble. The exterior length of the church is 59 meters. The glory of Sainte-Foy, the tympanum depicting the *Last Judgment*, is placed over the portal, shielded with a deep arch. The tympanum portrays Christ in Majesty overseeing the judgment of the souls of the dead. Two gable-shaped lintels symbolize the entrance into Heaven. Shown on the lower left is *Sainte-Foy* kneeling in prayer before the outstretched hand of God, who is blessing her from the clouds. The tympanum was inspired by illuminated manuscripts and would have been executed in full color.

Both the west portal and tympanum of the abbey church date back to about 1124. The remarkable sculptures, which comprise the centerpiece of the tympanum, still retain traces of their medieval polychromy, thanks to the arched hood, a circumstance which gives us the rare privilege of seeing this composition of the *Last Judgment* as the Middle Ages saw it. The religious demand to teach and convert throngs of pilgrims may be felt in the choice and treatment of the subject — more picturesque and much more popular in appeal than the apocalyptic vision, which was evoked for the more intellectual devotion of the monks of Cluny.

Upon visiting Sainte-Foy in Conques in 1833, Prosper Mérimée, the popular writer and France's Inspector of Historical Monuments at that time, directed a thorough restoration of the church. In 1873, the Norbertine order, also known as the Premonstratensians, became the Catholic caretaker of the church. L'Abbaye de Sainte-Foy was added to the list of UNESCO World Cultural Heritage Sites in 1998 as part of the pilgrimage route to Santiago de Compostela in France.

약 1124년에 건축된 것으로 추정되는 성당의 서쪽 정면과 탐파눔은 아치 모양의 차양 덕분에 중세 당시 채색의 흔적이 지금도 남아있어 중세 사람들이 이 조각의 뛰어난 구성을 직접 보았을 것으로 짐작할 수 있는 단서를 우리에게 제공한다. 조각품이 다루고 있는 주제의 선택과 묘사방법에서도 순례자들을 가르쳐 귀의시켜야 하는 종교적 요구가 느껴진다. 즉, 꽁끄에서는 좀더 화려하고 대중적 호소력을 가진 주제를 다룸으로써 클뤼니 (Cluny) 수사들의 지적인 신앙심을 겨냥한, 계시록의 비전을 환기시키는 주제와는 대조되는 모습을 보이고 있다.
저명한 문학가이자 당시 프랑스 정부의 문화재 책임자였던 쁘로스뻬 메리메 (Prosper Mérimée)는 1833년 꽁끄를 답사한 후 성당을 철저하게 복원할 것을 지시했다. 꽁끄 성당의 관리 책임은 1873년 가톨릭 교회 내에서 노르베르틴 (Norbertine) 파, 또는 프레몬스트라-텐시안 (Premonstratensians) 이라 불리는 교파에게 주어졌으며, 라베이 드 생뜨 프와 (L'Abbaye de Sainte-Foy) 는 1998년 프랑스 내 산티아고 데 콤포스텔라 (Santiago de Compostela) 순례길의 성당들의 일부로 유네스코 (UNESCO) 세계문화유산에 등재되었다.

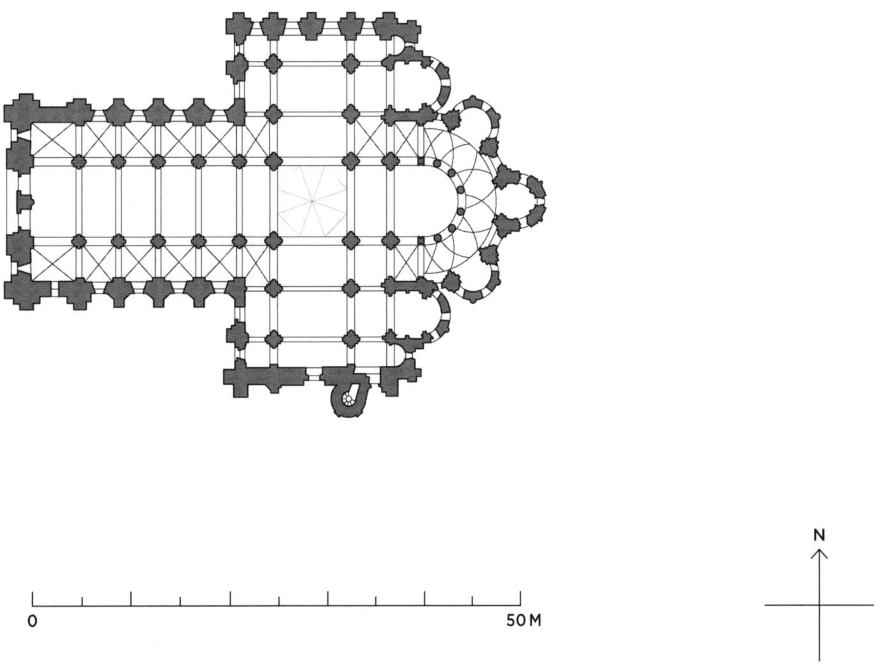

← Axial view west from ambulatory toward chancel (left)

성단소를 향해서 회랑에서 서쪽정면으로 본 모습

← View looking up at octagonal crossing tower dome (right)

팔각형의 크로싱 타워 돔을 올려다 보는 광경

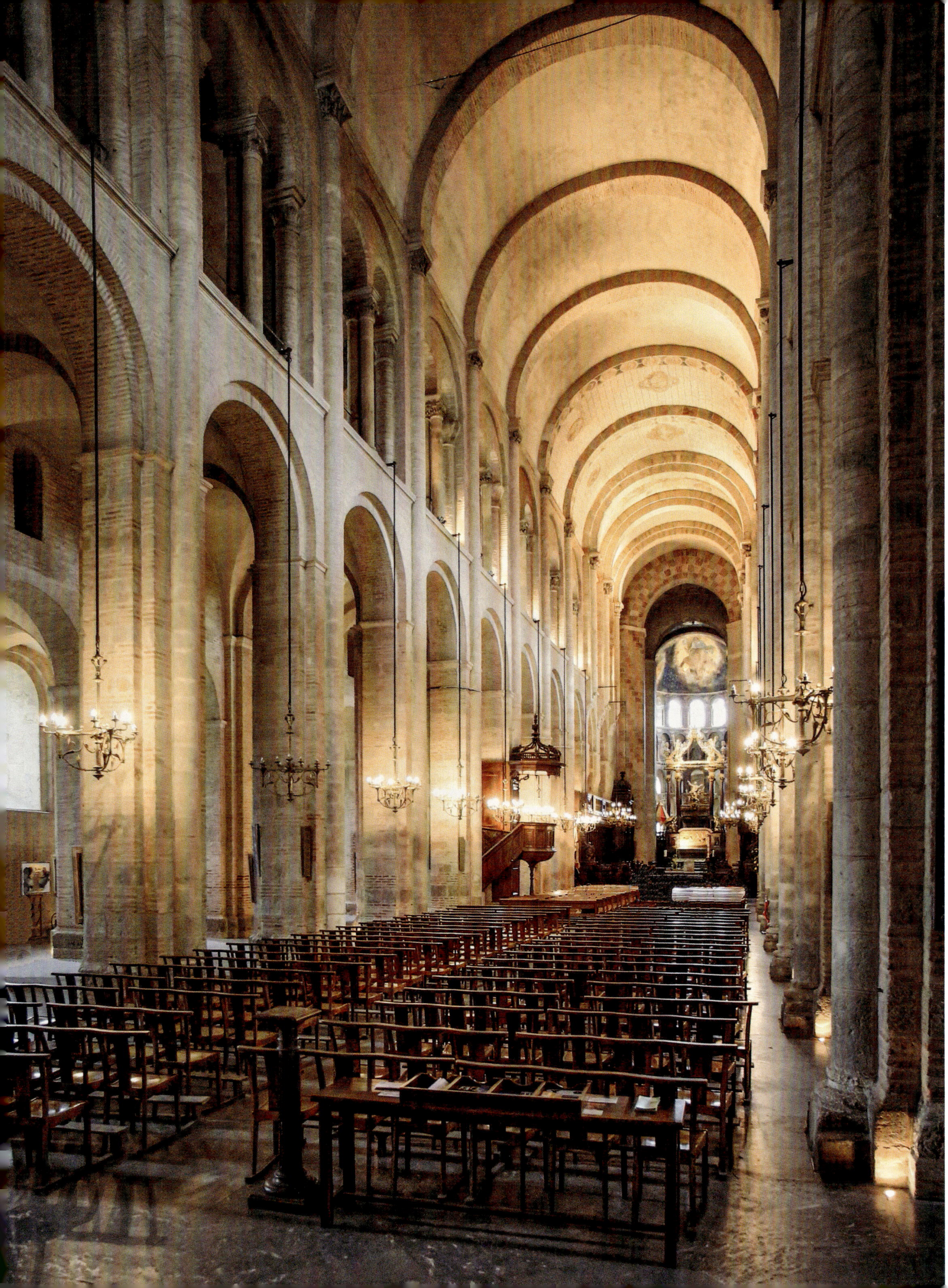

La Basilique Saint-Sernin de Toulouse

생 세르냉 드 뚤루즈 바실리카 성당

뚤루즈

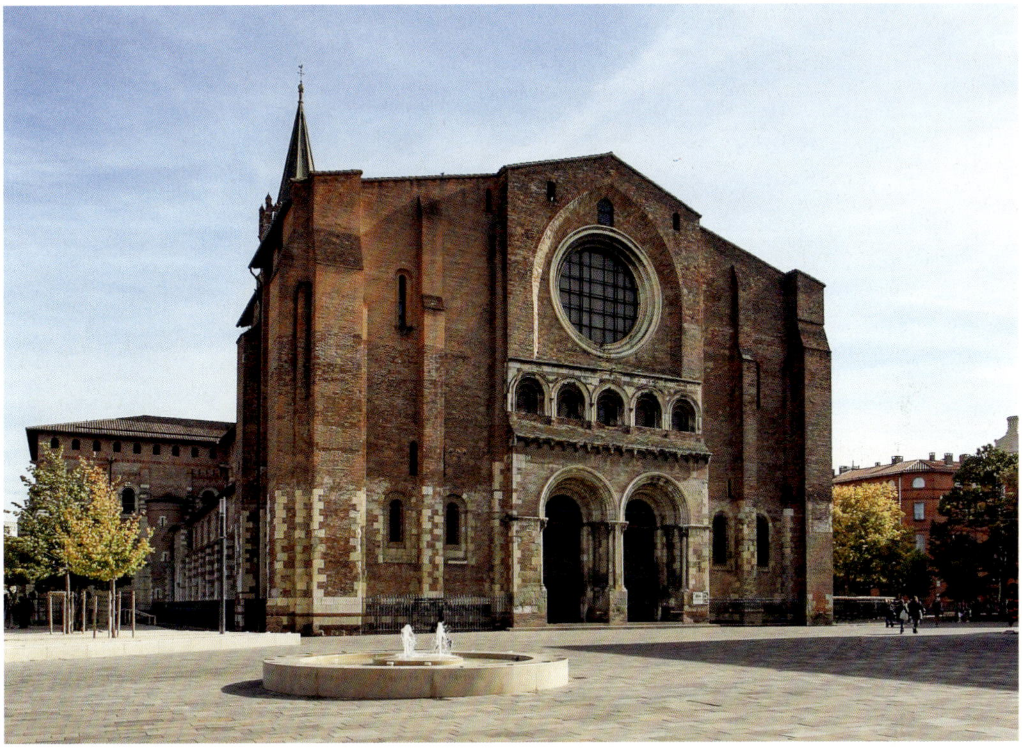

Exterior view of western façade from northwest

서북쪽에서 본 서쪽 정면 외관 모습

← View of nave from southwest

서남쪽에서 본 네이브 전경

The Basilica of Saint-Sernin in Toulouse is perhaps the most visited of the pilgrimage group of churches. It is named after the early 3rd-century martyr and first bishop of Toulouse, St. Saturnin *(Saint-Sernin)*. Conservative opinion would ascribe the beginnings of Saint-Sernin, which was originally an abbey, to 1077, by which time the chapter of canons regular had been instituted, or to 1082—1083, when Cluniac monks were installed at Saint-Sernin, with construction continuing thereafter. Saint-Sernin was initially situated on the outskirts of what was then a much smaller city of Toulouse and comprised a considerable group of conventual structures which are all but legend today. The importance of Saint-Sernin increased enormously after Charlemagne donated a number of small relics to the abbey, whereupon it became an important pilgrimage destination in its own right as well as an indispensable stop for pilgrims making their way to Santiago de Compostela from Arles.

뚤루즈에 있는 생 세르냉 바실리카는 아마도 순례자 그룹 성당 중에서 가장 많은 순례자들을 맞이하는 성당일 것이다. 성당은 3세기초 순교자이며 뚤루즈의 초대 주교였던 성 사투르니노(Saturninus)를 기려 명명되었다. 건축기간 중 짧은 기간을 제외하고 성당은 아우구스티노회 수도원이었었다. 당시에 수도원은 시 경계 밖에 세워졌었고 다수의 수도원 구조물들이 있었으나 오늘날은 하나의 전설에 지나지 않는다. 샤를마뉴가 수도원에 유물을 기증한 후 가톨릭 교회 내에서 생 세르냉의 중요성은 크게 증대하여 아를르 (Arles)를 출발해 산티아고 데 콤포스텔라 (Santiago de Compostela)로 향하는 순례자들에게 필수적 순례코스로 자리잡았다. 보수적 학설은 생 세르냉 수도원의 시작을 수사신부 지회 (chapter of canons regular)가 창설된 1077년 으로 간주하지만 또다른 학설은 클뤼니 회 수사들이 생 세르냉에 정착한 1082-83년을 기점으로 성당 건축이 시작된 것으로 해석한다.

생 세르냉의 대부분 건물을 지은 건축가는 다수의 문서에서 레이몽 게이라르 (Raymond Gayrard)로 확인되었는데, 그는 사후에 입증된

The master builder for a major portion of Saint-Sernin is identified in multiple documents as Raymond Gayrard, who interestingly was also beatified in the 17th century for miracles recorded to have taken place after his death. At the time Gayrard took over the building of the church, around 1098, he was a canon and the provost of the Augustinian chapter. The standing church is built on a Latin cross plan with a twelve bay-long nave with double aisles; an imposing crossing; four bay-long transept arms also with aisles, which turn around at the ends to make full circuits; a long choir; and an apse. The *chevet* consists of five radiating chapels around an ambula-

기적에 따라 17세기에 가톨릭 교회의 성인으로 시성되었다. 1098년 그가 성당 건설공사의 책임을 맡게되었을 때 그는 아우구스티노회 수사이자 지회장이었다. 라틴 십자형 평면 (Latin cross plan)의 성당은 12 베이 길이의 네이브와 이중 아일, 훌륭한 크로싱, 단부에서 완전히 연결되도록 방향을 튼 아일들을 포함한 4 베이 길이의 트랜셉트 날개, 긴 성가대석과 앱스 등으로 지어졌다. 슈베 (chevet)는 회랑 (ambulatory)에 이어진 5개의 방사형으로 배치된 소예배실, 각 트랜셉트의 동쪽 아일에 연결된 앱스 소예배실 (absidiole) 등으로 이뤄진다. 성당의 이 부분은 게이라르가 건축을 맡았을 때에 이미 완성되었었다. 서쪽 정문에는 한가운데의 기둥을 둘러싼 정사각형 모양의 나르텍스 (narthex)가 있다.

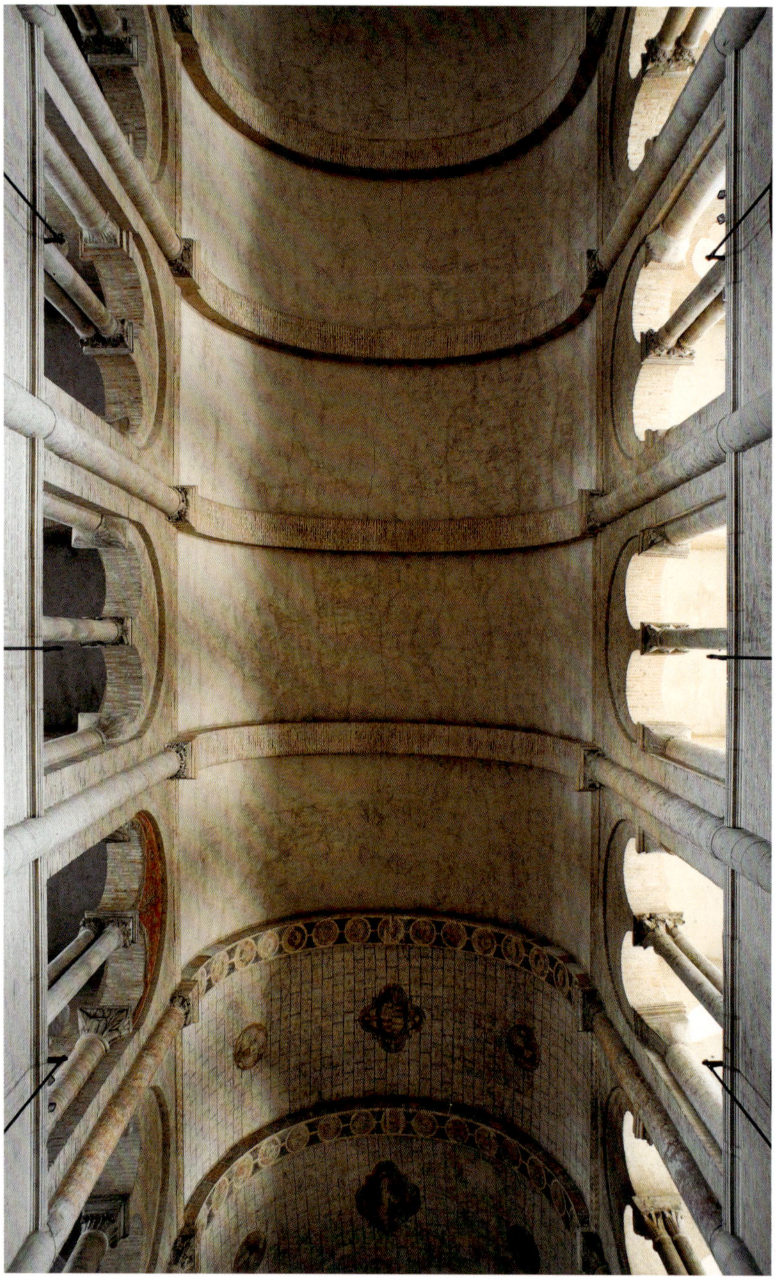

→ Exterior view from east of *chevet* with radiating chapels and crossing tower

동쪽에서 본 방사방향으로 소예배실이 배치된 슈베와 크로싱 타워 전경

← View looking up at tunnel vault with transverse arches

횡경 아치로 구획된 턴넬 볼트 천정을 올려다 본 모습

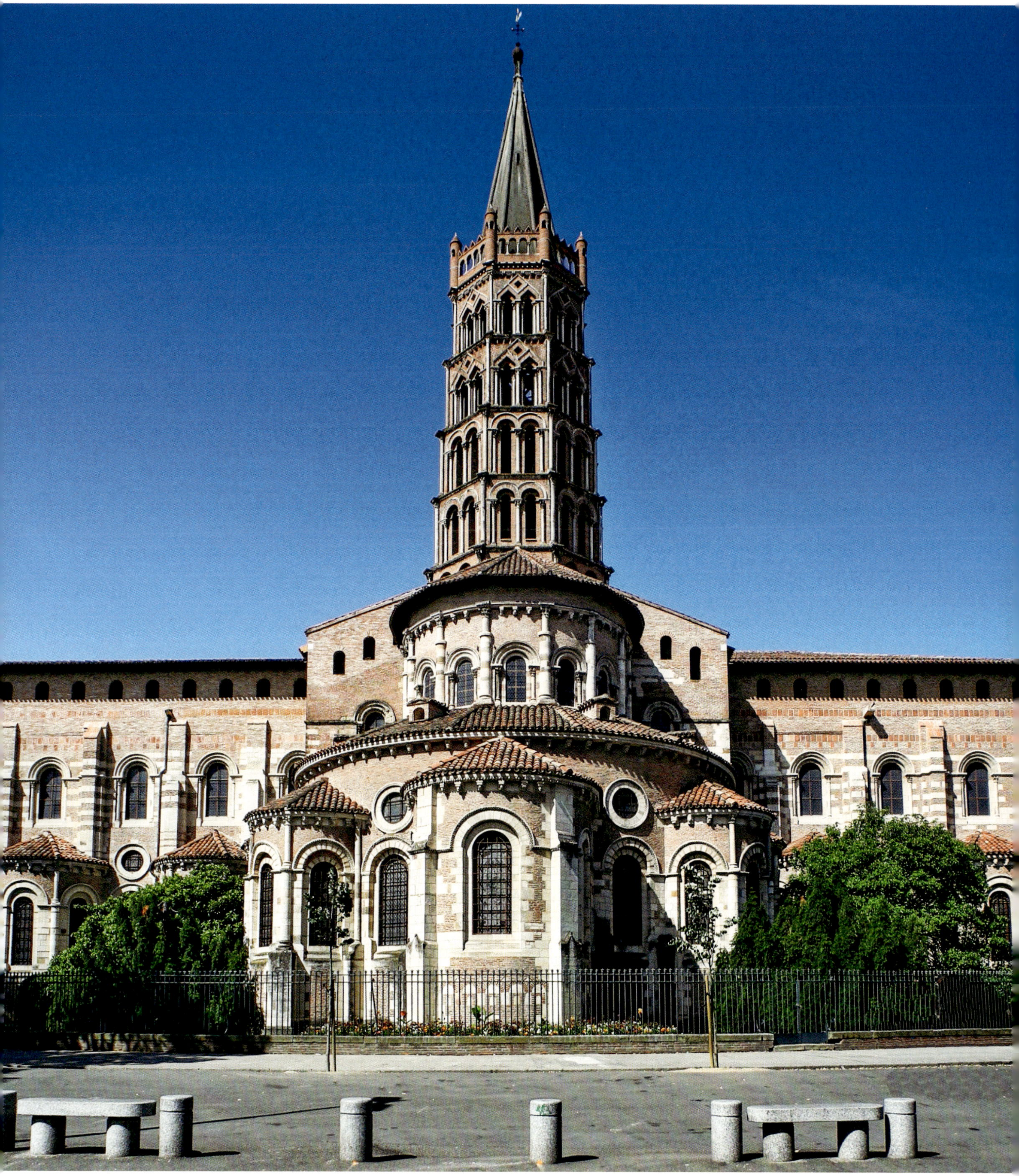

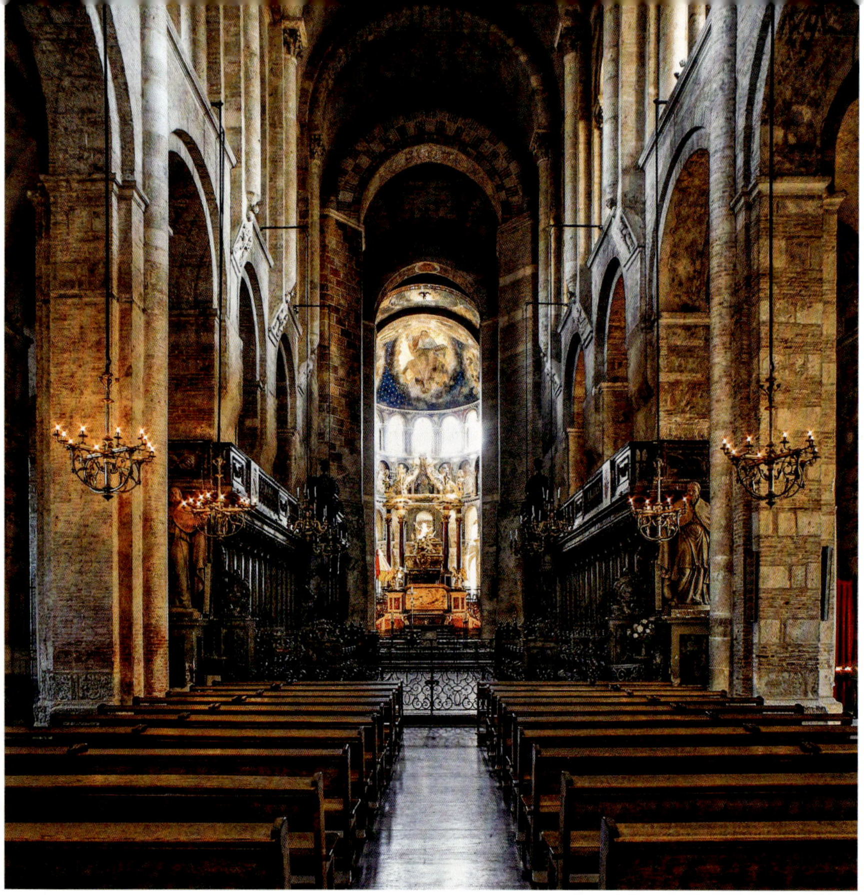

View of choir toward eastern apse with fresco of *Christ Pantocrator* on half dome

장엄 예수 프레스코 그림이 반개 돔에 그려진 동쪽 앱스를 향하여 본 성가대석 광경

tory, and pairs of apsidioles at each transept arm joined to the eastern aisles. This *chevet* was already completed when Gayrard took over the building project. At the western portal, there is a square-shaped narthex with a pillar in the middle. A few years before the master builder began his task, in May 1096, the high altar had been consecrated by the Cluniac pope Urban II in the presence of fifteen French and Spanish bishops. By the time of Raymond Gayrard's death in 1118, the splendid double-aisled nave of the church had been thrown up to the height of the triforium gallery, but it was not yet vaulted. Pope Calixtus II dedicated an altar, or perhaps the not-quite-completed building itself, in July 1119.

Upon entering the basilica through the narthex at the western entrance, a visitor is greeted with the long vista of the nave with tunnel vaulting rhythmically punctuated by half round arches set on capitals over slender pilasters defining each bay. The perspective almost comes to a stop at the crossing, however, as the corner piers are built to much heftier masses compared to typical nave piers, impeding the sightline. The builders who built the crossing belfry tower, in the 12th and 13th centuries, had judiciously reinforced the four corner piers to make sure they would support the weight. This spectacular belfry

건축가 게이라르가 그의 임무를 시작하기 몇 년전인 1096년 5월, 주제단 (high altar)은 이미 클뤼니 회 출신 교황 우르바노2세 (Urban II)에 의하여 프랑스와 스페인 주교 15명이 참석한 가운데 봉헌되었다. 1118년 레이몽 게이라르가 세상을 떠날 때 이중 아일의 성당 네이브는 석조 볼트를 완성하지 못한 채 트리포리움 갤러리 (triforium gallery) 높이까지만 건설되었다. 이후 교황 칼릭스투스 2세 (Calixtus II)가 하나의 제단, 또는 미완성 성당을 1119년 7월에 봉헌했다고 전해진다.

순례자들은 성당 서쪽 정문의 나르텍스를 통해 바실리카에 들어섰을 때 턴넬 볼트가 날씬한 필라스터 위에 놓인 주두 위에 배치된 반원 아치들에 의해 리드미컬하게 각 베이를 구획하는 네이브의 긴 비스타를 마주치게 된다. 이 네이브의 길이 방향 경관은 크로싱에 이르러 거의 끊기게 되는데. 이는 기존 네이브 기둥보다 모서리 피어들이 훨씬 더 두껍게 지어져서 길이 방향 시야를 가로막기 때문이다. 12세기와 13세기에 크로싱 위의 종탑을 건설한 공방은 상부 하중을 확실히 지지할 수 있도록 모서리 피어들을 든든하게 보강한 것이다. 결국 방문객들을 자랑스럽게 맞이하는 멋진 종탑은 성단소를 향한 네이브 조망을 좁히는 댓가를 치르고 지어진 것이었다.

네이브는 십자 모양 피어들로 구축되었으며, 네이브를 향하여 부착된 긴 필라스터와 길이 방향으로 반원 아치를 지지하는 짧은 필라스터가 부착되어 있다. 네이브 공간 양쪽으로 피어 위에 접합된

tower which proudly greets visitors is therefore the reward for truncating the sightline towards the sanctuary.

The nave is formed by cross-shaped piers with tall pilasters facing the nave and shorter pilasters on the arcade faces supporting half-round arches. The procession of the pilasters on piers on either side creates an elegantly proportioned space for the nave. Looking at the nave elevation scheme, the triforium gallery built above the inner aisle echoes the rhythm of the arcades below, with two smaller arches set on center columns. Lastly, the cornice line just above the gallery openings provides for the springing of the tunnel vault. The double aisles are groin-vaulted; the outer aisle includes small openings at what is a less than full height gallery, more like an attic space above; and there are windows on the exterior walls. Four bays to the west of the crossing constitute the choir, marked by an open iron grille. The quarter round vault of the apse, embellished by a fresco painting, forms the eastern end of the sanctuary.

View of south transept with passage at upper level (left)

윗층의 통로가 연결된 남쪽 트랜셉트 모습

Southeast corner of south transept and aisle beyond (right)

남쪽 트랜셉트의 동남 모서리와 아일이 둘러싸는 모습

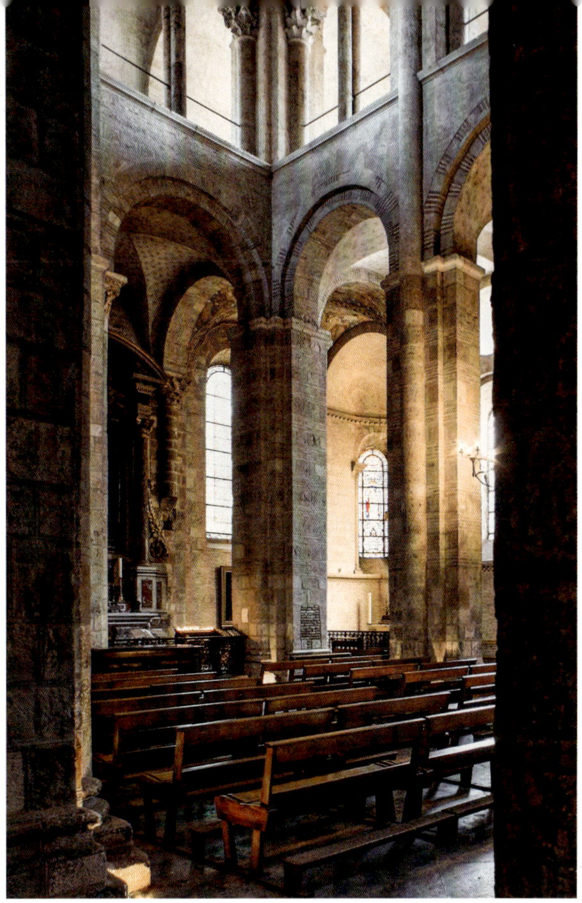

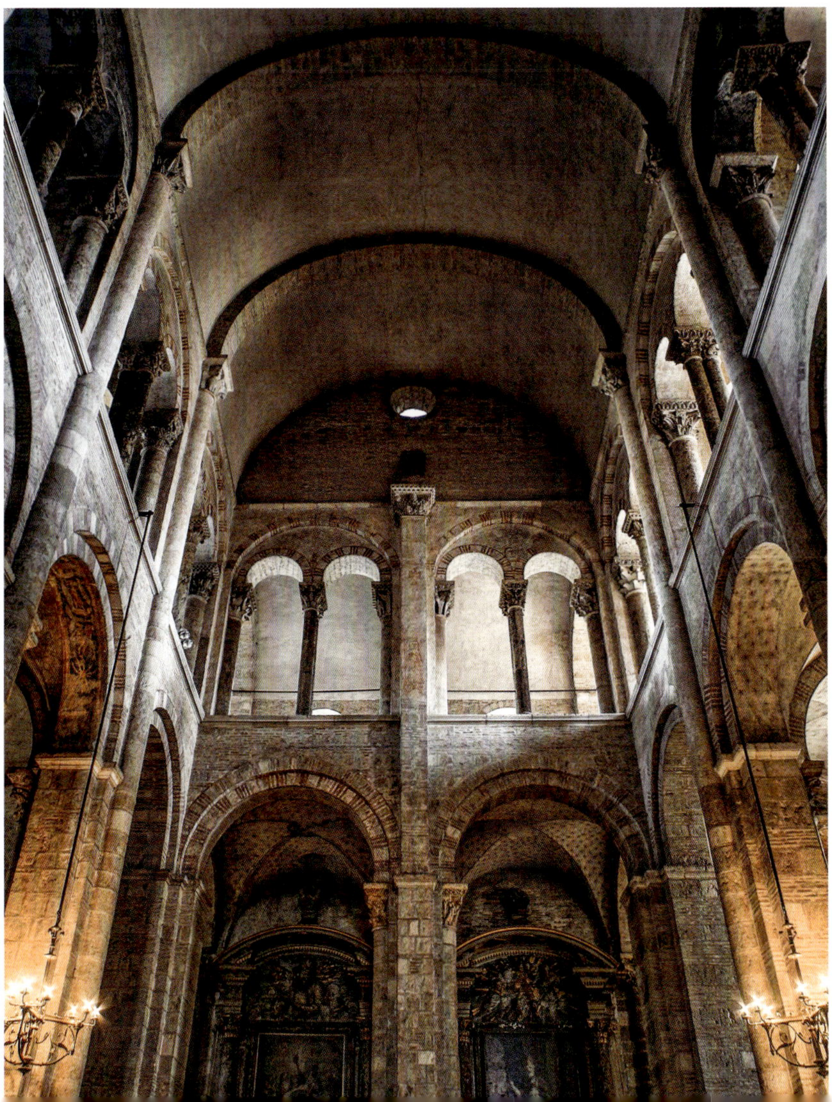

필라스터들의 행렬은 우아한 비례의 비스타를 만들어 낸다. 네이브 입면 계획을 보면, 안쪽 아일 위에 건설된 트리포리움 갤러리 (triforium gallery)는 아래의 네이브 아케이드의 리듬을 반영하여, 아케이드 베이 하나 위에 가운데에 날씬한 원주 기둥 하나가 하중을 지지하고 있는 2개의 작은 아치가 놓인 것을 볼수 있다. 마지막으로, 갤러리 개구부의 바로 위에 있는 코니스가 턴넬 볼트의 시발점을 이룬다. 이중 아일은 그로인 볼트로 덮여있으며 바깥쪽 아일들에도 갤러리층, 또는 그 위의 다락 공간에 작은 개구부가 있고 외벽에는 창이 배치되어 있다. 크로싱 서쪽 4개의 베이가 성가대석 (choir)을 구성하는데 이곳은 투시형 철제 그릴로 막혀져 있어 신도들의 진입을 허용하지 않고 있다. 또 프레스코화로 장식되어 있는 반개 돔 볼트면이 성단소의 동쪽을 매듭지어준다.

학자와 전문가들은 성당 전체가 4번의 공사를 통해 완성되었다는 사실과 공사 중단으로 인해 스타일 및 재료의 변화가 불가피했었다는 점에 의견을 일치하고 있다. 동쪽 끝의 슈베 (chevet)가 상당량의 돌과 벽돌을 혼합하여 먼저 지어진 후 적은 분량의 돌과 더 많은 벽돌을 혼합하여 바실리카의 몸통이 건설되었다. 이 단계에서 트랜셉트 양 팔의 갤러리층 높이까지를 포함한 성당 내부의 동쪽 대부분이 지어졌다. 다음으로 레이몽 게이라르가 사망할 때까지 네이브의 트리포리움 층 개구부까지가 완성되었고, 마지막으로 볼팅과 성당 서쪽 부분이 완공되었다. 성당 전부가 완전히 비바람을 막게 되는 세번째 건축사업의 일부인 서쪽 정면은 문

Scholarly opinions seem to agree that the entire structure was built over the course of four separate building campaigns, with periods of interruption and unavoidable change in style and materials. The *chevet* at the east end was built first, with a good amount of stone combined with brick. Next came the torso of the basilica with less stone and more brick, when the bulk of the eastern portion of the church interior, including transept arms up to the gallery level, was built. Then the nave up to the triforium opening was finished and, finally, the vaulting and the rest of the western arm were completed. The west front, part of the third building campaign which enclosed the entire church, was finished off simply in brick, with limited stone for quoins up to door height only, and it remains a somewhat ungainly façade. The junctions between each construction campaign are clearly visible, as evidenced by an increasing amount of brick as the building work progressed west, brick having been the characteristic building material of Toulouse. The interior of the basilica measures 109×64×23 meters high at the nave vaulting making Saint-Sernin one of the largest extant Romanesque churches.

While Saint-Sernin is most important as an accomplished example of pilgrimage architecture, its carvings figure prominently in the history of Romanesque sculpture. An in-depth study of the subject will show that Cluniac spirituality and love of the arts did a great deal to give increasing cogency to the sculptural themes of the late 11th century. The hundreds of sculpted capitals at

높이까지 바깥 모서리 (quoin)에만 제한적으로 돌을 사용했을 뿐 대부분 벽돌로 단순하게 마감되어 성당 정면 치고는 다소 볼품이 없는 디자인이라는 평가를 받고 있다. 각각의 건축사업이 이어진 부분에서 뚤루즈 지방에서 구하기 쉬운 벽돌이 서쪽으로 가면서 늘어났다는 점을 통해 뚜렷이 식별할수 있다. 현존하는 로마네스크 성당 중 최대 규모를 자랑하는 바실리카의 내부는 109×64 미터 평면에 23 미터 높이의 네이브 볼팅으로 이뤄져있다.

또한 생 세르냉 성당은 순례자 성당중 가장 완성도 높은 건축으로 평가되고 있는 만치 성당의 조각품들도 로마네스크 미술사에서 기념비적 중요성을 인정받고 있다. 성당의 조각품들은 클뤼니파의 영성 (spirituality)과 예술에 대한 열정이 11 세기 후반 조각품의 주제에 더욱더 강한 설득력을 부여하는데 결정적 역할을 했다는 사실을 보여준다. 생 세르냉의 수백 개 주두 조각들은 그 자체만으로도 미술사적 관점에 초점을 맞춘 별도의 연구가 필요할

View of nave at west of crossing toward choir and chancel

크로싱 서쪽의 네이브에서 성가대석과 성당을 향해서 본 광경

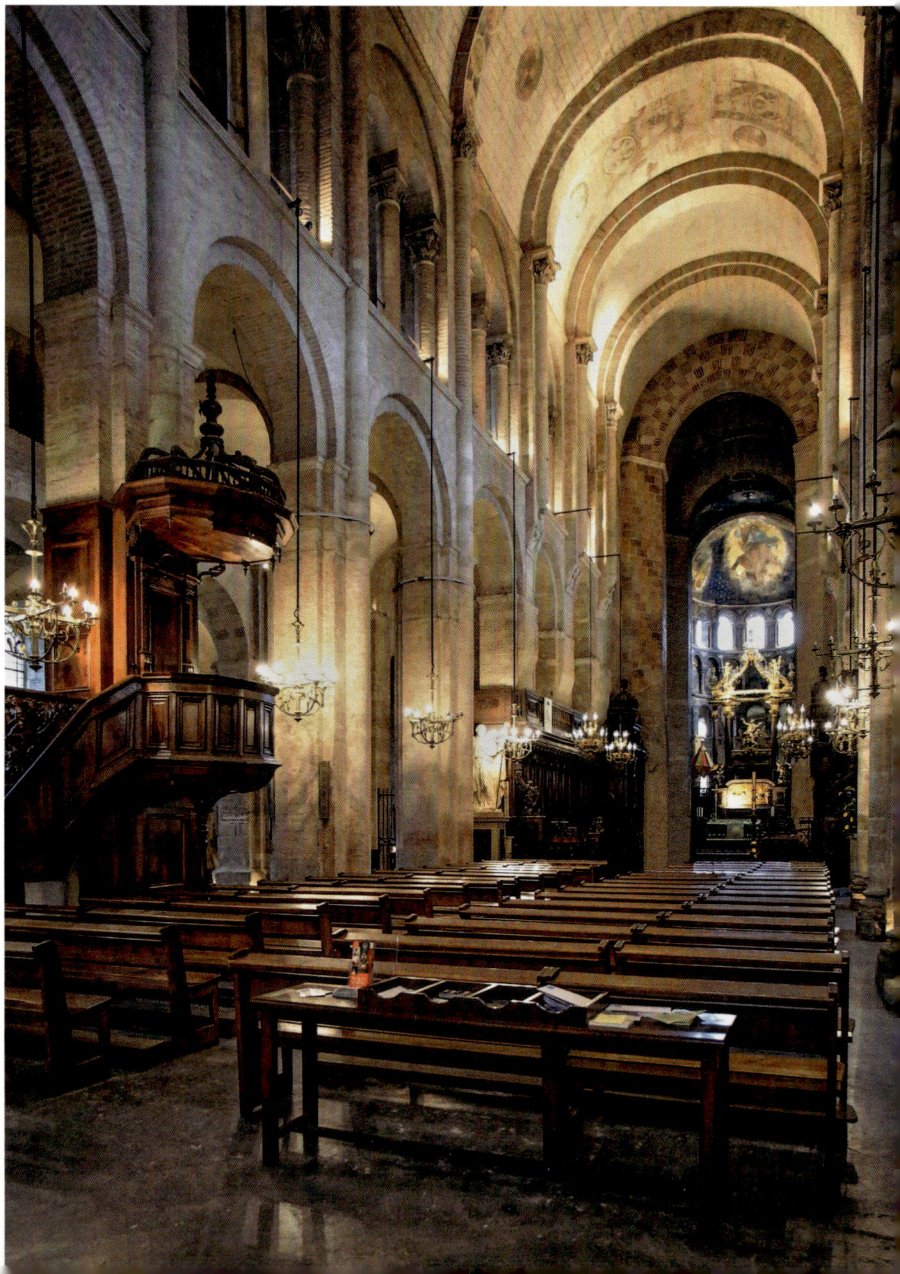

Saint-Sernin in and of themselves would merit an essay focused on a historical art perspective. For the present narrative it is worth noting that at the crossing, there is a marble altar slab bordered by exquisite small figures which is believed to be the high altar slab dedicated by Pope Urban II in 1096, and that the *Porte Miègeville* tympanum on the south flank is known for its exquisite sculpture, dating from about 1115 and depicting the *Ascension of Christ* surrounded by angels, one of the oldest and most beautiful tympana in Romanesque architecture.

In 1860, Eugène Viollet-le-Duc undertook a greatly misguided restoration of Saint-Sernin, which is currently being remedied to the basilica's original design. Also noteworthy is that Saint-Sernin, along with the Church of Saint-Sulpice in Paris and Saint-Ouen Abbey in Rouen, each house organs built by Aristide Cavaillé-Coll, the most famous organ builder of the 19th century. In 1998, the Basilica of Saint-Sernin was added to the list of UNESCO World Cultural Heritage Sites as part of the pilgrimage route to Santiago de Compostela in France.

것이다. 단 여기서는 두 가지를 강조하고자 한다. 첫째, 크로싱에 놓여있는, 정교한 인물 조각상으로 둘러싸인 대리석판 제단이 바로 1096년에 교황 우르바노 2세가 봉헌한 주제단 대리석판으로 추정된다는 사실이다. 둘째, 성당 남쪽 출입구인 뽀르뜨 미에즈빌 *(Porte Miègeville)*의 팀파눔, '천사들에 둘러쌓인 예수 승천'(1115년 작)이 로마네스크 건축 팀파눔 중 가장 오래되고 가장 아름다운 작품의 하나로 간주된다는 점이다.

1860년에 외젠 에마뉘엘 비올레 르 뒤끄(Eugène-Emanuelle Viollet-le-Duc)가 잘못 판단한 변형으로 성당을 '복원' 하였으나, 원래의 디자인으로 되돌려놓기 위하여 그 부분은 현재 제거되고 있다. 생 세르냉에는19세기의 가장 뛰어난 오르간 제작자이었던 아리스띠드 까바이에 콜 (Aristide Cavaillé-Coll)이 1888년에 조립한 3개의 매뉴얼 오르간이 자리잡고 있는데, 이는 파리의 생 쉴피스 (Saint-Sulpice) 성당, 루엉 (Rouen)의 생 뚜엉 (Saint-Ouen) 성당의 까바이에 콜 오르간과 함께 프랑스에서 가장 뛰어난 오르간의 하나로 평가된다. 생 세르냉 바실리카는 1998년 유네스코(UNESCO) 세계문화유산 목록에 '프랑스의 산티아고 데 콤포스텔라 순례경로 (Pilgrimage Routes of Santiago de Compostela in France)'로 등재되었다.

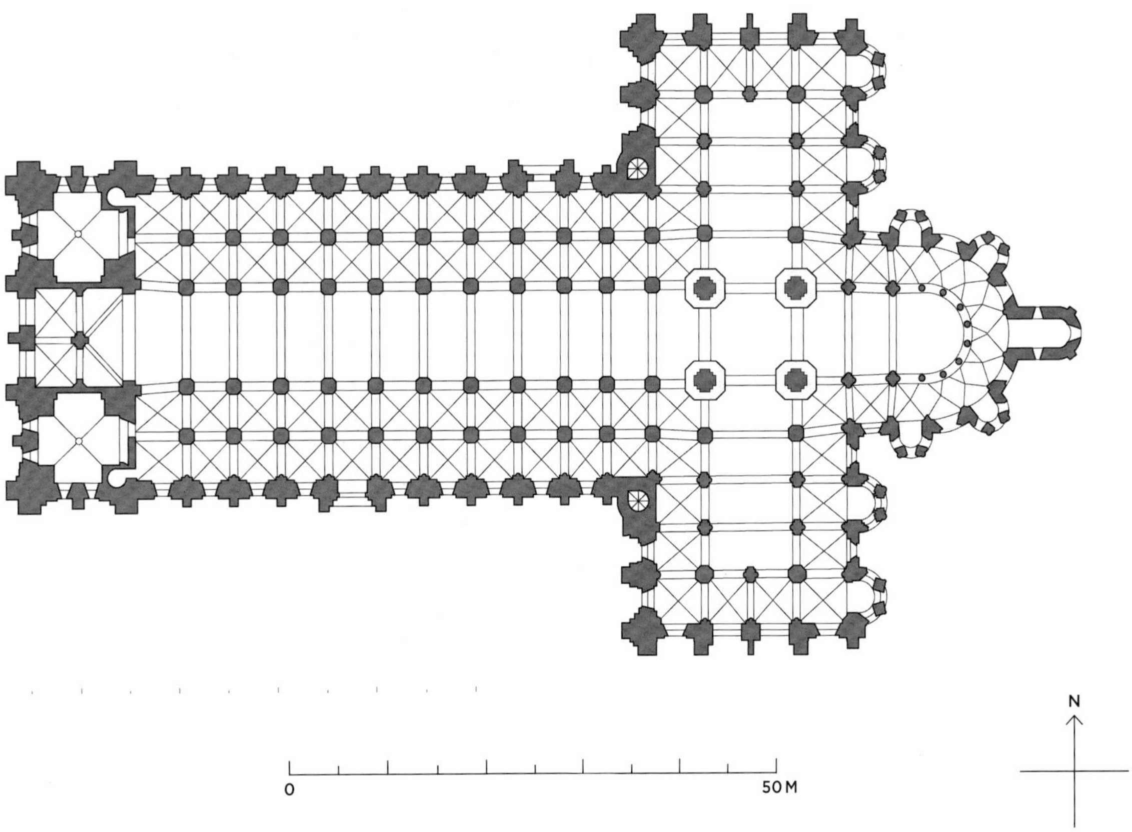

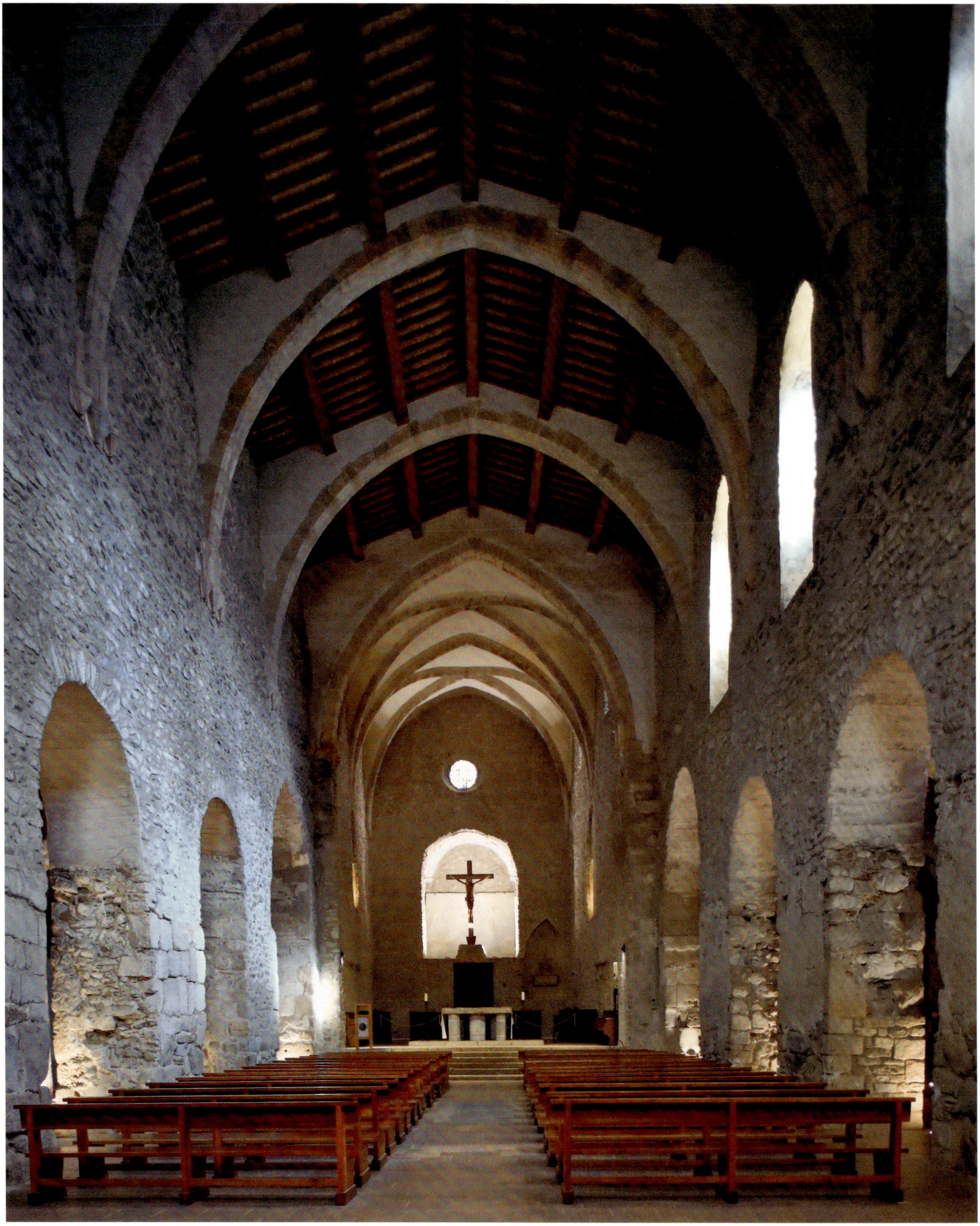

L'Abbaye de Saint-Michel-de-Cuxa *and* L'Abbaye de Saint-Martin-du-Canigou: Two Catalan Romanesque Churches in the Eastern Pyrenees

생 미셸 드 꾸샤 수도원 성당과 생 마르땡 뒤 까니구 수도원 성당: 피레네 오리엉딸에 있는 두 개의 까딸루냐 로마네스크 성당

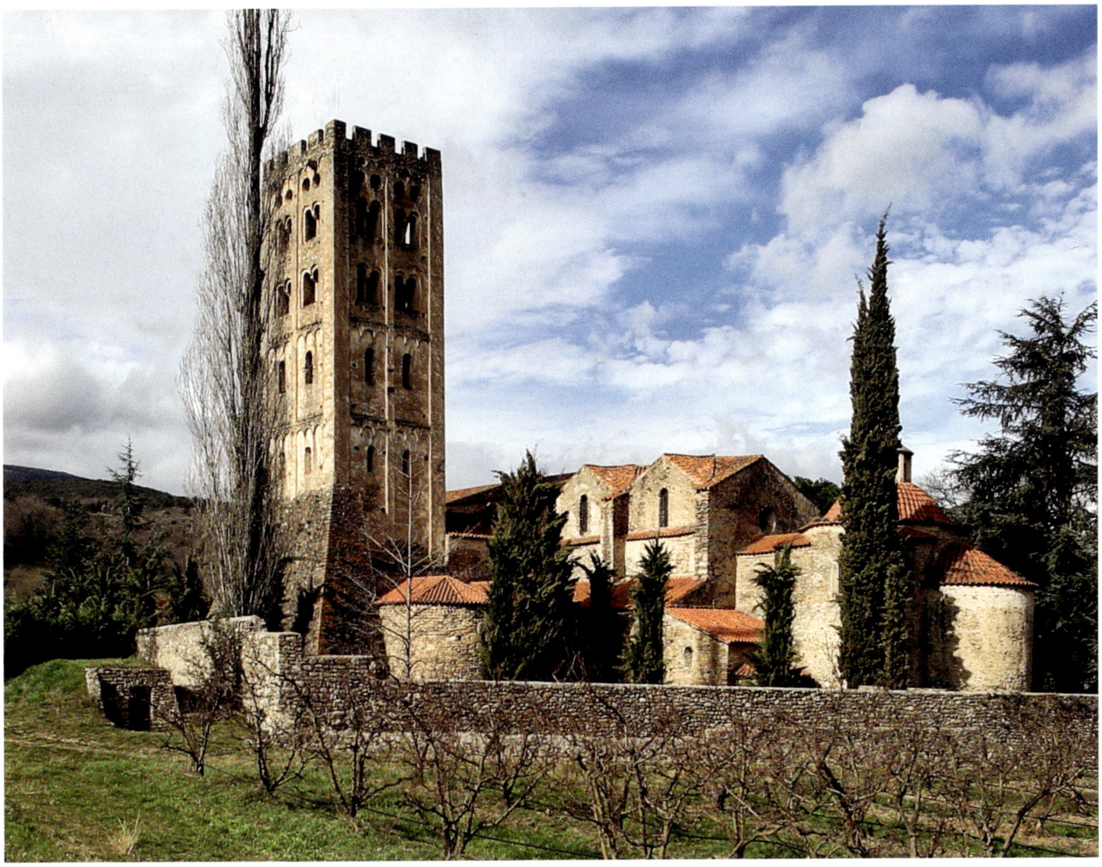

L'Abbaye de Saint-Michel-de-Cuxa: Exterior view from southeast

생 미셸 드 꾸샤 수도원: 동남쪽에서 본 외관 전경

← L'Abbaye de Saint-Michel-de-Cuxa: View of nave from west

생 미셸 드 꾸샤 수도원: 서쪽에서 본 네이브 전경

In setting out to organize the current volume on Romanesque architecture in France, two significant Catalan Romanesque monuments, the Abbey of Saint-Michel-de-Cuxa and the Abbey of Saint-Martin-du-Canigou, both located in the *Pyrénées-Orientales département*, were included. The two churches are discussed together as both share not only certain architectural elements, but also came under the patronage of the same personality. These two churches help illuminate how 11th-century early Romanesque architecture evolved in Catalonia and what its characteristics might have been at the outset.

프랑스 로마네스크 건축을 소개하는 책을 구상하면서, 저자는 피레네 오리엉딸 주 *(Pyrénées-Orientales département)*에 있는 두개의 중요한 11세기 건축, 생 미셸 드 꾸샤 (Saint-Michel-de-Cuxa) 수도원과 생 마르땡 뒤 까니구 (Saint-Martin-du-Canigou) 수도원을 함께 서술하기로 하였다. 이러한 결정을 하게 된 데에는 두 가지 이유가 있는데, 두 성당 모두 지금은 프랑스 국경 내에 있지만 까딸루냐 초기 로마네스크 작품의 특징을 보여주는 몇 개의 건축 요소들을 공유하고 있을 뿐 아니라 같은 성직자의 후원에 의하여 건립되었기 때문이다. 따라서 이들 성당의 주요 특징과 발전과정을 함께 설명하는 것이 바람직하다고 판단하였다.

To understand the development of Romanesque architecture in Catalonia, it is helpful to look at Cuxa, Ripoll and Cardona for the internationalism which underlies their designs. These structures also need to be seen in the context of well-connected churchmen such as Gerbert of Aurillac, who educated himself in Arabic science while at the court of the Count of Barcelona, spent time in Reims, was tutor to Emperor Otto II and who, as Sylvester II, was pope from 999 to 1003. Among the monks of Cuxa was Pietro Orseolo, who joined the community as a novice, became Doge of Venice and had returned to Cuxa by the time of his death in 987. Catalonia is thus the backdrop providing ample evidence of this sort of specific relationship between architecture, the upper echelons of society and the far-reaching effects of architectural patronage.

The 11th-century buildings in Catalonia are of early Romanesque style, with one or two Mozarabic exceptions. Growth in international trade enabled the transfer of architectural styles from Lombardy to Catalonia. As well, it is reasonable to surmise that those who formed their tastes in Catalonia chose a style from the Continent and further east to distinguish themselves from their neighbors in Aragon.

Abbot Oliba, the historical personality who is essential to the discussion at hand, was as well a descendant of Wilfred I the Hairy, Count of Barcelona, who had unified and established the state of Catalonia, as the son of the Count of Cerdanya. He was concurrently Abbot of Cuxa and Ripoll from 1008 to 1046, and Bishop of Vic from 1018 to 1046. Oliba travelled to Italy, staying a year at Montecassino and, upon returning, greatly increased the number of Benedictine monasteries in his dominion and much enlarged the Catalan horizon. A Cluniac abbot was installed at Cuxa in 962, and Cluniac influence in Catalonia is traceable back to this time. Cuxa may be said to represent the reorientation of Catalonia towards France and Italy, and the emergence of a Catalan nationality in the time of Oliba. It is quite fair to state that a national architectural style was germinated, if not fully realized, in the churches built under the auspices of Oliba and his family. He was a powerful force in the church, and his diocese in Vic was a center of cultural activity, including production of illuminated bibles by highly dedicated monks.

까딸루냐 로마네스크 건축의 발전과정을 이해하기 위해서는 무엇보다 꾸사 (Cuxa), 리폴 (Ripoll)과 카르도나 (Cardona) 성당 건축의 배경을 연결하는 국제성 (internatinalism)에 주목할 필요가 있다. 다른 한편으로는 최초의 프랑스인 교황이었던 실베스테르 2세 (Sylvester II, 999-1003 재위)와 같은 성직자들의 역할을 이해해야 할 것이다. 훗날 교황으로 즉위한 오리약의 제르베르 (Gerbert of Aurillac)는 바르셀로나 (Barcelona) 보렐 2세 백작의 후원 속에서 아라비아 (Arabic)의 과학을 학습하였고 랭스 (Reims)에서도 교육받았다. 이후 신성로마황제 오토 2세 (Otto II)의 개인교사로 채용되어 봉사하다가

L'Abbaye de Saint-Michel-de-Cuxa: View of cloister from northwest

생 미셸 드 꾸사 수도원: 서북쪽에서 본 회랑 전경

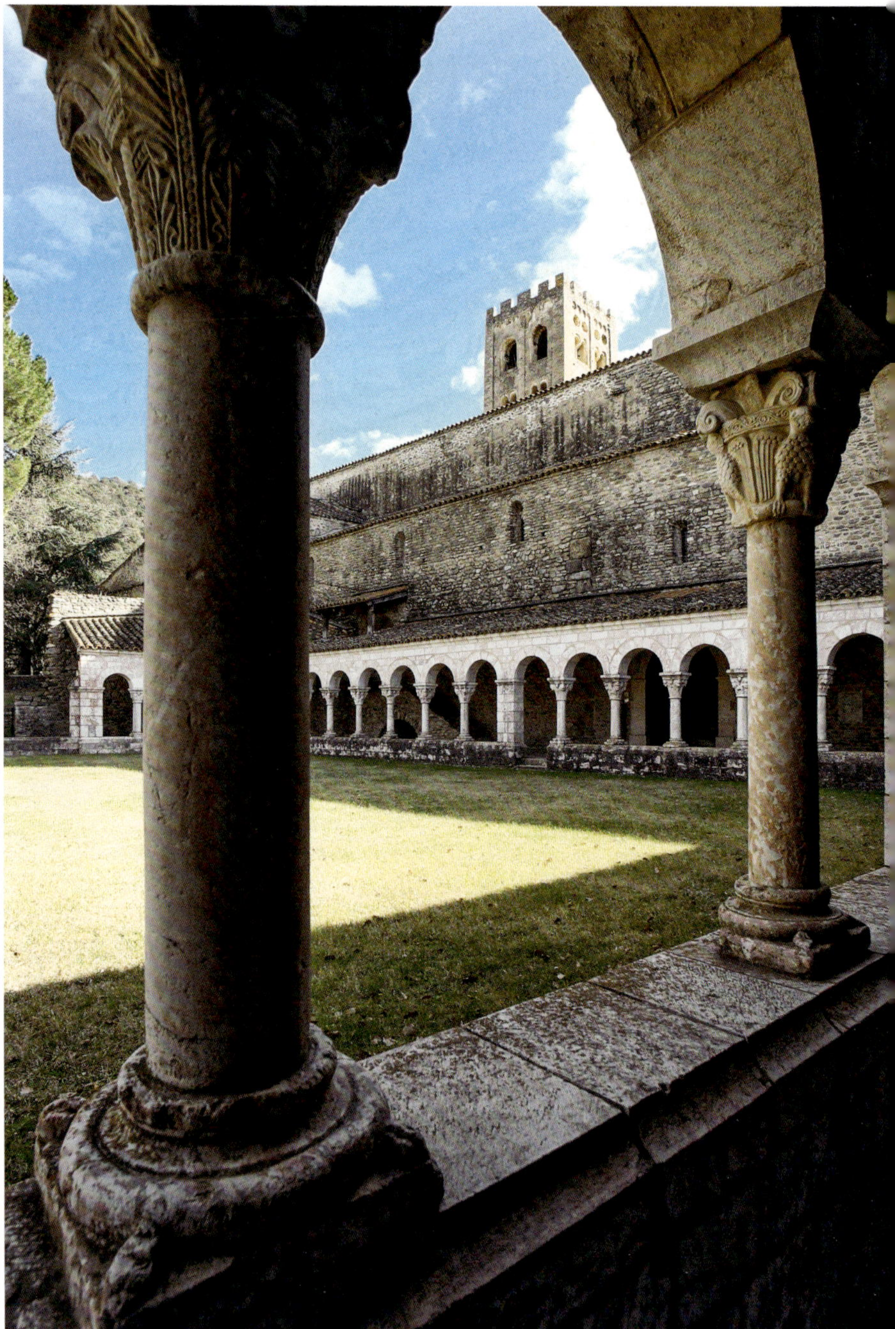

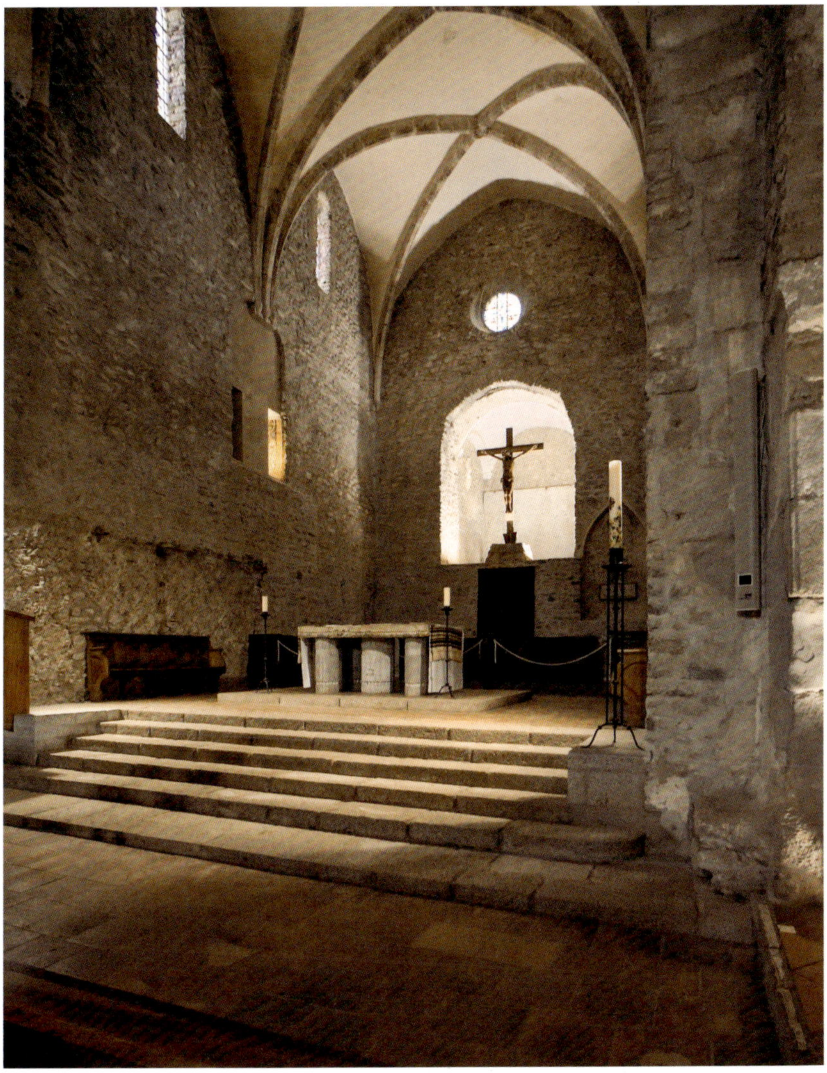

L'Abbaye de Saint-Michel-de-Cuxa: View of chancel from southwest

생 미셸 드 꾸샤 수도원: 남서쪽에서 본 성단소

The Abbey of Saint-Michel-de-Cuxa (*Sant Miquel de Cuixà* in Catalan) was founded in 879, when Protasius, the Abbot of an earlier abbey at the head of the Têt river valley that had been recently lost in a flood, and Miro the Elder, Count of Conflent and Roussillon, signed the founding document of a new monastery for the surviving monks at nearby Cuxa. Within a century of its founding, the abbey grew powerful and built an important church between 955 and 974. Parts of this church, which still survive, are late Carolingian in plan organization and technique, but stylistically Mozarabic as evidenced by the horseshoe-shaped arches of its nave arcades. The church as it stands today is mostly from a rebuilding done between 1009 and 1040 under Abbot Oliba.

Saint-Michel-de-Cuxa is built on a basilica plan with a long, sturdily constructed wooden-roofed nave and two shorter aisles, all opening on to an extended transept. A pair of absidioles

그레고리오 5세의 뒤를 이어 교황으로 즉위하였다. 꾸샤의 중요한 수사 중에는 수련수사로 수도원과 처음 인연을 맺고 이후 베네치아의 영주 (doge)가 되었다가 998년 다시 수도원으로 돌아왔던 피에트로 오르세올로 (Pietro Orseolo)와 같은 인물도 있다. 까딸루냐는 이렇듯 상류사회 출신들이 성당 건설에 기여한 특수한 사례를 보여줄 뿐 아니라 귀족사회의 가톨릭 교회 건립 후원이 중세사회 전반에 미친 영향을 보여주는 좋은 예라 할수 있다.

11세기 까딸루냐 건축은 한두 개의 모자라브 (Mozarabic) 양식과 같은 예외적 사례를 빼고는 초기 로마네스크 양식으로 지어졌다. 해적의 약탈 위협이 줄어들어 교역이 증가하는 시대 배경을 기반으로 다양한 건축 유형이 롬바르디아에서 까딸루냐로 전파되었으며 까딸루냐의 지도층들도 아라곤 (Aragon)지방의 이웃으로부터 자신들을 차별화하기 위해 대륙의 양식을 도입하는 데 적극적이었다고 추정할수 있다.

이 글에 등장하는 역사적 인물 올리바 (Oliba) 수도원장은, 그 지역을 통일하여 까딸루냐 국가를 설립한 윌프레드 1세 (Wilfred I the Hairy)의 후손이며, 세르다냐 (Cerdanya) 백작의 아들이었다. 그는 꾸샤와 리폴 (Ripoll) 수도원장직을 겸임하였고, 1008년에서 1046년까지 빅 (Vic)의 주교를 지냈다. 올리바는 이탈리아의 몬테카시노 (Montecassino) 수도원에서 1년간 수련하고 고향으로 돌아와 베네딕토회 수도원을 세워 까딸루냐의 영향력을 높였다. 클뤼니 회 (Cluniac) 출신이 꾸샤의 수도원장으로 임명되었던 962년부터 우리는 까딸루냐에서 클뤼니의 영향을 살펴볼수 있다. 꾸샤 수도원은 까딸루냐 건축의 프랑스적 특성과 이탈리아적 특성을 동시에 보여주며 올리바 수도원장 시대 까딸루냐 민족주의의 출현을 상징하기도 한다. 비록 완전하고 구체적인 형태는 아니었다고 하더라도 올리바 수도원장과, 그의 가문의 후원으로 건립된 성당들이 까딸루냐 건축양식을 탄생시켰다고 해도 과언은 아닐 것이다. 그는 교회 내에서 하나의 강력한 세력의 중심으로 자리잡았었으며 주교를 지냈던 빅 (Vic) 교구는 헌신적인 수사들이 만들어내는 삽화로 장식된 성서 (illuminated bible) 제작의 중심지였다.

생 미셸 드 꾸샤 (Saint-Michel-de-Cuxa, 까딸루냐어 '산뜨 미겔 데 꾸이샤 *Sant Miquel de Cuixà*') 수도원은 떼 (Têt) 강변에 세워져 있던 기존 수도원이 879년 홍수로 유실되고 나서 당시 원장이었던 프로타시우스 (Protasius)와 콩플렁 루시용(Conflent et Roussillon)의 미로 (Miro the Elder) 백작이 새로운 수도원의 창립문서에 서명하면서 발족하였다. 창립후 한 세기 만에 수도원은 강력한 존재로 성장하여 955년에서 974년 사이 중요한 새 성당의 모체를 건설하였다. 현재까지 남아있는 부분으로 미뤄볼 때 성당은 평면 구성과 기술적 측면에서 후기 카롤링거 구조물이었던 반면,

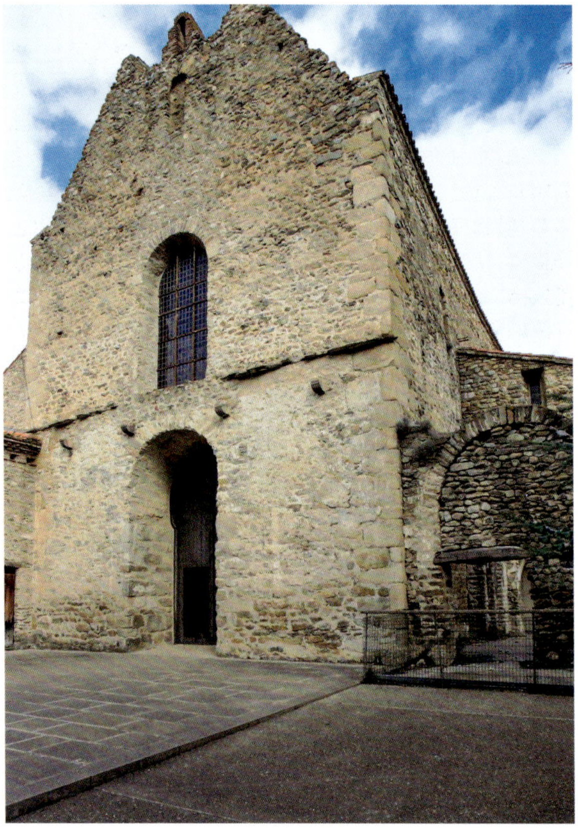

네이브 아케이드의 말굽 모양 (horseshoe-shaped) 아치가 보여주듯 모자라브 (Mozarabic) 양식으로 지어졌다. 현존하는 성당은 대부분 1009년에서 1040년 사이에 올리바 원장 지휘하에 건설되었다.

생 미셸 드 꾸샤는 목재천정으로 덮인 든든하고 긴 네이브와, 양쪽의 짧은 아일이 긴 트랜셉트로 연결되는 바실리카 모양 평면으로 세워졌다. 양쪽의 트랜셉트 팔에는 말굽 모양 아치로 연결된 한 쌍의 앱스 소예배실들 (absidioles)이 배치되어 있으며, 동쪽 중심축에는 깊이가 긴 성단소가 놓여있다. 네이브 아케이드는 목재 천정까지 올라가는 평평한 벽에 말굽 모양 아치들이 아일로 통하는 개구부를 도려내고 있다. 올리바 원장의 재건축에서 다른 지역으로 부터의 영향이 기본적인 모자라브 전통과 융합된다. 말굽 모양 아치의 일부는 변경되었고, 두개의 롬바르디아 성격의 큰 종탑이 증축되었었으나, 그 하나는 15 세기에 있었던 까딸루냐 지진 때에 멸실되었다. 남은 탑은 '종탑 (clocher)' 건물유형의 걸작으로, 4층 높이 성 모양으로 구성되어 아래 2개층이 롬바르드식 띠

L'Abbaye de Saint-Michel-de-Cuxa: View of west façade with main portal (left)

생 미셸 드 꾸샤 수도원: 주출입구가 있는 서쪽 정면

Oblique view of nave wall with horseshoe-shape opening (right)

서남방향에서 본 말굽 모양 개구부가 있는 네이브 벽 광경

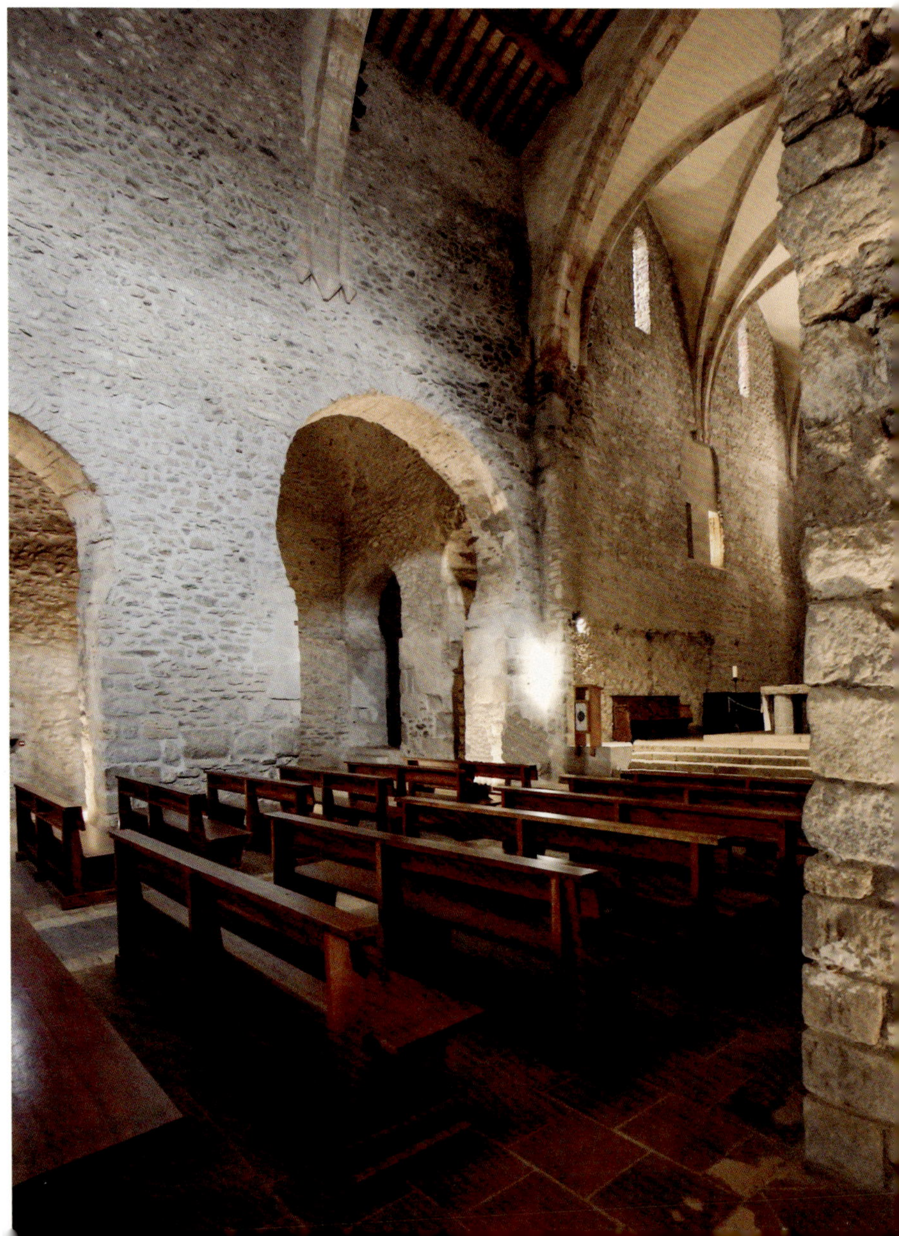

opens through horseshoe arches into each transept arm, and a deep, oblong sanctuary extends eastward on the main axis. The nave arcades are comprised of flat masonry that extend up to the wooden roof, with horseshoe-shaped arches puncturing the surfaces that separate the aisles. In Oliba's rebuilding, influences from abroad fused with the abiding Mozarabic tradition. Several of the horseshoe-shaped arches were modified. Two large bell towers of Lombardian character were added, but one of the towers was lost in a 15th-century earthquake. What survives is the masterful *clocher*, a four-level castellated bell tower, with the first two floors articulated with Lombard bands and narrow windows. According to documents, a rectangular ambulatory with three eastern chapels was built to the east of the old sanctuary, but that part is now lost, and in its place is a simple raised apse with a squared wall covered with groin vaulting. Unfortunately, long gone as well was a once existing quatrefoil chapel dedicated to the Holy Trinity and resembling a baptistery, which had been built on the axis to the west of the church, leaving an atrium with lateral entrances in front of the main doors. This was an unusual design element found in both Early Christian and Byzantine architecture, as at the

6th-century Basilica Euphresiana of Porec in Istria, which Oliba and his master builder had referenced.

The marble cloister of Saint-Michel-de-Cuxa, which dates to about 1130, is well known for its slender columns of pink Conflent marble which support superb capitals. The stone carvers created wonderful sculptures which were not limited to biblical subjects; they also chiseled away at imaginary beasts, vegetation and human figures. The cloister, before its partial dismantling, was the largest in the Pyrenees. After a partial restoration, some of the columns and capitals were shipped in the early 20th century to New York, where they became part of The Cloisters, a branch of the Metropolitan Museum of Art.

Saint-Michel-de-Cuxa has gone through centuries of tortuous history. The abbey, initially part of the territory of the County of Barcelona,

(Lombard bands)로 장식되었고 폭이 좁은 창들이 배치되어 있다. 기록에 의하면 옛 성단소의 동쪽으로 직각의 회랑 (ambulatory)과 3개의 소예배실이 지어졌었던 것으로 전해지나 그 부분은 멸실되었고, 그 자리에는 높게 바닥 레벨이 배치된, 단순한 직각벽 평면의 그로인 볼트로 덮인 성단소가 있다. 오래전에 멸실 되었으나, 꾸샤 성당의 서쪽으로 침례당을 닮은 클로버 잎사귀 모양(quatrefoil)의 삼위일체 소예배실(Chapel of the Holy Trinity)이 아트리움 (atrium)을 가운데 놓고 중심축상에 지어졌었다. 성당 정문 앞에 양옆으로 입구를 배치해놓은 아트리움은, 이스트리아(Istria)의 포렛취 (Poreč)에 있는 유프레시아나 바실리카 (Basilica Eufresiana)와 같은 6세기 비잔틴 양식, 또는 초기 기독교 양식에서 볼수 있는 특이한 요소인데, 올리바 원장과 그의 건축가가 참고하였을 것으로 보인다.

약 1130년경에 세워진 생 미셸 드 꾸샤의 회랑(cloister)은 날씬한 분홍빛의 꽁플렁 (Conflent) 산 대리석 기둥들이 빼어난 주두를 받치고 있는

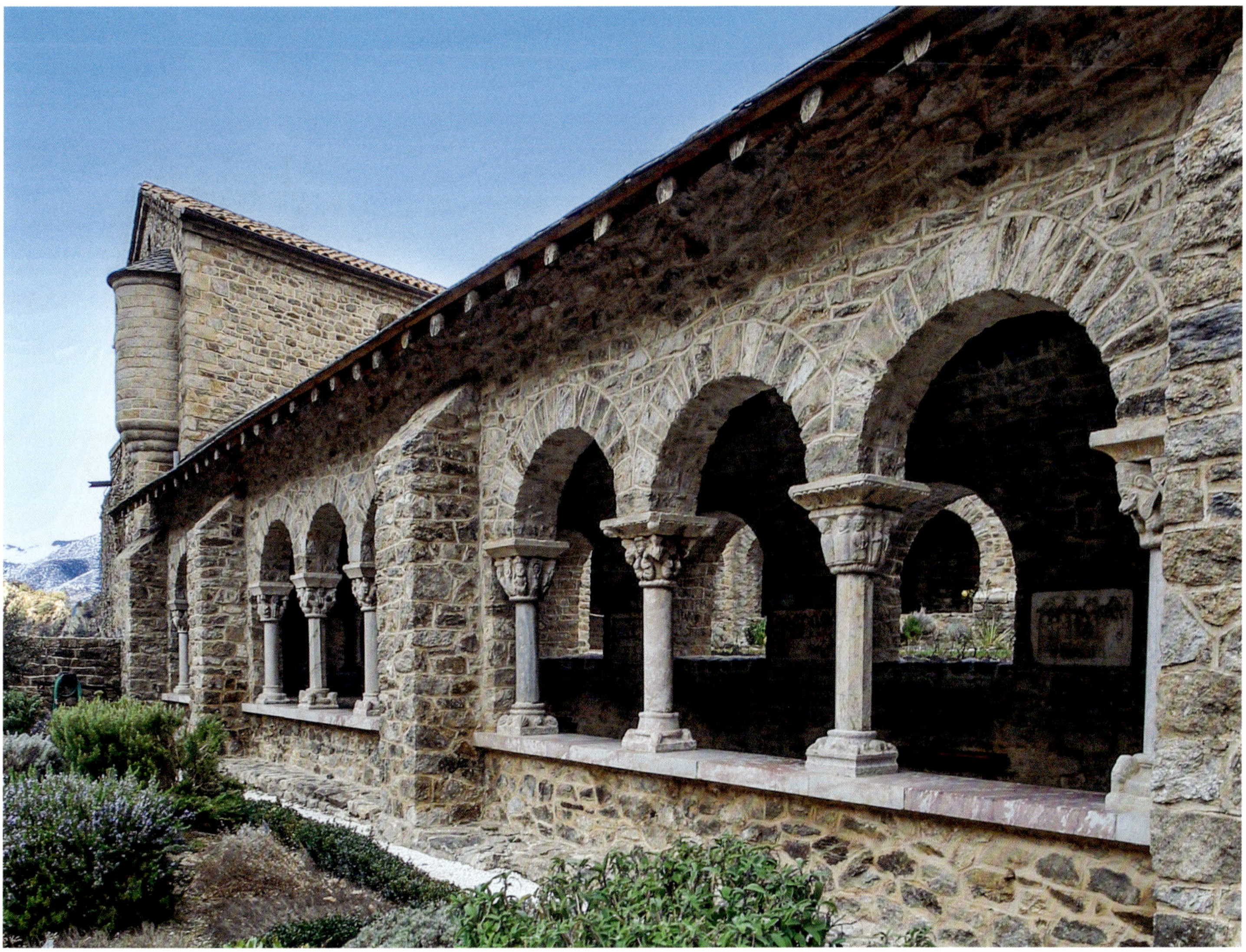

L'Abbaye de Saint-Martin-du-Canigou: Exterior view of cloister from southeast
생 마르땡 뒤 까니구 수도원: 남동쪽에서 본 회랑 외관

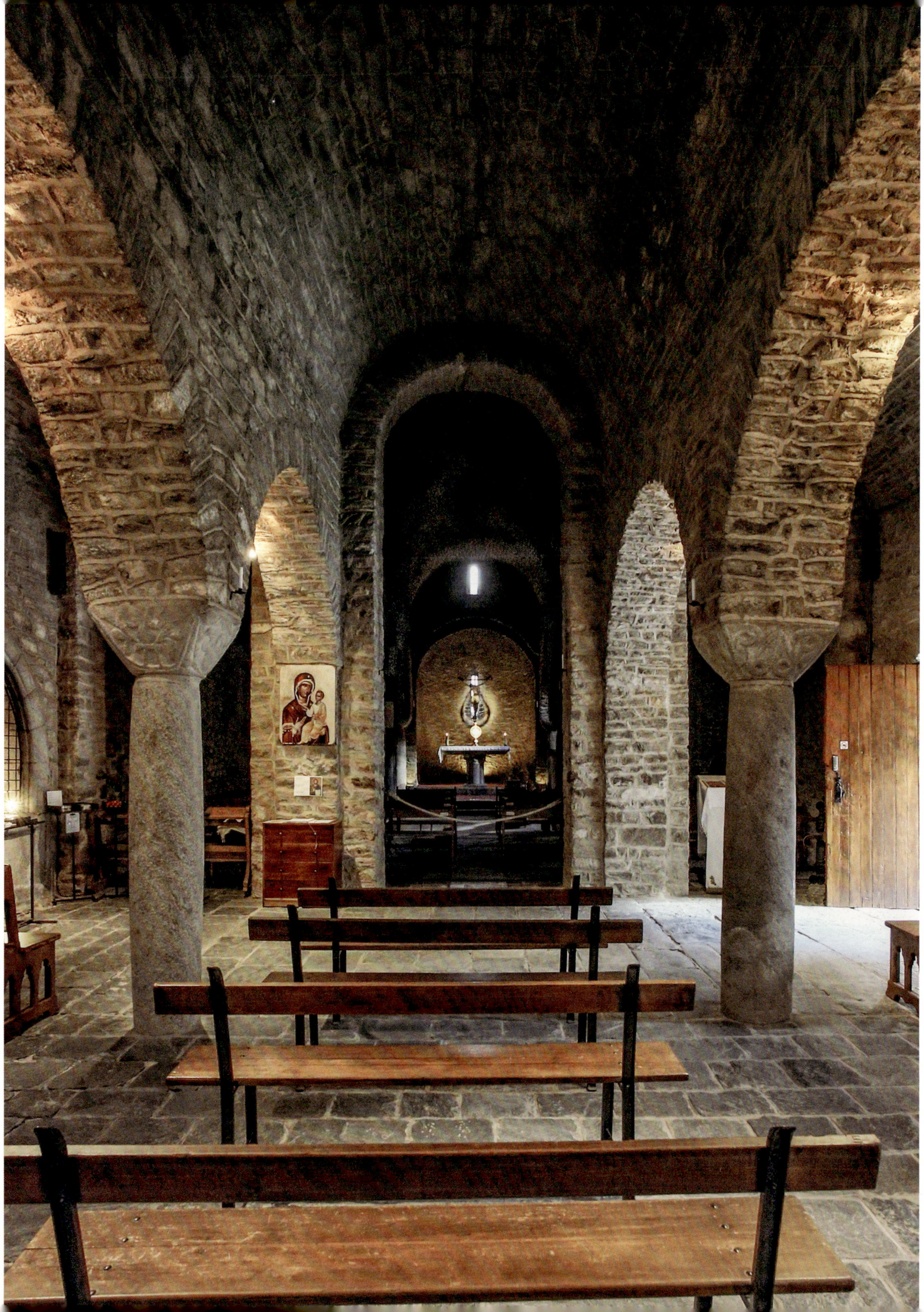

← L'Abbaye de Saint-Martin-du-Canigou: View of nave from west

생 마르땡 뒤 까니구 수도원: 서쪽에서 본 네이브 전경

then fell under French influence from the 15th century and was signed over fully to the French government in the 17th century. It was secularized after the French Revolution and subsequently sold, with inevitable deterioration. In 1919, Saint-Michel-de-Cuxa was re-established and subsequently restored by the Cistercians. In 1965, the abbey was transferred back to the Benedictines.

* * *

Just after the year 1000 the Abbey of Saint-Martin-du-Canigou (*Sant Martí del Canigó* in Catalan), a notable example of Lombardo-Catalan architecture incorporating stone vaulting, was built on a picturesque spur of the huge mountain mass called the Canigou, above Prades in French Catalonia. Consecrated in 1009, the abbey was originally endowed by Wilfred II, Count of Cerdanya. Long-continued neglect made restoration necessary, and during the first three decades of the 20th century, the work was carefully done so that the building stands as a witness complete in its inspiring original setting to the architecture of that remote age. The monastery complex includes an austere, solidly built church and conventual quarters around a small cloister. A steep, winding road full of hairpin turns leads to a splendid bell tower, strategically placed and crowned with Moorish stepped battlements which break its substantial mass against the sky, while its broad surfaces are modelled by pilaster strips

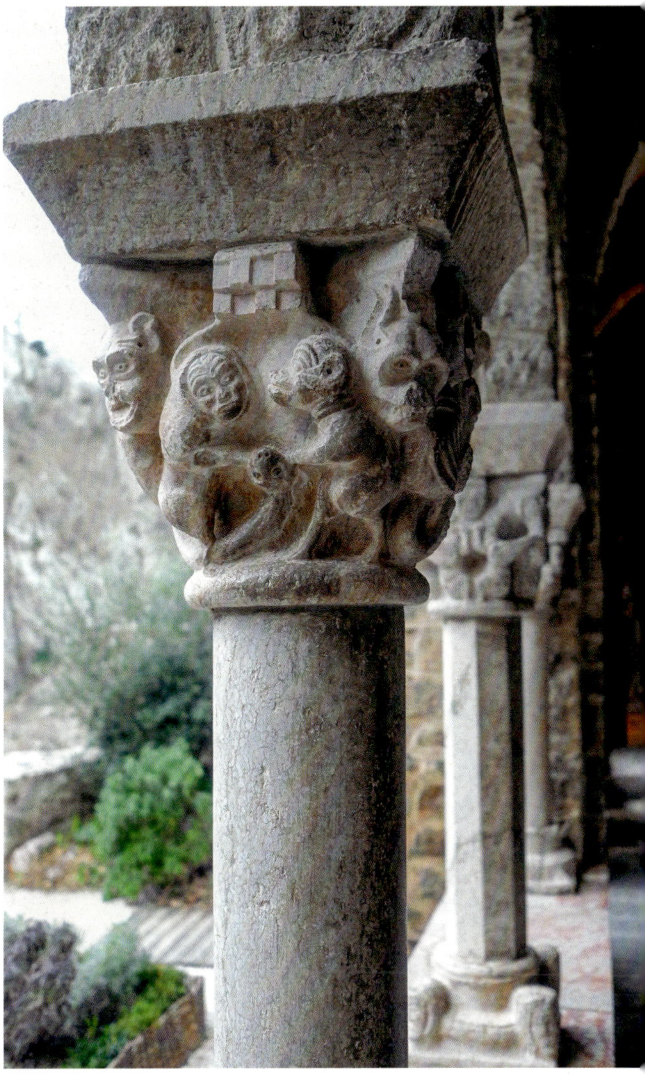

L'Abbaye de Saint-Martin-du-Canigou: An example of cloister column capital (right)

생 마르땡 뒤 까니구 수도원: 회랑 한 주두의 조각 모습

View of *chevet* and the bell tower from southeast (left)

남동쪽에서 본 종탑과 슈베 모습

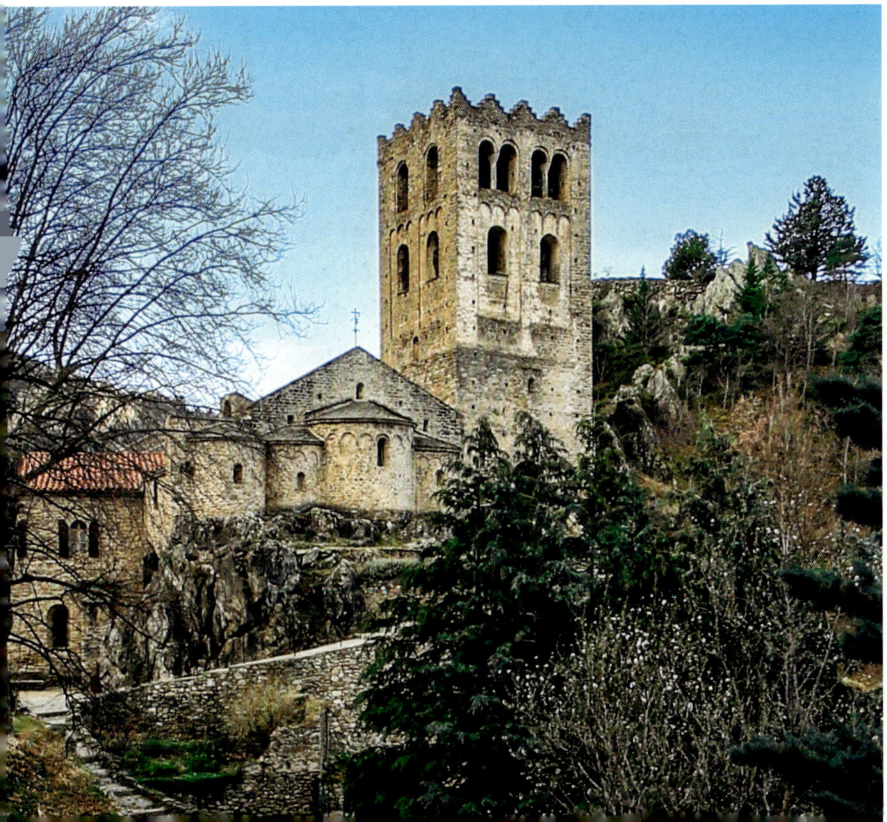

것으로 유명하다. 석공들은 성경에 나오는 주제에만 국한하지 않고, 상상 속의 짐승, 식물, 그리고 사람 형상을 망라하는 훌륭한 조각들을 만들어냈다. 부분적 해체 이전에 이 회랑은 피레네 산맥 안에서 가장 큰 것이었으며, 최근의 복원사업에서 회랑의 일부는 다시 지어졌다. 20세기 초에 일부 기둥과 주두들은 뉴욕으로 반출되어 뉴욕시 메트로폴리탄 박물관 (Metropolitan Museum)의 클로이스터스 (Cloisters) 박물관 분관을 구성하고 있다.

생 미셸 드 꾸샤는 몇 세기에 걸쳐 굴곡의 역사를 견뎌내야만 했다. 수도원이 세워졌던 부지는 당초 바르셀로나 영토였으나, 15세기 들어 프랑스의 영향권에 편입되기 시작하여 17세기에는 프랑스 영토가 되었다. 프랑스 혁명 당시 수도원은 국유화되었고 그 후 매각되어 지속적으로 쇠퇴하다가 1919년에 수도원이 재창설되어 시토회 수사들에 의하여 복원되었고 1965년에는 다시 베네딕토회에 귀속되었다.

* * *

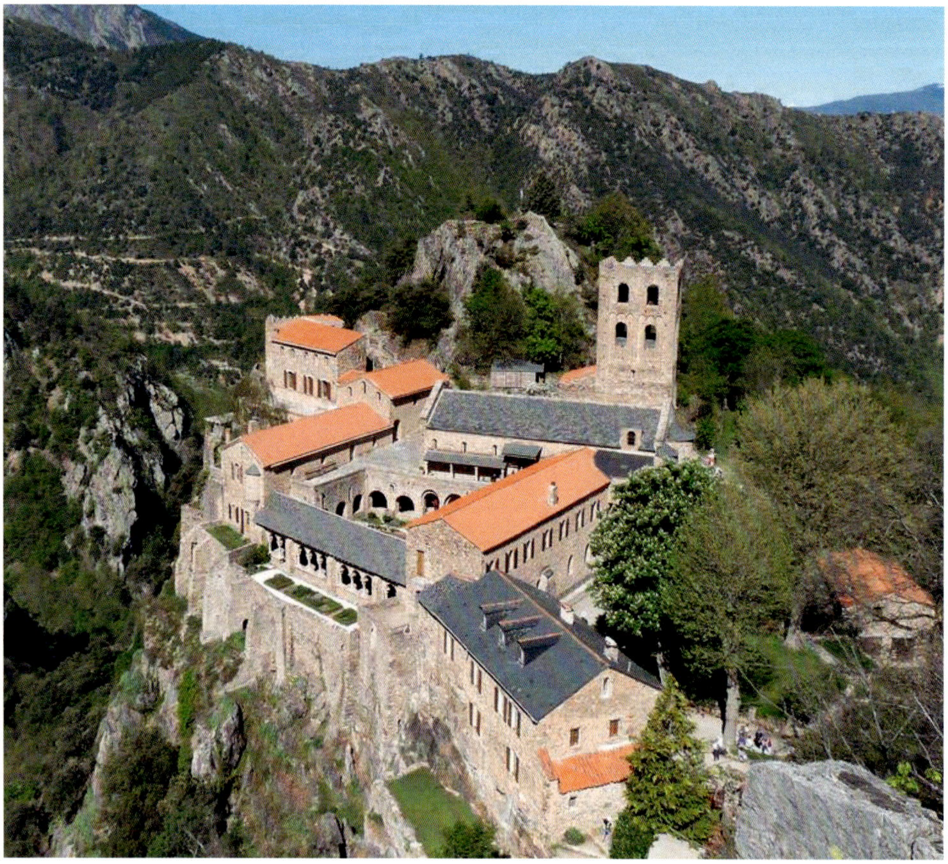

© Abbaye Saint Martin du Canigou

L'Abbaye de Saint-Martin-du-Canigou: Aerial view from southeast

생 마르땡 뒤 까니구 수도원: 동남쪽에서 내려다 본 전경

and arched corbel tables. This tower, situated northeast of the church, harmonizes beautifully with the rocky masses of the Canigou.

Saint-Martin-du-Canigou consists of two separate churches on two levels. The crypt is a church in itself dedicated to the Virgin Mary and includes tunnel vaulting with transverse arches. Beyond the west end of the crypt is another level below, which supports a platform in front of the upper church. The church of Saint-Martin is built on a basilica plan. Ten slender columns with pronounced entasis topped with simply carved, large capitals support round arches that divide the nave from the aisles, and three long half-round barrel vaults cover the nave and aisles. The nave, which has a rather narrow span of just over three meters, has no windows itself; it is indirectly lit by small windows in the south aisle and windows at each end of the church. The aisles are half the height of the nave and are lit by small windows in the chapels at the east end. The bell tower, the conventual buildings and the higher volume of the main church are structurally interlocked so well that only a small part of it collapsed during a century's neglect of the roof after the secularization and abandonment of the site in 1785.

유럽 사회가 처음으로 천년(millennium)을 맞은 11세기초 석조 볼팅 롬바르드-까딸루냐 양식의 생 마르땡 뒤 까니구 (Saint-Martin-du-Canigou, 까딸루냐어 '산트 마르티 델 카니고 *Sant Martí del Canigó*') 수도원 성당이 프랑스 까딸루냐 쁘라드 (Prades) 위의 아름다운 까니구산 등성이에 지어졌다. 당초 수도원은 세르다냐 (Cerdanya)의 기프레드 (Guifred) 백작의 기부에 의하여 설립되었다. 그러나 오랫동안 방치되어온 끝에 20세기의 첫 30년에 정교한 복구공사가 진행되어 수도원 구조물은 원래의 배치를 복원하였고 아득한 중세시대 건축미를 보여주는 살아있는 증거로 재탄생하였다. 수도원 영역은 근엄하고, 든든하게 지어진 생 마르땡 성당과, 작은 회랑을 둘러싼 수도원 시설들로 이루어진다. 가파른 급커브 (hairpin turn) 접근로가 이슬람풍 성채 모양으로 상부를 마감한 종탑으로 이어진다. 넓은 벽면은 하늘을 바라보며 적절히 분절되었고 필라스터 조각 (pilaster strip)들과 받침대 (corbel table)에 의하여 섬세한 디자인이 더해졌다. 성당의 북동쪽에 세워진 이 종탑은 까니구 산의 암벽과 아름다운 조화를 이룬다.

수도원 성당은 두 레벨에 배치된 두개의 독립된 성당으로 구성되었다. 성모 마리아에게 봉헌된 크립트 (crypt) 소예배실은 횡경 아치로 구획된 터넬 볼트로 지어졌다. 크립트의 서쪽 끝에는 또 하나의 층이 윗층 성당 전면의 플랫폼을 받쳐주는 기초를 이루고

The cloister is one of the marvels of the abbey and was originally on two levels below the main church. When the abbey was rebuilt at the beginning of the 20th century, the south side of the cloister was reconfigured to face the mountains, and the capitals, which had been scattered throughout neighboring villages, were partly recovered and used here in the south wing. There are lovely, stylized monsters and human figures carved on these capitals. The monk Sclua, who superintended the building, became the first Abbot in 1014, apparently after a preliminary regime under Oliba, the ubiquitous and powerful Abbot of Cuxa and Ripoll, as already noted above.

Kenneth John Conant wrote that Saint-Martin-du-Canigou is an excellent piece of architecture, even more as it dates back to the early decades of the 11th century. The spectacular siting and imaginative design of Saint-Martin-du-Canigou, however, are what inspire awe in all aficionados of medieval art, who pay homage to this extraordinary work of architecture.

있다. 생 마르땡 성당은 바실리카 모양의 평면으로 구성되었다. 날씬하면서도 두드러진 10개의 배흘림(entasis) 기둥들이 단순하게 조각된 대형 주두들을 지지하고 있는 위로는 네이브와 아일들을 가르는 반원 아치들이 얹혀져 있으며 이들은 모두 긴 반원 배럴 볼트로 덮여있다. 네이브의 폭은 비교적 짧은 3 미터이며 창이 없는 네이브는 남쪽 아일의 작은 창들과 성당의 동서 양쪽 끝에 있는 창문을 통해 채광된다. 아일들은 네이브 천정 높이의 절반 정도에 이르고 동쪽 소예배실의 창을 통해 채광된다. 종탑과 수도원 시설 건물들, 그리고 주성당의 매스(mass)는 구조적으로 잘 긴결되어 있어서 세속화와 1785년 이후 한 세기 동안의 방치되어왔음에도 불구하고 지붕의 극히 일부분만 붕괴된 채로 남아있다.

생 마르땡 수도원의 자랑인 회랑은 본래의 성당 구조 하부에서 두개 층으로 구성되었다. 20세기 초 수도원 재건 당시 회랑의 남쪽 부분이 산을 향해 밖을 내다보도록 재구성되었는데 당시 인근 마을에 흩어져 있던 주두들이 일부 수거되어 남쪽 날개를 새로 짓는데 사용되었다. 주두 중에는 도식화된 괴물들과 빼어난 인물상들이 눈길을 끌고 있다. 최초의 건축과정을 감독했던 스클루아 (Sclua) 수사는 1014년 초대 수도원장이 되었는데 앞서 언급했던 꾸샤 (Cuxa)와 리폴 (Ripoll)의 올리바 원장의 강력한 리더십을 이후 물려받았을 것으로 여겨진다.

켄네스 죤 코넌트 (Kenneth John Conant) 교수는 "분명히 생 마르땡 뒤 까니구는 훌륭한 건축작품이다. 특히11세기 초인 이른 연대기를 고려하면 더욱 그렇다."고 서술하고 있다. 하지만, 극적인 배치와 생 마르땡 뒤 까니구의 창의적인 디자인이 이 특출한 건축작품에 경의를 표하는 모든 중세예술 애호가들을 매혹시키는 원동력인 것임은 틀림이 없다.

L'Abbaye de Saint-Michel-de-Cuxa

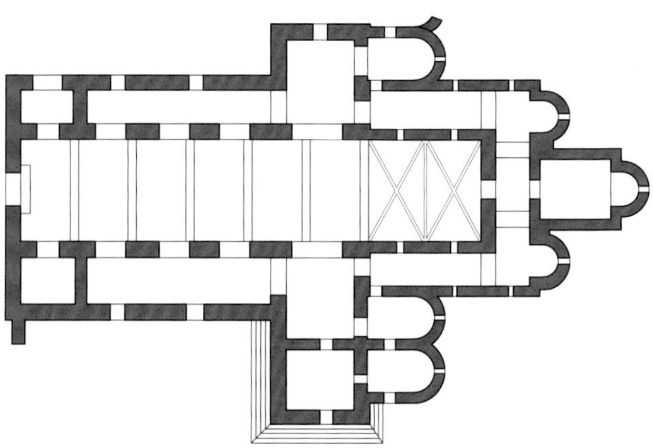

L'Abbaye de Saint-Martin-du-Canigou

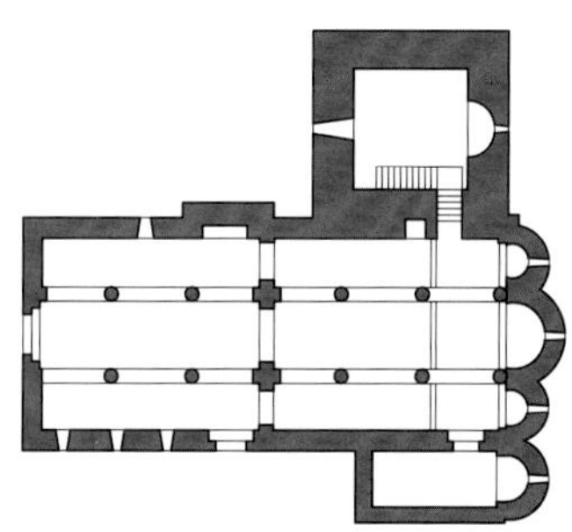

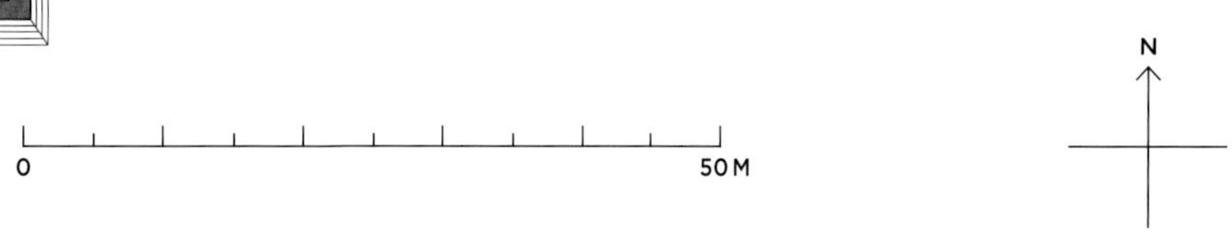